シリーズ＝怪獣化するプラットフォーム権力と法 Ⅲ巻

プラットフォームとデモクラシー

The Future of Another Monster 'Demos'

駒村圭吾 Keigo Komamura 編

本講座の刊行にあたって

「近代」なる時代が前提にしてきた「人間の秩序」は、決して所与のものではない。むしろある時代には、「神の秩序」にこそ圧倒的な所与性があった。ルネサンスを一つの画期に、人間は、自らに宿る理性を究極の権威として「神の秩序」に挑み、幾度も血を流しつつも、神ではなく人間を中心とした「人間の秩序」を獲得していったのである。

この近代的秩序の重要な守護者が、リヴァイアサン、すなわち主権国家であった。

この〈怪獣〉の暴力性は、憲法によって管理されながら、主として秩序破壊者に対し向けられ、そうして、種々の課題を抱えながらも、近代というパラダイムは数百年（仮にヴェストファーレン条約を起点とするならば約350年以上）に亘り維持されてきたといってよい。

しかし、人工知能（AI）を中心としたInformation Technologyが急速な発展を遂げたいま、リヴァイアサンに対抗するもう一つの〈怪獣〉が現れた。GAFAM（Google、Amazon、Facebook〔Meta〕、Apple、Microsoft）に代表されるメガ・プラットフォームである。もちろん、これまでもリヴァイアサンに影響を与えるグローバルな主体は存在したが、一主権国家の人口を遥かに超える数のユーザーをもち、その包括的な生活基盤（インフラ）として機能する主体は歴史上存在してこなかったように思われる。しかもそこでは、各ユーザーの行動および精神は、膨大なデータに基づき全面的に把握・管理され、情報・コンテンツの個別的で選択的なフィードにより効果的に形成・誘導される。ある国際政治学者の言葉を借りれば、メガ・プラットフォームは、これまでのグローバル企業とは「まったく別次元」の存在なのである（イアン・ブレマー)。

実際、仮想的存在でもある彼らは、物理的障壁をすり抜けて国家の領土奥深くにまで侵入し、国家の権力行使のありようをコントロールし始めているだけでなく、情報戦・認知戦の「戦場」として、国家間の戦争や安全保障のありようをもコントロールし始めている。かくして、かつて絶対的な権力を誇ったリヴァイアサンは、このもう一つの〈怪獣〉によって既にその手足を縛られているようにも思われる。実際、彼らのその比類なき地政学的影響力のために、主要国首脳会議(G7)のような国際会議にもプラットフォーム企業の「首脳」が列席するようになり、リヴァイアサンらによる国際的なルール形成に実質的な影響力を与えるようになってきている(渡辺淳基「AIルール動かすのは『G11』 G7と肩を並べた巨大IT企業たち」朝日新聞デジタル2023年6月11日)。

思えば、教会や諸侯といった他の権力を抑え込むことで誕生した近代の主権国家体制において、〈怪獣〉として存在してよいのはリヴァイアサンだけであった。しかしいま、急成長する情報技術、とりわけAIの力を背景に、それとは異なる〈怪獣〉が再び姿を現し、リヴァイアサン一強を前提とした近代的法システムを強く揺さぶり始めている。それは、リヴァイアサンの力(主権=法)によって維持されてきた「人間の秩序」の危機ともいえるだろう。リヴァイアサンの力を制御する憲法の存在と実践により我々が辛うじて支えてきた自由で民主的な秩序の命運は、いまやリヴァイアサンとは異なるこのもう一つの〈怪獣〉の手に握られている。が、それにもかかわらず、この〈怪獣〉を統制する理論と技術を、我々は未だ十分に知らないからである。

「怪獣化するプラットフォーム権力と法」と題する本講座は、グローバルなメガ・プラットフォームを、海獣リヴァイアサンと二頭一対の陸獣として旧約聖書(ヨブ記40–41章)に描かれる「ビヒモス」に喩えて、リヴァイアサンとビヒモスの力の対抗と、その制御のあり方を法学的に検討し、自由と民主主義の行く末を展望しようとするものである。その検討には、この二対の〈怪獣〉がもつ力の本質や正統性、それぞれが発する「法」（法／アルゴリズムまたはコード）の本質や正統性、「人間の秩序」と「アルゴリズムの秩序」の本質や正統性などに関する根源的な問いも含まれるはずである。

――ビヒモス。周知のとおり、晩年のトマス・ホッブスもまた、リヴァイアサンに挑戦し、その手から主権を奪おうとする権力的存在を、この異形の〈怪獣〉に擬えた（ホッブス〔山田園子訳〕『ビヒモス』〔岩波書店、2022年〕）。もっとも、ホッブスがそこで念頭に置いていたのは、イングランド内戦時（1640年～50年代）に世俗の王権（チャールズ1世）に反逆した長老派聖職者や教皇主義者、そして彼らに協力した議会派であり、現在のメガ・プラットフォームとは大きく異なる。しかし、内戦時、長老派聖職者らが、説教により人民（demos）の良心を操作して反逆へと駆り立て、政治的分断や混乱を惹起することでリヴァイアサンを動揺させた点において、メガ・プラットフォームと共通する要素を見出すこともできる。現代の〈ビヒモス〉もまた、偽・誤情報や誹謗中傷を広く流通・拡散させるアルゴリズムによって人民の良心を操作し、分断や混乱を惹起することでリヴァイアサンをすくみあがらせているからである。ビヒモスという歴史ある比喩を借りることを、ホッブスもきっと許してくれるだろう。

もっとも、ホッブスがリヴァイアサンに制圧されるべき内乱勢力としてビヒモスを徹底して暗く描いたのに対して、本講座は全体として、ビヒモスの位置付けについてより自由な立場をとる。確かに欧州連合（EU）は、情報技術が加速するなかにあっても、主権はなお人民の同意により設置される「国家」が保持すべきとの考えに立ち、「デジタル主権」なる標語の下、一般データ保護規則（GDPR）やデジタルサービス法（DSA）といった立法を通じてビヒモスの力を抑制しようと試みている。しかし、それは「国家」に一応の信頼が置かれているからで、軍事政権下にあるアジアの国などでは、むしろビヒモス（GAFAM）

こそが自由と民主主義の旗手のように見えるかもしれない。また、各領土において、リヴァイアサンが絶対的権力をもち、領土を超越した――リヴァイアサン間の争いを調停する――メタ的な権力主体を想定し得ない近代主権国家体制は、国際的平面においては「自然状態」を帰結するため、グローバルな課題に対処するには不都合であり、かつまた、戦争なるものを究極的に防ぐことができない。このように近代主権国家体制の限界を強調するならば、国家を股にかけるグローバルな権力主体としてのメガ・プラットフォームに一定の期待を寄せるという考えも成り立ち得よう。かくして本講座は、ビヒモスに対しリヴァイアサンが完全勝利するというホッブス的帰結を、各執筆者に、また読者諸氏に強制するものではない。

かように、本講座は「リヴァイアサン vs. ビヒモス」に関するあらゆる考察を受容するが、次のような認識については多くの執筆者が共有しているものと考える。それは、ビヒモスとその支配形式であるＡＩ・アルゴリズムが、「人間の秩序」を一部代替しつつあり、我々はいまやリヴァイアサンの力、リヴァイアサンの法だけを見ていればよいというわけにはいかなくなった、ということである。我々は、ビヒモスの力、ビヒモスの「法」（アルゴリズムまたはコード）にも目配せしながら、二つの権力主体の対抗関係に学問的関心を向けなければならない。これは、近代の伝統的な法学からは大胆な提案であろうが、その意義が歴史的に証明される日は、近い将来必ず来るように思われる。

各巻では、リヴァイアサンとビヒモスとの相克・協働、そこでの問題点やあるべき姿が描かれる。第Ⅰ巻『プラットフォームと国家――How to settle the battle of Monsters』（山本龍彦編集代表／ポリーヌ・トュルク、河嶋春菜編）では、欧州連合の「デジタル主権」など、ビヒモスの権力化に対する各国・地域の対応が比較され、リヴァイアサンとビヒモスとのあるべき関係性が検討される。第Ⅱ巻『プラットフォームと権力――How to tame the Monsters』（石塚壮太郎編）では、プラットフォーム権力の統制理論と、その具体的な手法が、憲法や競争法などの視点から検討される。第Ⅲ巻『プラットフォームとデモクラシー――The Future of Another Monster 'Demos'』（駒村圭吾編）では、プラットフォームの台頭による「人民（demos）」の変容が理論的に検討され、デモクラシーの未来が展望される。第Ⅳ巻『プラットフォームと社会基盤――How to engage the Monsters』（磯部哲 編集代表／河嶋春菜、柴田洋二郎、堀口悟郎、水林翔編）では、プラットフォームが社会基盤としての地位を獲得することで、これまで国家が中心的に担うものとされてきた労働、教育、医療政策のあり方がいかに変容するかが検討される。

また、「講座本」という難易度の高い企画が実現に至ったのは、慶應義塾大学出版会・岡田智武氏の適切なペース管理と、編者・執筆者への温かい励ましのおかげだと思っている。深く感謝申し上げたい。

慶應義塾大学グローバルリサーチインスティテュート（ＫＧＲＩ）副所長、
慶應義塾大学大学院法務研究科教授
山本龍彦

目次

提　言

駒村 圭吾

扉画像：The frontispiece of Leviathan. From “Leviathan” by T. Hobbes, 1651, engraving by A. Bosse.
Album met prenten door William Blake gebaseerd op het boek Job. From “Illustrations of the Book of Job” by W. Blake, 1859–1921, Rijksmuseum, Amsterdam.

提言（結論）

インターネットは私たちの本当の姿を映し出す鏡である。

そこでは、「さわやか」や「ほのぼの」、あるいは、「希望」や「救い」にも出会えるが、他方で、仮面を脱ぎ捨てた素面のデモス（大衆）が跋扈し、媚態、悪態、醜態、痴態のかぎりを演じ続けている。インターネットは誤魔化しがきかない。デモクラシーの主役であるデモス（大衆）の現実の姿と罪深さが、否応なく、白日の下にさらけ出される。だから、大いに恥じよ。大いに嘆き、大いに苦しめ、もがけ。そして、策を講じろ。だめなら、もう一度。それもだめなら、またもう一度。テーブルをひっくり返し、家に火をつける前に、万策を尽くせ。それしかない。なぜなら、そのようなダイナミズムこそが、デモクラシーを支持する唯一の理由だからだ。

インターネットは私たちの本当の姿を暴き続ける。もはや取り繕うことも、見て見ぬふりを決め込むこともできない。デモス（大衆）の真実から目を背けることは不可能になった。だから、デモクラシーは、自分たちがいかにろくでもない存在かをはっきりさせてくれる、このインターネットの狂態をむしろ歓迎すべきだ。デモクラシーはようやく進化の第一歩を踏み出せるからである。

Ⅰ　この提言ならびに本巻についての注釈

ここに掲げる「提言」は、すべて編者の駒村の筆になるものであり、本巻の執筆者全員を代表して書かれたものではない。したがって、分担執筆者には何の責任もなく、ただ駒村独りの文責にかかるものであることを最初におことわりしておきたい。

さて、「怪獣化するプラットフォーム権力と法」と題する、この『講座』全体を通貫するテーマは、国家とメガ・プラットフォームの角逐を、リヴァイアサン対ビヒモスという二つの「怪獣」のそれと見なし、いずれにしても巨大な暴力性をはらむ両者の「力の対抗と、その制御のあり方」について、これらを「法学的に検討し、自由と民主主義の行く末を展望しようとする」点にある（巻頭の「本講座の刊行にあたって」参照）。

本巻は、かかる趣旨に照らし、デモクラシーの将来展望を描き出すことをミッションとする（はずの）ものであったが、章立てをご覧いただくとお分かりになるように、実は、メガ・プラットフォームそのものについて照準した論稿はあまりない。メガ・プラットフォームのはらむ問題性は、おそらく他の巻でたっぷりと言及されるだろうという観測に本巻編者は立っているということもあるが、それ以上に、メガ・プラットフォームのはらむ問題性や暴力性は大衆（デモス）そのものの問題性や暴力性の投影であるという認識に立つからである（後述Ⅱ参照）。なので、本巻の考察対象はデモクラシーそのものに多くが向けられている。

以上のような次第で、デモクラシーを中軸とした本巻の構成を編者の構想にしたがって説明すると次のようになる。

まず、既に述べたように、メガ・プラットフォームとは何でどのような暴力性をはらんでいるのかについての概観や総説は他の巻に譲るとして（また、おおよそ読者も認識を共有しているとして）、まず、**第1章**では、メガ・プラットフォームの代表的病理である「嘘」「陰謀論」「フェイク」とデモクラシーの命運について論じている。次に、**第2章**では、情報技術や通信技術の極限的高度化を前提に、デモス（大衆）の支配が、ＡＩ（アリゴリズム）やエビデンス（データ）の支配に代わるのかどうか、また、代わるべきなのか、という問いへの応答を試みる。

続く、二つの章は、メガ・プラットフォームやＡＩの問題から離れて、デモクラシーそのものの病理やその近未来の展望を扱っている。まず、**第3章**は、デモクラシーの主役であるデモス（大衆）が、どのような構成体として存在してきたのか、つまり、デモクラシーのデモグラフィはいかなるものであり、いかなるものであるべきなのか、この論点を、Ｄ＆Ｉ（Diversity and Inclusion）、ファミリー・ビジネスとしての政治、世代的分断というお馴染みの論点について、三つの論稿が検討する。最終章である**第4章**では、従前のデモクラシー論を支えてきた三つの概念あるいはシステム、つまり「熟議」「政党」「市民運動」が今度どうなるのか、無効の烙印を押されて消えゆく運命にあるのか、それとも……、という論題を扱っている。加えて、デモクラシーの通常運転は「代表制」「間接制」であるが、デモス（大衆）の直接的関与の可能性について比較研究（アイルランドと日本）を行った。

メガ・プラットフォームを支えているのは高度化した科学技術である。情報空間のはらむ問題性や暴力性は古くから指摘されてきたが、やはり、規模、速度、精度、訴求性においてメガ・プラットフォームがもたらすものは段違いであり、かつ質的にも異なる次元に到達しつつある。あらゆる技術は両義的なデュアルユースを抱えており、いいことばかりではなく、必ず負の側面がついてまわる。なので、インターネットが提供するサービスが「段違い」「異次元」であるのなら、もたらされる負の側面も「段違い」で「異次元」なものになる。が、それは、情報技術に負の側面があるというよりも、情報技術が私たち自身の抱えている負の側面をあからさまに暴き出しているからであるように思える。冒頭の、やや過激な「**提言（結論）**」は、そのような視点から書かれている。以下では、本書を編集する中で到達した冒頭の「**提言（結論）**」に対する補足説明を行うことにしたい。

II　提言の補足（1）——総論

提言（総論①）　デモクラシーそのものは、それほどたいしたものではない。

以下では、冒頭の「**提言（結論）**」の趣旨を敷衍し、補足するためにいくつかの総論的／各論的な提言を立てておきたい。まずは、総論から始める。

デモクラシー（democracy）は古代ギリシャのdemokratia（デモクラティア）に由来する。これは、demos（デモス）とkratos（クラトス）の合成語である。前者は「民衆、大衆」を意味し、後者は「支配、力」を意味する。要するに、デモクラシーの直訳は、デモス（大衆）の支配ということになる。ここで注意すべきなのは、デモクラシーとは、「デモス（大衆）の支配」という国制のあり方に関する〝類型〟を指すものであって、民主〝主義〟（-ism）という、価値や理念がたっぷりと染み込んだ名称で語られているわけではない点である。今日私たちがそうしているように、ある種の普遍的原理としてデモクラシーを用いるようになるのは、ずっと後の時代のことであって、古代ギリシャの原型にさかのぼれば、それは国制の一類型として語られていたにすぎない。

古代ギリシャの国制の類型化を試みたのはアリストテレスであるが、彼によれば、国制は、「王制」、「貴族制」、「共和制」に分類される。重要なのは、アリストテレスが、この三つの国制にはそれぞれに堕落形態があると指摘している点である。王制のそれは「僭主独裁制」、貴族制のそれは「寡頭制」、そして共和制のそれを、なんと「民主制」と呼んでいる。[1] このように、政治学史の初期段階で、デモクラシーは、あるべき国制の堕落形態として登場したのである。そして、もうひとつ重要なことは、アリストテレスは、これら堕落形態の中で、最悪なのが「僭主独裁制」で、その次に悪いのが「寡頭制」であって、「民主制」はその中で「一番中庸を得たもの」としている点である。[2] 要するに、古代思想においてデモクラシーは、①国制の堕落形態のひとつであり、②せいぜい堕落形態の中で最もマシなものにすぎない、とされていた（ちなみに１９４７年の議会演説でチャーチルも同じようなことを言っている）。

デモクラシーは、独裁制や寡頭制との比較において《まだマシだ》と位置付けられ、そのような理由で支持されていたにとどまるものであった。デモクラシー、つまりデモス（大衆）の支配そのものは、それほど大したシロモノではないということだ。

そして、さらに厄介なのは、デモクラシーという「堕落形態」は、うっかりしていると、寡頭制さらには独裁制に移行・変容してしまう点である。とりわけ、ワイマール共和国が、拍手と喝采の民主政治を通じて、独裁国家に転じ、第2次大戦と未曽有のホロコーストをもたらしたことは、デモクラシーの堕落のさまを、まざまざと、そして残酷に、人類に見せつけた。この悲劇を契機に独裁制の恐怖をかみしめた人類は、デモクラシーがそれこそ民主的にかかる惨禍をもたらしたにもかかわらず、あたかもデモクラシーが人類普遍の理念であるかのように改めて信奉し始めた（日本国憲法の前文は代表民主制をまさに「人類普遍の原理」と呼んでいる）。いくら普遍的原理とあがめたてようが、デモクラシーはデモクラシーである。21世紀の世界を眺めてみても、民主制が権威主義に転化した例は多々あるし、表向き民主主義の看板を掲げていても実質僭主独裁の国もある。また、民主主義の代表国もポピュリズム的な専制化傾向を示しており、さらには、与党内の限られた実力者たちの顔色を忖度する政治と行政が定常化しつつある国は、もはや寡頭制と言っていいかもしれない。

したがって、ここに重ねて強調しておきたい。デモクラシーは、独裁制や寡頭制に比べて《まだマシだ》と位置付けられ、そのような理由で支持されているにすぎない。つまりデモス（大衆）の支配そのものは、それほど大したシロモノではない。なので、デモクラシーを手放しで歓迎することは絶対にできない。

提言（総論②）　デモクラシーの本質は「衆愚」である。私たちは、衆愚を畏れるとともに、衆愚に期待もしている。歴史上の大転換は衆愚の力によってもたらされたからである。私たちは、自らが衆愚であることを自覚し、独裁制、寡占制、極端なポピュリズムといった「最悪の堕落形態」に国制を陥れることを回避して、デモクラシーという「ベストな堕落形態」に踏みとどまるために、自己との苦闘と試行錯誤のダイナミズムを駆動しなければならない。そのダイナミズムこそがデモクラシーを支持する唯一の理由だからだ。そして、私たちの正体を暴き続け、誤魔化しを許さないインターネットの登場こそは、かかるダイナミズムを保証するものとして、歓迎しなければならない。

以上のようにデモクラシーは、もともと「ベストな堕落形態」であるだけでなく、うっかりすると「最悪の堕落形態」に陥る危険を内在させている国制である。換言すれば、デモス（大衆）の支配は、「衆愚」に転落する性向を本来的にはらんでいるのである。誤解を恐れずに言えば、デモクラシーの核心は「衆愚」にある。[3] こう言ってしまうと、「とんでもない暴論である」「国民を愚弄している」というお叱りが飛んできそうである。しかし、そのような言説そのものが衆愚の極みであり、言い方を変えれば、衆愚の力を愚弄するものである。

これもまた誤解を恐れずに言えば、私たちは衆愚の力にある意味で期待している。どんな暴君も、どんなに確立した寡頭制でも、いったん立ち上がれば制御不能な怒涛のバカぢからつまり衆愚を発揮して、ひっくり返してくれる潜在能力をデモス（大衆）が有していることを私たちは信じ、夢見ている。そして、歴史的に見ても、革命や体制転換や憲法制定などの横紙破りの例を私たちは見てきた。

が、私たちは、衆愚に期待すると同時に、他方で、それを畏れている。歴史的な横紙破りは、頭に血がのぼっているときに行なわれるものと相場は決まっているが、やはりタイミングを選び、慎重に実行してもらわなければ、タイヘンなことになるからである。

こうして、私たちは、デモクラシーの本質に迫ることができる。すなわち、デモクラシーとは、私たちデモス（大衆）が衆愚に陥りやすいことをしっかりと自覚することを前提に、衆愚の力を期待しかつ畏怖する精神的構えを指す。いつかどこかで衆愚を発揮し、文字通りのバカ騒ぎを起こす可能性を心に秘めながら、「どうせ俺たちは愚か者の集まりですから」と開き直ることを許さず、どこかで衆愚の力を統御し得る、（陳腐な言い方だが）「良き市民」になることを、デモクラシーは私たちに要求する。

だからこそ、デモクラシーというタームは、それ単体では語られないことが多い。何らかの形容詞を伴って語られてきた。代表制民主主義、参加民主主義、多元的民主主義、熟議民主主義、自由民主に立憲民主主、等々。このように、○○民主主義というふうに形容詞を付して他の学知や経験を持ってこないと、それ単体ではもたないのがデモクラシーである。

既に述べたように、インターネットはデモス（大衆）の正体を、否応なしに、白日の下にさらす。もはや誤魔化すことも、取り繕うことも、目を背けることもできない。デモス（大衆）が独裁制や寡占制や衆愚政治に転落する危険を無化するために、かつてプラトンは哲人王（philosopher king）の政治つまり哲学者による賢人王制を提案した。そこまでの境地に到達するのはまだまだ先（あるいは二度とこない過去）のことであるが、いよいよ誤魔化しがきかないが故に自己改革の第一歩を踏み出さざるを得ない情報環境が整ったのである。私たちの成長はまさにインターネットという鏡が裁断してくれるだろう。

哲学者になることはできなくとも、冒頭の「**提言（結論）**」で述べたように、大いに恥じ、大いに嘆き、大いに苦しみ、もがくことはできる。そして、策を講じ、だめなら、何度でも挑戦することはできる。このような骨の折れるダイナミズムがデモクラシーを支えるのであり、それこそが正統性の一部を成すのである。このダイナミズムが駆動する限り、デモクラシーは支持することできる。

提言（総論③）デモクラシーには、その暴走を食い止めるための「外部」からの入力が必要である。それには政治から独立した裁判による「法の支配」の原理と仕組が不可欠である。このような発想はデモクラシーが誕生したころからあった。真の意味で「法の支配」（さらに広く「専門家」や「専門知」の自律）が機能するような統治制度の再設計が求められる。

政治的多数派の横暴を防ぐために、独立した裁判をはじめとする「法の支配」という対抗原理が欠かせない。これは教科書レベルで繰り返し教えられてきた大原則である。要するに、衆愚の暴走を防ぐために、デモクラシーの仕組から独立したところにカウンターを設定し、その外部からの入力によって、デモクラシーを安全なものにするという発想である。このような発想は裁判所や司法の独立が意識された近代の産物ではなく、実は、デモクラシーの歴史の中でかなり早くからとり入れられてきた。ある種の「法の支配」はデモクラシーの誕生とともにあったと言ってもよいだろう。

デモクラシーの基本型を生み出したアテナイでも、前5世紀ごろに、「違法提案に対する告発（グラフェー・パラノモン（graphe paranomon））」の制度が導入された。[4] 民会で「違法な提案」がなされると、提案者は公訴の提起を受け、民衆法廷の審理を経て処罰される。民会の決定も無効になる。この仕組の導入によってアテナイの民主政は安定的に発展したとされる。ただし、グラフェー・パラノモンは、法服エリートによる判断ではなく、抽選で選ばれた者たちから構成される民衆法廷においてデモス（大衆）の下す判断に基づくものである。が、抽選によるせよ、〝選ばれた特別な人々〟が法廷という形式を通じて行う覆審的構造は、「法の支配」に通ずるものがあると言えるだろう。

このように昔からデモクラシーは、政治と区別された「法」によって裁断される審級を、つまり外部を、その安全装置として必要としてきた（第2章Ⅰの結城／鈴木論稿のタームに従えば、民主的決定に求められる「正統性」と「正当性」のうち、民主政内部の機構によって調停できない正当性問題を部分的に民主政外の機構によって調停するということ）。法の支配がきちんと機能することが民主主義の設計にとって重要であることは、民主主義の歴史に刻まれた一大教訓である。現在も、その方向に出る提案が多様になされている。例えば、既存の違憲審査制を活性化させること、最高裁に憲法審査部を設置すること、憲法を改正してドイツや韓国のような憲法裁判所を導入すること、等々がある。

また、いわゆる「専門家」「専門知」を政治に対置する発想もまた、デモクラシーの安全装置として機能するだろう。その文脈において、専門知を生み出す専門家集団として、大学などの高等教育研究機関の独立が再認識されるべきだろう。

Ⅲ　提言の補足（2）――各論（プラットフォーム／アルゴリズムとの向き合い方を中心に）

再掲する。冒頭の「**提言（結論）**」では、「大いに恥じよ。大いに嘆き、大いに苦しめ、もがけ。そして、策を講じろ。だめなら、もう一度。それもだめなら、またもう一度。テーブルをひっくり返し、家に火をつける前に、万策を尽くせ」と書いた。では、今、私たちは、デモクラシーの何に対してそれをすべきなのか、また、何に対してそれをすべきではないのか。そのような問いを立てるべき論点は多岐にわたる。本巻では問いを立てるべき論点を編者の責任で選び出し、四つの章に分けて、執筆者それぞれの視点から検証してもらった。詳しくは各章をお読みいただくほかないが、ここでは、本講座の全体の企画趣旨にもあるメガ・プラットフォームとの向き合い方に限定して、編者の観点から「提言（各論）」として前景に出すべきであると考えるトピックについて言及しておきたい。また、プラットフォーム・ビジネスを可能にするアルゴリズムの問題についても、適宜、各論的提言を立てておきたい。それでは順次論じてゆく。

提言（各論①）　嘘とデモクラシーは古代ギリシャのむかしからの付き合いである。なぜこれだけ長いお付き合いになったのか。それは、デマゴーグがデモクラシーの駆動力学を支えてきたからである。したがって、嘘・フェイク・陰謀論は、インターネットが登場するはるか以前から、というよりもデモクラシーが生れたころから見られた現象である。

以上の提言は、第1章Iの駒村論稿前半部分の結論である。これを前提にしつつ、インターネットの時代を迎え、プラットフォームが言論空間そのものになった今日では、嘘と真実については、次の点を踏まえるべきことを駒村論稿後半は示唆している。

提言（各論②）　嘘は古代よりデモクラシーとともにあったとは言え、インターネット時代の嘘は、その数も規模も、そして伝播の速度も、以前と比べ物にならないくらい圧倒的なものになった。ディープ・フェイクの登場により質的にも洗練され、高度化した。しかし、最も注目すべきなのは、ポスト・トゥルースという精神構造の台頭により、「真実」そのものの役割が変質しつつある点である。真実は「私の真実」であり、大衆が信奉するものが真実となる。つまり、真実を個人用にカスタマイズするだけでなく、真実そのものにデモクラシーを適用する時代になったのである。

高度化した嘘が、大量かつ高速に情報空間を席巻する今、嘘と真実、虚偽と事実を、丹念かつ地道に、しかも無限に、仕分けをしていく努力が求められる。さらに、嘘と真実を仕分けるだけではなく、嘘そのものの中に眠る真実を掘り出すために、そしてそれを大義名分として、嘘を執拗に追及し続ける骨の折れる作業も待ちかまえている。**提言（結論）**で述べたように、かかる無限地獄に等しい挑戦の継続こそが、デモクラシーが自らを駆動させるために私たちに要請する営みなのである。

このことは、人間対アルゴリズムの闘いにも言えるだろう。第1章Ⅱのアビリ論稿が指摘するように、アルゴリズムは、レコメンデーション・アルゴリズムとして情報主体に届けられる情報を支配し、また、モデレーション・アルゴリズムとして情報主体が発信する情報を管理してきたが、生成系ＡＩの登場によってアルゴリズムは情報主体そのものに寄り添うようになった。つまり、プラットフォームが提供する情報空間において、アルゴリズムは、情報主体の情報生活の入口と出口のみならず、情報主体そのものに内面化されるに至ったのである。もっとも、アルゴリズムにはチューニングその他の回路で「人間の手」が加えられている。その意味では、人間の優位は維持されていると言えるかもしれない。だが、その人間が依拠する情報そのものが生成系ＡＩの手によるものであれば……。嘘と真実の闘い同様、人間とアルゴリズムの闘いもどこまで行っても入れ子構造なのだ。

この点、アビリ論稿は、大要、法学者をはじめとする社会科学者は、状況を観察しているだけではだめで、技術の進展が生み出す不確実性や複雑性の前に立ちすくまず、行動を起こすべきだと説く。フェイクに対する対応策を具体的に提示する第1章Ⅲの水谷論稿も、ハイプ・マシンと化した情報のエコシステムを前に、フェイク対策の実施は、予想外の巨大な負の影響をもたらすかもしれないと指摘する。が、それでもアジャイルに進むしかないと決意している。

したがって、下記を確認しておきたい。

提言（各論③）　嘘と真実の闘いも、人間とアルゴリズムの闘いも、どこまで行っても入れ子構造である。闘いや争いが入れ子構造になるのは、そう簡単に叩き潰せない好敵手であるからである。さらに言えば、両者が相互補完的な関係にあり、実は、不即不離に一体化しているからかもしれない。そのような境地を視野に入れつつ、永遠に続くかもしれない挑戦への応答を地道に行っていくほかない。

プラットフォームのあらゆるところに、そして情報主体のすぐとなりにも、アルゴリズムは隠れている。まるで検閲の連鎖反応の中に生きているようなものである。インターネットは自由で多様な情報発信を可能にしたというスローガンはそのまま受け取るわけにはいかない。それは、計算機械が巨大なデータからはじき出す平均値の浸潤でもある。プラットフォームとは、平準化の巨大な波でもある。再び第1章IIのアビリ論稿によれば、ローカルな言論規範（それこそが共同体の存立と結束を保証してきた）や文化的ニュアンスが失われる（スキップされる）だけではなく、生成系ＡＩによる徹底的な〝原子化〟が進行する時代がやってきたのである。個人に備えられてた多様性や複雑性も平均化されていく。差異の様相そのものが平均化されるのである。

他方で、グローバル化した多様なユーザを相手に、巨大プラットフォーマーは集中管理の強化と普遍的な言論規範（コード）による事実上の支配を確立しようとする。

アビリ論稿は、このような状況に対し、カスタマイズされたＡＩボットによって、コンテンツの生成とモデレーションの双方を個人管理することで、文化帝国主義やプラットフォームによる集中化に対抗し得る可能性を見ている。が、彼は、だからと言って、問題の根本が解決されるわけではないと、適切にも指摘している。

以上のような二極構造によって失われるのは、市民社会であり、公共圏における公共的討議であり、マスコミを通じての共通体験、等々である。これらが「かつての古き良き近代的構想」ではなく、未来においても維持すべき何かであるとしたら、それを可能にするものはなにか。ひとつのヒントは、情報化によっても最後まで物理世界に居残り、消去されることのない「身体」の持つリアリティであると思われる。それについては、第４章Ⅲの佐藤論稿を参照されたい。

その上で、以下を宣言しておきたい。

提言（各論④）　現代の情報空間は、集中化を強める巨大な言論管理機構としての「プラットフォーマー」と、集団の規範から解放され、徹底的に原子化された「個人」の二項対立図

式として描き出せる。そこからすっぽり抜け落ちるのは、市民的公共圏であり、公的討議であり、共通体験のもたらすリアリティである。それらが、近未来においても維持されるべきものであるとすれば、それを可能にするもの何か。それは、「身体」の持つリアリティを基礎にした、新たなcivil societyの構築であろう。

さて、各論的提言の最後に、総論的提言に匹敵する根本的な問題提起をふたつ行っておきたい。

本巻では、アリゴリズムの問題をデモクラシー論で受け止めるために「アルゴクラシー」というテーマ設定を行った。第2章Ⅰの結城論稿（鈴木健執筆協力）がそれである。アルゴクラシーそのものの正確な定義は措くとして、現在のＩＴ技術や生体情報技術の進化の延長線上に現れる統治の技法を指す、とまずは描写しておこう。アルゴクラシーはデモクラシーの抱える多くの宿痾を解決してくれそうな印象を与えると同時に、技術の可能性を極限まで推し進めることそのものが持つＳＦ的な魅力もある。もちろん、第2章Ⅱの小久保論稿が指摘するディストピア的様相も大いに見込まれるのであるが、結城論稿は、大胆な思考実験の可能性をいくつかの具体的な構想を紹介することを通じて示すとともに、アルゴクラシーの限界にも触れ、原則、「支援」型のそれは許容できるとしても、「代替」型のそれの実装には警戒的な構えをとる。

さて、そのような結城論稿から、二点だけ、この提言論稿において前景化しておきたい。

まず、結城論稿は同稿の執筆協力者である鈴木健の提唱にかかる分人民主主義・伝播委任投票システムを紹介し、検討している。分人民主主義とは、個人を一貫した人格を備えた単位体として絶対視せず、分割可能なものと見る思想であり、伝播委任投票システムとは、一人一票制をさらに分割・細分化して、例えば、0・5票を自分に留保しつつ、0・3を他者A、0・2を他者Bに委任する、という投票システムである。個人を最小の分割不可能な単位と見ず、さらに細分化を進める発想であるが、伝播委任という回路が示唆しているように、まさに分割を進めることによって個人が他者に開かれ、他者との連絡・連携を可能にする回路がつながり、ある種の市民的交流を可能にすることをこの提案は含意している。[6]

これらから次のような提言をしておきたい。

提言（各論⑤） デジタルな情報空間は、集権化するプラットフォームと原子化する個人の二極構造として描き出される。そこでは、かつての中間的な層、つまり市民的公共圏がスキップされてしまっている。これは個人の原子化によってもたらされたと言われることがあるが、むしろ、原子化の目指した細分化が不徹底だからこそ、もたらされた問題状況ではないか。個人を分人化し、分割可能と見ることで、細分化をより一層推し進めることによって、むしろ逆説的に他者と結びつき得るタッチポイントが発見されるかもしれない。分人民主主義という提案は、すくなくとも思想的には、個人という単位をさらに分割する

ことによって他者や共同体に自己を開き多彩に接合することを可能にし、新しい市民的公共圏を拓くポテンシャルを持つ。

分人民主主義は、たとえて言えば、原子を、中性子・陽子・電子にさらに分割するということであるから、核分裂が起こり、とてつもないパラダイム転換（破壊？）がもたらされる可能性もあるが、ローカルな圏内で実証実験を重ねて行けば、本格導入に至るなどということもあるかもしれない。

さて、もうひとつ、筆者の関心をさらったのは、結城論稿における「正当性」と「正統性」をめぐる議論での、ある叙述である。結城論稿によれば、「正当性（justness）」とは、ある政治的意思決定の「結果」が正しいか否かを問うものであり、「正統性（legitimacy）」とは、正当性に疑義を抱き、決定に反対する者たちに対してもなお承認や服従を求めることができる根拠となるものである。つまり、正統性は、決定を基礎づける権威の源泉とそれを担保するルール（神権国家では神勅の発令ルール、民主体制では民意を集約する政治的競争のルール）を指す。個々の決定の正当性については、価値の多元化した世界ではそうそう意見の一致を見ないので、まさに正統性の調達とそれによる政治的対立の（暫定的な）調停が重要性を増すのである。しかし、この点に関して、結城論稿は、大要、正当性問題の調停を阻んでいるのは、一人一票制による意思表明システムと、構成員や代表による多層的コミュニケーションという前提条件があるからだ、と指摘するのである。この二つの要素は正統性を支える制度的条件とみなされているものである。つまり、結城論稿のこのくだりは、正統性を調達する仕組みそのものが正当性調達を阻害していることを意味する。大衆（デモス）は、一人一票制という多様性を極限まで縮減した意思表明ツールをつかって、しかも、選挙のときだけ、政治的意思決定に制度的に関与できるにとどまる。彼らは、自分には居場所のない代表制下で、そんな程度のルールでは、偽装された正統性によって服従を強要されているようなものである、と感じるだろう。が、結城論稿はそれを超えて、正統性をでっちあげるような前提的条件ではなく、もっとまともなルールを設定すれば、正当性の方の調達も可能なると示唆している（と思われる）。

そこで、次を提言しておきたい。

提言（各論⑥）　政治的意思決定をめぐる正当性（個々の決定の結果の正しさ）はなかなか折り合いのつかない、調停不能な対立をはらんでいる。だからこそ、正統性（決定を基礎づける権威の源泉とそれを担保するルールや手続）が確保できている以上、反対者も少数派も決定に（すくなくとも暫定的に）服従することが求められる。しかし、この正当性／正統性問題は、正統性の条件そのものが正当性の調達を阻んでいる可能性がある。そこから抜け出すためには、（1）正当性の判断基準を単一化する、（2）正統性の条件そのものを正当性調達に直結できるようにデザインする、といった方向での解決が考えられる。

(1)は、要するに「目的関数」の単元化である。目的関数の設定は自由であり、それ故に多様である(だからこそ正統性の次元が必要になる)。しかし、かかる自由な系としての目的関数群を必ずしも所与と考える必然性もない。思考実験と仮想的改良の対象にはなるだろう。例えば、功利主義を単元的な目的関数と置けば、生体情報と神経系情報を総合して、現実の快苦を集計最大化することは、技術的にできないわけではない(かもしれない)。例えば、春暮康一のSF作品『法治の獣』(早川書房、2022年)はそのような統治技法が実現した未来を描いている。しかし、結城論稿が功利主義に警戒的な姿勢を採るように、春暮のこの作品も最後はディストピア的な結末に終わっている。

(2)は、結城論稿が紹介するいくつの提案が目指す方向である。それは、荒っぽく言えば、新技術による「直接民主政」の実装である。意識的な選択を媒介するか(分人民主主義)、無意識的に発散する生体情報を媒介するか(無意識データ民主主義)は、別として、そのような全員直接参加の統治システムは、おそらく正当性問題における不和・対立を縮減することになるだろう。

Ⅳ デモス、もう一匹の怪獣

本講座の趣旨を繰り返すと、既存の国家を「リヴァイアサン」、プラットフォーマーを「ビヒモス」と置いて、この二匹の怪獣の対抗図式の下に、それぞれの巻のテーマを考究することであった。デモクラシーを考究対象とする本巻では、権力シフトを表す、この「リヴァイアサン」⇕「ビヒモス」のヨコ軸とは別に、「神」⇕「大衆」というタテ軸を設定したい。

（A）「リヴァイアサン」⇕「ビヒモス」というpowerのヨコ軸
（B）「神（デウス）」⇕「大衆（デモス）」というlegitimacyのタテ軸

大衆（デモス）の支配としてのデモクラシーは、デモスが実際に「権力」を握ることを少なくとも建前としては前提としている。が、諸々の事情から直接制は回避され、間接制＝代表制が採用され、政府という現実的・具体的な権力者に権限委譲がなされる。が、デモクラシーは、デモスにこのような権力性の契機のみならず、正統性の契機も認める思想である。先ほどの権力の委譲関係が成立するのは、権力の基礎となる権威の源泉であるデモスに権力が結び付けられている限りにおいてである。なので、権力（power）のシフトを示すヨコ軸の他に、正統性（legitimacy）のシフトを示す縦軸が必要なのである。何が正統性の源泉となるのか。超越的存在（神？）か、君主＝独裁者か、一群の少数エリートか、まともな市民か、衆愚に開き直る群衆か。既に指摘したように、デモクラシーはデモスが決めさえすれば、そして信じさえすれば、どこに着地することもできる。また、そういう自由・可能性があるからこそ、極相を排して、まともな市民に正統性を留保し続ける不断の努力が求められるのである。

筆者は、ここで「リヴァイアサン」対「ビヒモス」という権力軸の命名にならい、正統性軸の極に、「神（デウス）」と「大衆（デモス）」を措定する。デモスの極に位置づけるべきは、ノモス（超越規範）か

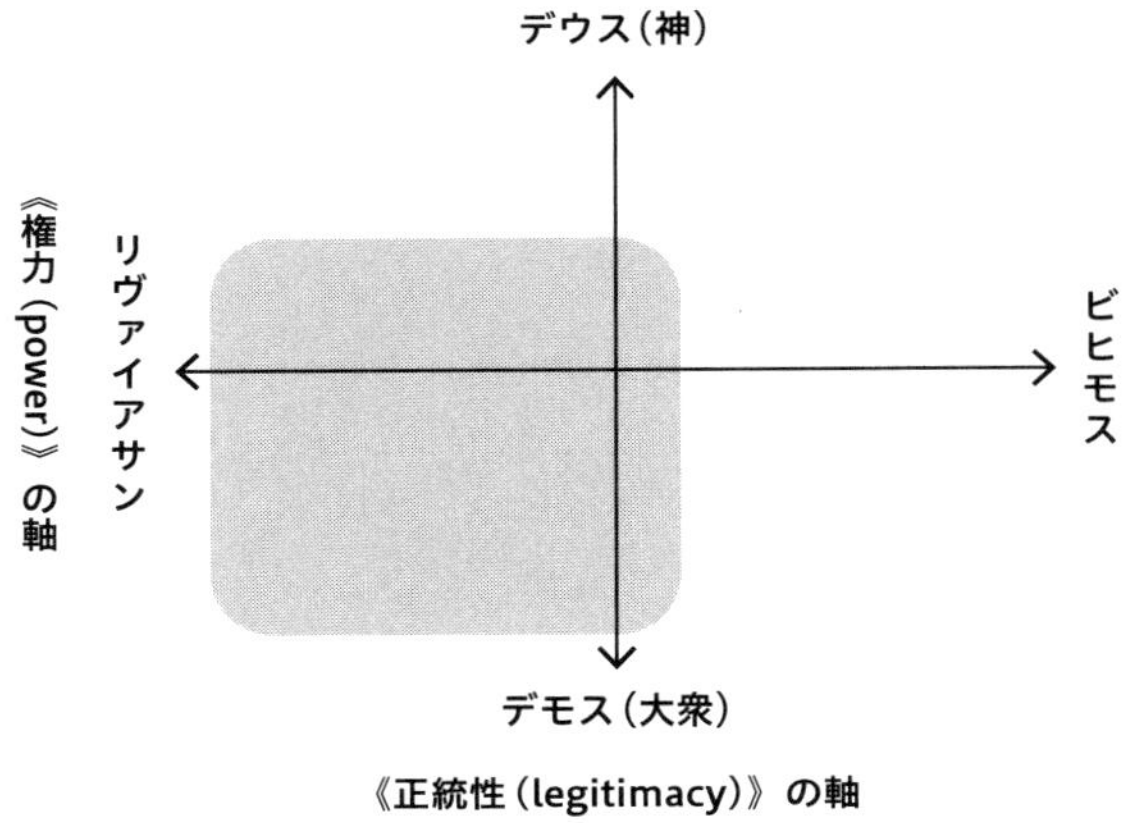

もしれないし、ピュシス（自然）かもしれない。この点、統治を国家という劇場において演じられる一群の政治劇と見る視点に共感する編者のスタンスからすると、「デウス・エクス・マキナ（deus ex machina）」という演出手法をここで借用したい。デウス・エクス・マキナとは、舞台上で展開される混沌劇が収拾困難に陥った時、突如「神」が特殊な舞台装置によって現れ、すべてを解決し、劇が収束するというものであり、「カラクリ仕掛けで登場する神」といった意味で用いられる。これは、正当性問題をめぐる調停不能状態を、突然現れた超越者（ないしその代理）が平定するというイメージにぴったりで、神権国家体制ではよく観られるものである。日本においても、終戦に導いた天皇の「聖断」など、その例が観られたのはそれほど昔のことではない。（なお、デモスがギリシャ語であるから、「アポ・メーカネース・テオス」を借用して「テオス（theos）」を用いるべきかと思うが、一般にデウスというラテン語が人口に膾炙しているので、そちらを用いることにする。）

日本をはじめとする標準的な民主国家の現状は右の図に記した網かけの圏内にある。制度化された権力は今のところ国家だけであるが、他方で、事実上の権力であるプラットフォーマーの内部規範や運営管理方針が、国家の立法と同様の機能を果たしつつあるのであれば、権力軸は右方向にズレるだろう。国家がプラットフォーマーと協定を結ぶなどすれば、より権力軸は右方向にシフトする。正統性の軸であるが、現状は衆愚の極致に至っているとまではいえないだろうから、下方の極とはやや距離を置いて圏域を設定した。正統性の源泉をデモスに求める国民主権原理がデフォルトであるが、他方で、憲法の一部などに超越的規範が想定されているとも見ることができるので、正統性軸をやや神の方向に偏移させてある。

いずれにしても、デモクラシーは、事実上はともかく、原理的には正統性の軸においてデモスにその源泉があり、権力の軸においては、近現代の統治の範型としては、デモスはリヴァイアサン（既存国家）と社会契約によって結合してきた。

もっとも、社会契約は結び直すことも可能であるはずだ。そうなるといろいろな構図が描ける。

- 従来通りデモスはリヴァイアサンとのみ契約を結び、その連合体がビヒモスと対抗する。
- デモスは、むしろリヴァイアサンとビヒモスの権力関係のシフト（新たな抑制均衡）を利用してうまく立ち回る。
- リヴァイアサンとビヒモスの結託により両者の連合体が生れ、それが専制化しないように、デモスは準備をしておく。

- アルゴリズムが新たな「神（デウス）」となり、リヴァイアサンもビヒモスもデモスもそれに拝跪して支配の客体と化す。

以上のようなそのような多彩な構図を描くとしても、リヴァイアサン、ビヒモス、デモスの三者関係は気楽に結び直しができるわけでない。デモスが、リヴァイアサンにつくとしても、プラットフォーマーが台頭してアルゴリズムがいたるところに浸潤する時代に、リヴァイアサンとデモスの間の民主的な回路は、今までのままでいいとは言えないだろう。どのようにその回路を結び直すのか、既に若干の提案に触れたが、詳しくは本巻所収の諸論稿をお読みいただきたい。また、他方で、ビヒモスと社会契約を新たに締結すると言っても、プラットフォーマーたちとどのような〝民主的回路〟でつながるのか。情報提供に伴う対価請求を基礎づける契約か、プライヴァシーポリシーによってか、相談窓口を通じてなのか。プラットフォーマーと新たな社会契約を締結した証に、憲法に相当する規約の制定も必要になるだろう。

アルゴリズムの支配にも注意する必要がある。アルゴリズムも、人間との〝入れ子構造〟的な応酬にさらされる。複雑なシステムの中でファインチューニングの権限を持つ人間が実質的権威となるだろう。また、アルゴリズムは基本的にビヒモスに化体している。正統性と権力の合一化が生れる可能性がある。さらに、アルゴリズムのカスタマイズが進めば、汎神論世界が出現する。そこには単一者の統治意思が支配する世界ではなく、分散的な計算機構とそれが産出した計算結果がひとつの生命体のように統合されて正統性の基盤となるだろう。

この最後のピクチャーでは、もはや怪獣は飼い慣らされて、怪獣ではなくなる。もし、権力主体（国家だろうが、プラットフォーマーであろうが）が依然として怪獣としてふるまうのであれば、それはアルゴリズムに供給されるログ情報、生体データ、脳情報を送り出しているデモスが怪獣だからである。

権力そのものも、インターネットそのものも、怪獣と呼ばれる筋合いのものではない。国家権力には、代表制というチャンネルを通じてデモスの意思が反映され、プラットフォーマーが管理するインターネット世界には、それこそデモスの欲動がダイレクトに反映されるだけである。怪獣なのはデモス（大衆）そのものなのである。


【注】

1　アリストテレス（田中美知太郎他訳）『政治学』（中央公論新社、2009年）57-59頁。
2　アリストテレス・前掲注1、132頁。
3　私の「衆愚論」の詳細については、駒村圭吾『主権者を疑う』（筑摩書房、2023年）第2章130-150頁を参照されたい。
4　M・I・フィンリー（柴田平三郎訳）『民主主義』（講談社、2007年）49-51頁。
5　駒村圭吾「表現の自由としての検閲?:」高橋和之・長谷部恭男編『芦部憲法学——軌跡と今日的課題』（岩波書店、2024年）参照。
6　この提案のリベラルな解釈については、駒村・前掲注3、267-268頁も参照。

第１章
嘘、陰謀、フェイク

I 嘘と民主主義

——ポスト・トゥルースとデモクラシーの近未来

駒村圭吾

1　イントロダクション

嘘にまみれた民意に正統性はあるのか。嘘・フェイク・陰謀論によって駆動されるデモクラシーは、近未来においてもなお統治の基本型として生き残る資格はあるのか。このような発問に対して「ある」と応えるのが本稿の結論である。同時に、正統性やデモクラシーは「しょせんそんなもの」であり、かつそうであるからこそ生き延びる価値があるとの〝癒しのメッセージ〟を伝えるのが本稿のもうひとつのねらいである。[1]

嘘とデモクラシーという主題が危機感をもって再問されたのは、言うまでもなく、２０１６年のアメリカ大統領選挙におけるデータ分析会社、ケンブリッジ・アナリティカの暗躍が契機となっている。[2] 不正なものであったか、ただ技術的弱点を利用しただけのものだったのかは議論があるものの、同社は、Facebook（当時）から大量の個人データを〝入手〟し、「いいね！」といったリアクションの行跡や交友関係の系統的連鎖から芋づる式におよそ8700万人分のビッグデータを構築・解析し、緻密なプロファイリングに基づく「マイクロターゲティング」と呼ばれる政治広告戦略を展開した。各個人を狙い撃ちにした個別仕様の政治広告は、個々の政治的需要や性向に丁寧に応じるものであり、その限りでは歓迎されるべきものかもしれない。しかし、他方で、個人に照準した綿密な情報操作が行われる可能性もあり、また、偽情報の流布や投票抑制戦略の緻密化、さらには、陰謀論の拡散や外国からの選挙干渉などもこのような手法を通じて展開されているのではないかと、一気に懸念が広がったのである（「フェイクニュース」という言葉がはやり出したのもそのころである）。

ＳＮＳの繁栄の裏側で進行するこのような操作技術の高度化と嘘や偽情報の浸潤に人々が戸惑う中、むしろ嘘や陰謀論を公然と政治手段として利用する指導者が出現した。元アメリカ大統領のドナルド・トランプである。ワシントンタイムズによれば、トランプは4年間の在任中、合計で3万573にのぼる虚偽の主張あるいは誤導的主張を行ったとされている。[3] もちろん、この集計にはあからさまな嘘とは言いにくいものも含まれてはいる。ファクトチェックをパスしなかったというだけで、必ずしも嘘とまでは言えない〝誤情報〟レベルのものもカウントされているだろう。しかし、誤情報との指摘を受けても頑迷に訂正を拒否し続ければ虚偽情報ないしは「嘘」をまき散らしているに等しい。極めつけは、2

020年の大統領選挙でバイデンに敗れたトランプが、一切の事実の摘示も証拠の提示もなく、「選挙は盗まれた」と叫び、「議事堂に向かおう、自分も行く」と大衆を挑発した事件が記憶に新しい。実際にトランプ支持者と思われる大衆が、選挙人投票の最終確認が行われている連邦議会を取り囲み、ついに議事堂内に乱入するという「反乱（insurrection）」が実行されたのである。[4] 選挙不正を強弁するトランプ一派の主張には何らの事実的基礎もなく、それは嘘の一種、あるいは嘘ですらない単なる虚妄・幻想に基づくものであったようである。おそらく襲撃に参加した大衆もそのようなものであると認識していたものと思われる。が、行動を起こした大衆の中にはQアノン信奉者も多く含まれていたと言われている。だとすれば、単なる虚妄・幻想も信奉の対象となり、事実によって確定された不正に対する公憤とは全く異質の、確信犯的な暴力と狂気をむしろ増幅させる結果となったのである。

このような傾向はもちろんひとりアメリカだけのものではない。世界中で嘘や陰謀論に彩られたプロパガンダが――ファクトチェックの営みが虚しく映る規模と進度で――広がっている。そのような状況の中、世界各国で重要な選挙日程が惑星直列する2024年「選挙イヤー」を私たちは迎えている。かかる大事な時代に、嘘の拡散は技術的にも亢進している。生成AIの登場により、画像・音声・映像の生成が高度化され、いわゆる「ディープ・フェイク」が日常化するに至った。[5] 嘘にまみれた民主主義は、概念実証や実証実験を超えて、既に社会実装化されている。《理性と真理を求めた啓蒙》をせせら笑うように、《嘘と狂信に彩られた愚昧》がはびこる時代に、既にわたしたちは生きているのだ。

2　デマゴーグとデモクラシー

（1）　民主政の構成要素としてのデマゴーグ

嘘とデモクラシーの緊張した関係は何も今に始まったことではない。そのつき合いの歴史は古く、むしろ、その黎明期からデモクラシーは嘘と誤導とともにあったと言っていいほどである。誤解を恐れずに強調すれば、デモクラシーの歴史は嘘の歴史でもある。

日本では「嘘」のことを「デマ」と呼ぶ慣用が見られるが、これは「デマゴーグ（英：demagogue、独：Demagog）」から派生したものである。デマゴーグは嘘も政治的手段として用いるような扇動者といった意味で用いられている。が、デマゴーグの語源である、古代ギリシアの dēmagōgos に遡れば、その原義はもっと複雑なものであったことが分かる。

Dēmagōgos は、「民衆（dēmos）」＋「導く（agein）」を構成要素とし、「民衆指導者」を意味した。古代ギリシアでは「弁論家（rhētor）」の雄弁が一般に尊重されていたが、「特に政治の第一線に立つ者にとっては、この意味での rhētor であることが不可欠の条件とみなされていた」[6]。「民衆を前にして、巧みな話術によってこれを説得し、その心を鼓舞し、或いは宥める演説家（dēmagōros）であることが政治家には求められ、「そこには政治家と弁論家が等価と見なされる接点が存在したのである」[7]。つまり、「民衆指導者（dēmagōgos）」は当然に「演説家（dēmagōros）」でなければならず、「雄弁」は「権力への王道」をなしていたのと同時に「稚拙な弁」は政治家にとって最大の不幸をもたらす危険をはらんでいた。[8]

英雄かつ名望政治家であったペリクレスの死後、アテネはデマゴーグの手に落ち、転落の歴史をたどることになる。「民衆指導者」という価値中立的な意味で用いられていた「民衆指導者（dēmagōgos）」や「演説家（dēmagōros）」も次第に悪しき意味で用いられるようになったと言う。人々を導くのではなく、誤った方向に導く者を指すようになったのである。私利に走り、民衆に媚び、口先ひとつで権力を得ようとし、やる気もないし出来もしない公約をまき散らす……、現代における慣用に符合するデマゴーグの登場である。

しかし、古代ギリシャ史研究の第一人者、M・I・フィンリーは、このような否定的評価を伴うことを十分承知しながらも、デマゴーグをアテナイ政治史に正しく位置づけ直そうとする。彼によれば、デマゴーグたちは、「アテナイの政治体制のなかで構造的な要素であった」のであって、「この体制が彼らなしには全く機能し得なかった」ことを指摘している。[9] そして、デマゴーグという性格付けはアテナイの全ての政治指導者に等しく当てはまるものであったと言うのである。官僚機構も政党も欠いた直接制のアテナイにおいて、民会で政治家が発揮する弁舌の巧拙は、陶片追放やグラフェー・パラノモン等の濫用のおそれをはらんだ抑制装置のスイッチを入れてしまう可能性もあって、いわば死活的なものとなり、かかる緊張を強いられる政治環境では強心臓なデマゴーグの存在が不可欠であったとされる。[10]

フィンリーは、民主政にとって「同意」のもつ意義を認めつつも、民主政が寡頭制へ転落するのを防ぐには「同意とともに対立があることが必要」とする。[11] デマゴーグには功罪あるものの、それが生み出す対立の契機こそが民主政を駆動していたという洞察がここにはある。デマゴーグは、デモクラシーの歴史とともにあっただけでなく、デモクラシーそのものの構成要素としてあったのである。もっとも、デマゴーグに付随する嘘や誤導、迎合や扇動もまたデモクラシーの歴史とともにあり、かつ、デモクラシーに欠かせない構成要素だと、果して言い切ることはできるのか。かかる〝負の要素〟を本来は民衆指導者を意味するデマゴーグの観念からきちんと剝離することは可能である……と公の場では優等生的に言わざるを得ないだろう。しかし、フィンリーの指摘は、そのような〝負の要素〟こそが、民衆の支配を意味するデモクラシーを駆動するためには欠かすことができないと示唆しているように思われる。

(2) プラトン、アレント、オルテガ——デマゴーグと「大衆」

デマゴーグは多様な比喩によってパラフレーズされている。[12]

プラトンは主著『国家』の中で、民衆の一部を「雄蜂族」に擬して描いている。[13] 雄蜂たちは、寡頭制(貴族制)の世では、役立たずでぶらぶらしており、除け者扱いされているが、民主政の世になると、突如として元気になり勢力を拡大する。雄蜂は針を持たないが、時に針をもった雄蜂が登場し、演説をしまくって、他の雄蜂たちはその演壇の周囲に集まってブンブンとやかましく同調する。こうして、民主政にあっては、ほとんどあらゆる事柄が、こういう種族によって管理されることになる。「金持ち階級」は、国制の最大勢力である「民衆」から蜜を召し上げ、雄蜂に供給する。寡頭制的秩序が、民主政の成立により解体すると、除け者だった雄蜂族が「針をもった雄蜂」つまり「デマゴーグ」となって国制を席巻するさまを、プラトンのこの比喩は描き出している。

このようなモチーフは、20世紀に入って、ハンナ・アレントにも引き継がれている。アレントの言う「モッブ（the mob）」がそれである。モッブはブルジョア階級をはじめとするあらゆる階級から締め出された「階級脱落者」であり、「カリカチュアされた民衆」である。[14] ヨーロッパ大衆社会は白地から大衆が湧き出したことにより形成されたのではなく、階級社会崩壊の産物として成立した。階級社会においてクズ扱いされていたモッブは、大衆化以後の世の中では、むしろその犯罪者的行動力や冒険主義的活力によって幅をきかせることになる。プラトンの雄蜂族さながらのデマゴーグが近代版として描かれている。アレントは、全体主義国家の形成プロセスで幅をきかせていたモッブを次のように描写する。[15]

「モッブの声は民衆の声であり、それ故神の声である。そして――クレマンソーが嘲笑したように――唯々諾々としてその声の後について行くのが指導者の務めである」

このように、デマゴーグは、雄蜂族、モッブと命名はいろいろあるが、古代から現代にいたるまでずっとつきまとうデモクラシーの宿痾である。そして、それらの扇動に乗ってしまう愚かなる大衆もまたデモクラシーにはつきものであった。デモクラシーは扇動政治家と衆愚政治の可能性と背中合わせにあった。

しかし、既にフィンリーを引きつつ、デマゴーグがデモクラシーの駆動力学にとり重要な構成要素であり得ることを指摘したが、「衆愚」そのものも同じく民主政の駆動力学の一部、否、駆動力学そのものかもしれない。[16]

それには、「大衆」や「民衆」と言われる群れに目を向ける必要がある。先に引用した、「モッブの声は民衆の声であり、それ故神の声である」というアレントの発言にも表れていることであるが、モッブの声が「神の声」とされる根拠は、モッブ自身にあるのではなく、それが「民衆の声」とみなされている点にある。モッブの声は大衆の中に渦巻く鳴動と共振していることが前提である。そこをうっかり読み誤ると、モッブも為政者も波に呑み込まれ、海の藻くずとなる。

アレントによれば、階級社会からの脱落者である「大衆」はいかなる階級的基盤も持たない。「アトム化され孤立させられた個人」の群れである大衆はいかなる組織化にも呑み込まれない存在であって、もはや「運動」という形態によってしか組織化されない。[17] つまり、普段は地道に日常生活を送っている不可視の「大衆」は、「運動」のベクトルが成立すると突如として立ち現れ、いったん「運動」が始まれば止めどもない怒濤としてすべてを呑み込むということである。衆愚の本質は、モッブやデマゴーグに踊らされ、それらの挑発に盲目的に従う民草の愚かさにあるのではない。むしろ、モッブやデマゴーグでさえどうにもならない不従順さ（手に負えなさ）を大衆が有している点が重要である。

『大衆の反逆』（1930年）で大衆批判のランドマークを築いたオルテガ・イ・ガセットは、「群衆」と「大衆」を区別し、群衆は「量的かつ視覚的なもの」であるが、他方、大衆は「個人が集まって集団の形をとらない場合でも、心理的事実としても定義することができる」存在であると言う。ではどのような心理を持っているのだろうか。オルテガによれば、大衆とは、自己を特別なものとみなすことはせず、「みんなと同じである」ことに満足し、さらに、凡俗であることを恥じず、むしろ「凡俗であることの権利を大胆に主張し、それを相手かまわず押し付ける」、そのような人々である[18]（同67、69、74頁）。彼は、このような人々を「平均人」と呼んだ。平均人とは中庸な人、平均水準の生活をしている人という意味ではない。みんなと同じであることを望み、凡俗であることを肯定するだけでなく、非凡な者を押しのけていく衝迫にとらわれている人のことを言う。その衝迫は、「直接行動に訴え、物理的圧力をもって自分たちの望みや好みをごり押ししている」人たちなのである[19]。かかる大衆をオルテガは次のように表現している[20]。

「自らに何ら特別な要求をせず、生きることも既存の自分の繰り返しにすぎず、自己完成への努力をせずに、波の間に間に浮標《ブイ》のように漂っている人」

筆者は、このオルテガの比喩を修正したい。浮標（ブイ）はあてどもなく波に揺られているものであるが、他方で、先に見たように、平均人の塊である大衆は「物理的圧力」を持ち、平均化された「自分たちの望みや好みをごり押し」するthe massesである。だとすれば、大衆は浮標ではなく、むしろ力動を象徴する「波」そのものであり、デマゴーグ、雄蜂、モッブこそが、大衆という波間に浮かぶ浮標ではないか。政治指導者やデマゴーグをはじめとする冒険的な浮標たちは、ときにサーフボードを取り出して、波乗りに挑戦する。彼らは愚かなる大衆を誘導しているのではない。大衆の波に乗るだけである。

うまく波に乗りきることもあるし、波に呑み込まれ生還できないこともある。[21]

デモスの支配を意味するデモクラシーにおいては、不可視の大衆（デモス）を可視化する浮標（ブイ）が必要なのだ。不可視の大衆を予見し可視化する者こそデマゴーグであり、それが発散する嘘、偽情報、陰謀論、扇動的言辞、等々は「大衆の声」と見るべきである。もちろん、波のゆくえを見誤ればデマゴーグは海の藻クズと消えてしまうが、波に呑み込まれずしぶとく生き残る嘘や陰謀論は背後に確固たる大衆の存在があり得ることになる。

デモクラシーはその宿痾と看做されている要素によって実は生き延びてきた。デマゴーグも衆愚も、デモクラシーが並走しなければならない〝負の要素〟ではなく、むしろデモクラシーのダイナミズムを保証する構成要素なのである。

3　ポスト・トゥルース時代のデマゴーグ

（1）　現代のデマゴーグ

以上述べてきたように、デマゴーグとデモクラシーは古くから（というより生まれたときから）の仲である。つき合いが長いだけでなく、デモクラシーはデマゴーグをその駆動力学として内蔵するシステムである。なので、荒っぽくまとめれば、デモクラシーはそれが誕生したときから、嘘にまみれていたと言ってよい。

では、従来のデマゴーグと、現代・近未来のデマゴーグでは、異なるところがあるのか。違いがあるとすれば、それは量的なものにすぎないのか、質的に異なるのか？

確かに量的な違いを指摘することはできる。ＭＩＴのメディアラボの研究がここでは参考になる。この研究は、フェイクという言葉を用いるのを慎重に避け、ニュースの正確性の観点から「真実」と「虚偽」というカテゴリーを用いてデータを分析している。結果は、真実は１０００人以上に伝わることは滅多になく、他方で、虚偽は１０００人から多い時で10万人に伝播する。また、虚偽が人々に浸透する速度、しかもより深く浸透する速度は、真実よりはるかに速い。[22] 現代のフェイク（虚偽情報）は規模においても速度においても、量的に従来のそれを圧倒している。また、質的にも、生成ＡＩの登場によりディープ・フェイクが高度化して、真実と虚偽の検知・識別がむずかしくなってきていることは、冒頭に述べた通りである。

このように、インターネット、ＳＮＳ、生成系ＡＩといったテクノロジーがもたらす嘘の高度化に、ポピュリズム、反知性主義、陰謀論、そしてキャンセル・カルチャーが便乗して、嘘の浸潤と波及効果をより先鋭かつ深刻なものにさせているのが現代である。だが、現代のもうひとつの特徴的傾向は、嘘を質量ともに高度化させるだけではなく、あるいは、嘘を破壊的な文化の進軍に動員させるだけではなく、そういった嘘を〝正統化〟する精神構造が登場した点である。いわゆるポスト・トゥルース（post-truth）と言われる精神構造がそれである。

（2）オルタナティヴ・ファクトの衝撃

ポスト・トゥルースという論争的な言葉の概念定義に立ち入ることは控え、ここではひとつの有名な事例を紹介することから始めたい。

２０１７年1月21日、トランプ大統領の就任式が挙行されたが、それに参加した聴衆の数が少ないことをメディアが報道したところ、スパイサー報道官が「過去最大の人数が集まった」と会見で応じた。が、どう見ても過去最大とは言い得ず、また、ワシントンのナショナル・モールに参集した群衆を空撮した写真でオバマ就任式とトランプ就任式を比較したところ、後者の参加者の方が圧倒的に少ないことが判明し、大統領府の虚偽に対して批判が高まった。この件に関し、翌日のＮＢＣのMeet the Pressに出演したケリアン・コンウェイ大統領顧問は、報道官の虚偽会見を非難するチャック・トッドに問い詰められ、「報道官が提供したのはオルタナティヴ・ファクト（alternative facts）であった」と応じて、大統領府の会見を擁護したのである。もちろん、トッドは「ちょっと待ってください、オルタナティヴ・ファクトはファクトじゃない、虚偽ですよ」と突っ込んでいる。

この発言は、（発言直後に髪をかき上げるコンウェイのしぐさとともに）炎上・流行し、これを契機にオーウェルの『１９８４年』の販売数が飛躍的に伸びるなどの社会現象を巻き起こした。もっとも、スパイサーは後日、「過去最大とはオンラインでの視聴者を含む数である」（ものは言いようである……）と釈明したし、ある意味で〝些細なこと〟でもある。が、コンウェイの発言はトランプ政権の、そしてその支持者を中心にアメリカ社会に忍び寄る危機――ポスト・トゥルース――を象徴するものとして深刻に受け止められた。

(3) ポスト・トルゥースの進撃――真実を無化し、真実をカスタマイズし、真実を民主化せよ!

オルタナティヴ・ファクトの衝撃派は、ポスト・トゥルース時代を象徴する出来事として拡大していく。

例えば、政治記者のモリー・ボールは、コンウェイを「真実」の手が及ばない「オルタナティヴ・ユニヴァース」に住んでいると揶揄した。[23] また、コラムニストのマーガレット・サリヴァンは、トランプ政権の事実無視の言動に警鐘を鳴らす文脈で、大要、次のように述べている。ポスト・トゥルース時代に生きる準備をしている人たちは、確証された事実よりも感情に訴求する方がものを言う世界がやって来ると思っているだろうが、そうではない。今や別の次元に入りつつある。事実なき世界、いや事実に意味がない世界に突入しつつあるのだ、と。[24] そして、ちょうど、こういった批評が展開されていたころ、トーク番組の人気司会者、オプラ・ウィンフリーがゲストに対して、たびたび「あなたの真実(your truth)」を語ることを求めるその姿勢について、「あなたの真実」と「真実」は異なるとの指摘がなされていた。[25] いわば「真実」のカスタマイズとでも言うべき流行が政治的文脈とは別に並走していたのである。これについて、コラムニストのエリサベス・ブロウは、「あなたの真実」も「オルタナティヴ・ファクト」も、ハードな事実よりも個人的な経験を優位に立たせたいという意志の現れであり、それは偽情報への扉を開くものであると指摘している。[26]

Oxford Languagesによれば、Post-Truthは「世論を形成する際に、客観的事実よりも感情や個人的信念に大きな影響力を認める状況」と定義される。[27] 上に見たような諸傾向は、事実をわきにやり、個人的な感情・信念・経験に重きを置くものであり、まさにこの辞書的定義に符合する。「真実」ではなく「私の真実（my truth）」が決定的なのだ。

表現の自由の古典的な保障根拠は、思想の自由市場（free marketplace of ideas）に求められた。自由な言論の応酬はやがて社会を「真理（truth）」に導くと。思想の自由市場論におけるtruthの役割は〝到達点〟であると同時に、むしろ、そう簡単に到達できない、永遠の追究地平を指し示す「規整的理念（regulative ideal）」と捉えられるようになった。「真実／真理」は、言論空間における事実と虚偽を峻別・裁断する機能をはたしてきたのであり、少なくともそこでは当事者間が共通して追究すべき統合的理念として共有されていることが前提であった。[28] しかし、上記の〝真実のカスタマイズ〟は、共通の規整的理念としての真実を退け、かつ無化し、言説の真理値を問うことを無意味化した。

しかし、それだけではない。むしろ言説の真理値を問うことを真実それ自体に適用する方向が現れた。トランプの法律顧問であったルディ・ジュリアーニ弁護士の「真実は真実ではない（truth isn't truth）」という発言がそれを表している。[29] ２０１８年８月19日、特別検察官ロバート・モラーがロシア関連疑惑でトランプに証言を迫っていた状況下で、ＮＢＣのMeet the Press（またもこの番組である）に出演したジュリアーニは、モラーの要請に応えるべきだと迫るチャック・トッド（またしてもこの人である）に対して、「あなたはトランプが真実を語ればいいだけで何も心配する必要がないのだから証言をすべきだと言いますが、全くバカバカしい。それは誰かの真実であって、真実じゃない。真実は真実じゃないんです」と応じた。トッドは「いや、真実は真実ですよ」と切り返した。が、ジュリアーニは「例えば、トランプはそんなことを言っていないと述べている。でも別な人物は言ったと語っている。どっちが真実ですか？」と開き直った。真実に対して「それは果たして真実か？」と問い詰め、真偽の判定を真実の名の下に動揺させようとする姿勢である。[30]

かつて、真実は、虚偽と事実を切り分け、虚偽から事実を守るためのものであった。しかし、今やその役割は反転した。真実は、事実から虚偽を救出するためのものとなったのである。しかも、それはある意味で「真実」という規整的理念の正しい用法でもあるのだ。では、真実のこの無限後退的な状況は、一体どこに落としどころを見つけようとするのだろうか。その答えは、大統領になる以前の起業家トランプ自身が示している。[31]

「私のプロモーションの最大のカギは虚勢を張ることだ。私は人々のファンタジーを演じている。人々は常に大それたことを考えているわけではないが、大それたことを考える人物には興奮するものだ。だから、ちょっとした誇張は人々を害するものではない。人々は、最も大きく、最も偉大で、最も壮大であるものを信じたいのだ。私はそれを真実に満ちた誇大妄想（truthful hyperbole）と呼んでいる。」

人々が望む〝誇大妄想〟に応えることは〝真実に満ちた誇大妄想〟になる。要するに、政治家となったトランプは、真実そのものに対してデモクラシー（デモスの支配）を適用しているのである。ポスト・トルゥースの時代に空位となった真実の座を埋めるのはデモクラシーなのだ。

4　嘘の民主的正統性

(1)　嘘と真実

ここで3の結論をもう一度引いておく。

かつて、真実は、虚偽と事実を切り分け、虚偽から事実を守るためのものであった。しかし、今やその役割は反転した。真実は、事実から虚偽を救出するためのものとなったのである。

真実は虚偽を排除するのではなく、むしろ虚偽に軍配を上げる役割を担いつつあり、オルタナティヴ・ファクト運動の首謀者であるトランプによれば、大衆の妄想に適合する教説こそが「真実」となる。これを捉えて、《トランプは真実そのものにデモクラシーの論理（∴大衆の支配）を適用しようとしている》と筆者は総括したところである。

この総括は、歓迎するわけにはいかないものかもしれない。確かににわかには受け入れることができないものであろう。が、ことはそう簡単ではない。もう少し立ち入って考える必要がある。3点ほど指摘しておきたい。

① 現実そのものの仮想化

真実が事実と虚偽の峻別を放棄し、逆に、事実の方を裁断して、虚偽の横行を正当化するのだとすれば、それは言論空間全体を虚構化することになりかねない。それは確かに危険ではあるかもしれないが、同時に、メタバースの狂騒に見られるように、わたしたちは仮想現実（virtual reality）の構築を競うように推進している。オルタナティヴな世界の構築が嬉々として提案され、仮想現実による「現実」の希釈化が進んでいるのに、なぜオルタナティヴ・ファクトだけでは排撃されなければならないのか。「現実」とは異なる仮想世界を構想するだけでなく、むしろ「現実」そのものを仮想化することが目指されてもいいのではないか。仮想化された言論空間を規律する、真実に代わる新たな理念（？）をむしろ歓迎すべきではないか（それが、トランプの示唆する大衆支配・大衆迎合である可能性は高いが）……、そのような声が聞こえてきそうである。

かかる反問は、ポスト・トゥルースという精神構造について本質的な論点を提起しているように思われる。私たちは、virtual realiry を「仮想」現実と訳してきた。それは、現実的には存在しない世界をとりあえず仮設するという意味合いを持っている。が、virtual の本来的意味は、表面上はそうではないが実質的にはそうである……、あるいは、事実上あるものと同然に扱われる……といったものである。この点、ロボット工学者の舘暲は、virtual の意味を「みかけや形は原物そのものではないが、本質的あるいは効果としては現実であり原物であること」と定義し、「あえて簡単に一言でいえば『現実のエッセンス』がバーチャルリアリティであるから『抽出された現実』とも言い換えられる」と指摘し、嘘や虚構とは似ても似つかないどころか「むしろ正反対とさえいえる」と喝破する。[32]

だとすれば、物理世界であろうが、電脳世界であろうが、それが私たちにとって「実質的にはこっちが現実である」と感得される方が「現実」になるということだ。つまり、「現実」という観念は本来的に民主的なものとなる可能性がある。その意味ではトランプの〝真実の民主化戦略〟はあながち根拠のないものではない。[33]

② 嘘の正統性

真理と政治を峻別し、前者による後者の統制を重視したハンナ・アレントは、他方で、「嘘をつく能力（the ability to lie）」を評価する。アレントによれば、「嘘をつく能力」と、事実を変革する能力つまり「活動する能力（the ability to act）」とは相互に関連しており、嘘をつくということは事実上の真実を意識的に否定することであり、「嘘をつく能力」は世界を変え、新しいなにかを始める私たちの自由にとって重要な意味を持つ。存在を否定したり肯定したりする精神的自由（the mental freedom to deny or affirm existence）がなければ、いかなる〝活動〟も不可能になる、と言うのだ。[34]要するに、「嘘をつく能力」を発揮できる自由、〝嘘をつく自由〟の確保が世界変革のためには必要であるということであろう。

既に2の（2）で述べたように、デモクラシーの歴史はデマゴーグと共にあった。そこでも指摘したが、改めて引用すると「デモクラシーはその宿痾と看做されている要素によって実は生き延びてきた」

のであり、「デマゴーグも衆愚も、デモクラシーが並走しなければならない〝負の要素〟ではなく、むしろデモクラシーのダイナミズムを保証する構成要素なのである」。そうであれば、アレントが言う「噓」も、扇動の可能性もあるにせよ、政治のダイナミズムを確保するものとして位置付け得るだろう。噓が引き出す大衆の力動こそデモスが立ち上がることを可能にし、衆愚の嵐が吹き荒れることを警戒しつつも、その馬力を期待するデモクラシーの可能性を担保してもいるのである。その力動がもたらすものは、まさに衆愚としか言いようのない破壊的なものかもしれないし、後世に「市民革命」と称賛される大事業をなすものかもしれない。

このような「噓」の権力的契機とならんで指摘しておくべきなのは、「噓」の正統性である。大衆の声をデモクラシーの正統性基盤にすえるのなら、噓の声もまた大衆の声であり、したがって、それも正統性の一部を成す。が、それだけではない。アレントが言うように、「噓」をつく「精神的自由」が確保されていることがデモクラシーの条件であるのならば、表現の自由が確保されていることがデモクラシーが正統なものであるための条件であるのと同じ意味で、噓をつく表現の自由の保障はデモクラシーの正統性を支えていることになる。噓をつくことには民主的正統性があることになる。

③ 真実の役割

くどいようだが、3の総括を三たび引用する。「かつて、真実は、虚偽と事実を切り分け、虚偽から事実を守るためのものであった。しかし、今やその役割は反転した。真実は、事実から虚偽を救出するものとなったのである。」

この総括は、真実の終焉あるいはポスト・トゥルースの席巻を示唆するように映るかもしれない。しかし、そうではない。虚偽と事実を峻別することも、「事実から虚偽を救出する」ことも、真実（truth）という規整的理念の役割であるからである。虚偽と事実を真実の名の下に切り離した上で、今度は、虚偽の中にも真実があるかもしれないと構えてさらなる探究を私たちに要求するのが真実なのである。もちろん、虚偽はどこまで行っても虚偽でしかないだろう。が、虚偽がまき散らされる背景には何がしかの真実が隠されているかもしれない。そのような意味で、上述の引用はまさに真理が本来の機能を果たしているさまを描写していることになる。真実の要求にはまことに厳しいものがある。

日本語ではしばしば「臆見」と訳されるギリシア語にドクサがあるが、これは真実とは区別され、それぞれの人に開示されるままの世界理解を指し、「思い込み」といったような含意を込めて用いられることが多い。アレントによれば、理想主義的なソクラテスは私生活に隠退することなく、むしろ「ドクサの渦中を歩き回った」のであり、対話法をひっさげて、人々がドクサの中に真理を発見する手助けをしたのである。[35] つまり、「誰も、独りでは、またなお一層の努力をしなければ、自分自身のドクサに内在する真実を知ることはできない」のであって、対話・問答という助産術を通じてはじめて市民一人ひとりから真実を引き出し、もってソクラテスは「都市をもっと真実に溢れたもの（truthful）にしたかった」とアレントは言う。その際重要なのは、真実の名の下にドクサを粉砕するのではなく、ドクサ自体に内在する真実を明るみに出すために、虻のようにうるさくつきまとい、徹底的に対話をし尽くすことである、と彼女は整理する。[36]

事実の表層を突き破ってその深奥に迫り、虚偽を暴くだけでなく、その中に内在する真実を発見すべく、しつこく探究を続ける。このような真実の役割にとって最大の敵は、「とうとう真理に到達した」と勘違いし、探究を停止して、手許にある真実／真理を絶対化してしまう、ある種の「信仰」的な態度である。いわゆる「陰謀論（conspiracy theory）」にはしばしば宗教的要素があると指摘されるが、[37]真実の要請するあくなき探究が過剰にわたって、究極的真理の内面化が進むと、陰謀論の魔の手がそこに及ぶ可能性がある。その危険性を慎重に回避することが求められるだろう。[38]

（2） 嘘と民主主義

以上のように、本稿では、嘘にも民主的正統性があることを立論してきた。しかし、だからと言って、嘘がスバラシイものであると持ち上げるつもりはない。

嘘にある種のポジティヴな意味があることは既に述べた通りである。嘘が真実の探究に私たちを誘うことは認める。しかし、それを除いて、どの嘘もどこかに良き面があるとか、ましては嘘一般が常に歓迎すべきであるとは言えない。嘘と真実が入れ子構造のように重なり合う、現代情報社会の構造的なカオスの中で、私たちは、嘘を同定し、許しがたい嘘は排除するという、途方もなく困難なプロジェクトをもがき苦しみながら続ける他ない。

そして、それは確かに民主主義を危殆に瀕せしめるかもしれないが、同時、それこそが民主主義をドライブさせるのである。2でギリシアの昔について述べたように、デマゴーグとデモクラシーは古くから（というより生まれたときから）の仲である。デモクラシーはそれが誕生したときから、嘘にまみれていたと言ってよい。このような、嘘と民主主義の長いつき合いがなぜ続いたのか。それは、民主主義がデマゴーグをその駆動力学として内蔵するシステムであったからである。

民主主義は内的な緊張と葛藤がなければ、動かない。なので、嘘との地道な闘いを続けていくことには意味がある。解決を安易に望むのではなく、葛藤と緊張が持続することが、民主主義をして、衆愚に堕することも、独裁制に変質することも回避させるからである。

既に私たちは、嘘やフェイクとの地道な闘いを開始している。例えば、津田大介は、ポスト・トゥルース時代の処方箋として、①技術による解決、②広告業界の対応、③発信者情報開示、④報道の力、の4点を挙げる。[39]

①は、ファクト・チェック機構によるフェイク監視機能の強化やファクト・チェックの教育・研修といった試みだけでなく、ファクト・チェックをバイ・デザインしたブラウザの実装など、技術の向上による対抗策を指す（Googleのファクト・チェック・エクスプローラー等）。フェイクの摘発は技術的にも実体的にもまだまだ困難が伴うが、例えば、コンテンツの虚偽性という実体的判断に代えて、発信元の信用性に基づいてフィルターをかけることなども考えられる。が、その適否も含め、試行錯誤が予測される。②は、広告スクリプトの野放し状態を改善し、フェイクで金儲けができる現状を変える提案である。炎上が発生する原因には、確信犯、愉快犯、そしてビジネス動機があるが、ビジネスとして炎上させる人間を追い出すことで、前二者に対する対応を集中的に検討できるというのである。[40]③は、発信者開示手

続を簡素化して、フェイク発信者にきちんと責任を取らせるということである。④は、報道冬の時代にあってはある種の「根性論」[41]かもしれないが、とにかく報道メディアにはもうひとがんばりしてもらいたいというメッセージが込められている。[42]

さらに、フェイク情報に対する「免疫」の獲得や「情報ドック」による健康チェックを求める「情報的健康」プロジェクト（鳥海不二夫・山本龍彦）[43]、オフラインの自由を確保してSNSから距離を置く生活を送る「ネオ・ラッダイト」（マーク・キングウェル）[44]、といった方向も興味深い。そして、忘れてならないのは法的規制の考案である。安易に公権力に介入を許すのは適切ではないが、伝統的な法的規制の枠組の適切な応用や拡張は模索する価値があると思われるし、何より、詐欺や権利侵害には敢然と法的措置を採る姿勢を示すべきであろう。

言論も情報通信技術もすべて両義的であり、デュアル・ユースなのである。そうであれば、眼前に広がるのはカオスということになる。嘘と民主主義の近未来は、かかるカオスの中で、衆愚であることをどこまで再自覚できるかにかかっている。衆愚であることを自覚し、かつそれに開き直らず、そこから抜け出そう、独裁に賭けるようなことも避けよう、と内的葛藤をさらけ出し、それと格闘し続けることが民主主義の駆動力学であり、安全保障である。フェイクと戦い続ける、お仕着せの現実に対抗し続ける、衆愚をさらし、反省し、再びあゆみ出す、それが民主主義の宿痾でありかつ希望である。

【注】

1 「正統性」や「デモクラシー」についての筆者の基本的理解は「提言」を参照されたい。

2 ケンブリッジ・アナリティカ事件とその背景の詳細については、ＮＨＫ取材班『ＡＩ vs. 民主主義―高度化する世論操作の深層』（ＮＨＫ出版、２０２０年）を参照。

3 Fact Checker: In four years, President Trump made 30,573 false or misleading claims（https://www.washingtonpost.com/graphics/politics/trump-claims-database/）（updated Jan. 20, 2021）.

4 ２０２３年12月19日、コロラド州最高裁は、連邦議会襲撃事件を挑発したトランプの言動は合衆国憲法修正14条３節が公職追放の要件とする「反乱に加わった（engaged in insurrection）」ことに該当すると認定し、同氏の名前を予備選挙投票用紙から排除する旨を判示した（Anderson v. Griswold（No. 23SA300））（https://www.courts.state.co.us/userfiles/file/Court_Probation/Supreme_Court/Opinions/2023/23SA300.pdf）。

5 もちろん、個人情報の不正取得や不正利用を防ぐデータ保護の施策は21世紀に入り、進展が著しい。が、他方で、偽情報の検知と排除についてはようやくその取り組みが整いつつある。アメリカ合衆国では、生成ＡＩが作り出した画像を「識別」するための技術開発は業界団体（「コンテンツの来歴と真正性のための標準化団体（Ｃ２ＰＡ：Coalition for Content Provenance and Authenticity）」）を中心に進められてきたが、近時、この動きにグーグル、メタ、オープンＡＩが合流すると報じられている。２０２３年に検出されたディープフェイク画像は約10万件にのぼり、19年比で６・５倍に達している。上記の動向は、偽画像対策の第一歩と位置付けられるが、しかし、それは画像の真正性（ほんものであること）を保証するソリューションであり、広く偽情報そのものを検知・排除する取り組みとは異なる（日本経済新聞２０２４年２月10日）。

6 アリストテレス（戸塚七郎訳）『弁論術』（岩波書店、１９９２年）５０９頁（戸塚七郎解説）。

7 アリストテレス・前註（６）同頁。

8 アリストテレス・前註（６）５１０頁（戸塚七郎解説）。なお、民会にはグラフェー・パラノモンという違法提案を裁く民衆法廷が存在した。政治家の演説は訴追の危険を伴うものであったのである。

9 Ｍ・Ｉ・フィンリー（柴田平三郎訳）『民主主義』（講談社、２００７年）１０４頁。

10 フィンリー・前註（９）１０５–１０８頁。

11 フィンリー・前註（９）１０９頁。

12 詳細については、駒村圭吾『主権者を疑う―統治の主役は誰なのか？』（筑摩書房、2023年）135頁以下を参照されたい。

13 プラトン（藤沢令夫訳）『国家（下）』（岩波書店、1979年）第8巻。

14 ハンナ・アレント（大久保和郎・大島かおり訳）『全体主義の起源2―帝国主義』（みすず書房、1972年）204頁（本訳書では「アーレント」であるが、ここでは「アレント」を用いる）。

15 アレント・前註（14）203頁。

16 「衆愚」を積極的な意味において捉え直そうとする筆者の試みについては、駒村・前註（12）133頁以降を参照されたい。

17 ハンナ・アレント（大久保和郎・大島かおり訳）『全体主義の起源3―全体主義』（みすず書房、1974年）24、35頁（本訳書では「アーレント」であるが、ここでは「アレント」を用いる）。

18 オルテガ・イ・ガセット（佐々木孝訳）『大衆の反逆』（岩波書店、2020年）67、69、74頁。

19 オルテガ・前註（18）73頁。

20 オルテガ・前註（18）70頁。

21 筆者の大衆についてのイメージは、SF作家のスタニスワフ・レムが描いたソラリスの海の非人格的な静けさよりも、東日本大震災で私たちが目にした、あのどす黒い津波のうねりに近い。人格も非人格も、愚民も英雄も、徳も欲望もすべて呑み込んで黒々とうねり、制御不能であるが、明らかに一定のベクトルをもって突き進む、あのイメージである。
駒村・前註（12）146頁。

22 Soroush Vosoughi, Deb Roy and Sinan Ara, The Spread of True and False News Online, Science 359, 1146-1151 (March 9, 2018) (https://www.science.org/doi/10.1126/science.aap9559).

23 Molly Ball, Kellyanne's Alternative Universe : Will the Truth Ever Catch Up With Trump's Most Skilled Spin Artist?, The Atlantic (April 2017 issue) (https://www.theatlantic.com/magazine/archive/2017/04/kellyannes-alternative-universe/517821/).

24 Margaret Sullivan, The Post-Truth World of the Trump Administration is Scarier Than You Think, Washington Post (Dec. 4, 2018) (https://www.washingtonpost.com/lifestyle/style/the-post-truth-world-of-the-trump-administration-is-scarier-than-you-think/2016/12/02/ebda952a-b897-11e6-b994-f45a208f7a73_story.html).

25 Conor Friedersdorf, The Difference Between Speaking 'Your Truth' and 'The Truth,' The Atlantic (Jan. 8, 2018) (https://www.

theatlantic.com/politics/archive/2018/01/the-power-and-perils-of-speaking-your-truth/549968/).

26 Elisabeth Braw, Is "Speaking Your Truth" the New Alternative Facts?, Foreign Policy (March 22, 2021) (https://foreignpolicy.com/2021/03/22/speaking-your-truth-alternative-facts/).

27 Word of the Year 2016 (https://languages.oup.com/word-of-the-year/2016/).

28 本稿ではtruthにつき「真実」と「真理」を互換的に用いる。なお、思想の自由市場論の詳細については、駒村圭吾「多様性の再生産と準拠枠構築—情報空間における『自由の論理』と『統治の論理』」駒村圭吾・鈴木秀美編『表現の自由Ⅰ—状況へ』（尚学社、2011年）所収を参照されたい。

29 Caroline Kenny, Rudy Giuliani says 'truth isn't truth,' CNN (Aug. 19, 2018) (https://edition.cnn.com/2018/08/19/politics/rudy-giuliani-truth-isnt-truth/index.html).

30 このような思考は思想の自由市場論の先覚者のひとりであるJ・S・ミルにも見られる。J・S・ミル（塩尻公明・木村健康訳）『自由論』（1971年、岩波書店）47頁。

31 Donald Trump, The Art of the Deal (1987, Random House). 和訳は、ドナルド・トランプほか（相原真理子訳）『トランプ自伝』（筑摩書房、2008年）77頁（なお、本文の訳は原書に依っているので、この和訳とは異なる）。

32 舘暲『バーチャルリアリティ入門』（筑摩書房、2002年）14頁。舘によれば、「私たちが見ている世界も、ある意味では、人間の頭脳が構成したバーチャルな（抽出された現実）世界である」（同書9頁）。

33 とは言え、「提言」でも指摘したように、現実が仮想化されたとしても、残された「身体」も仮想化され無化されるわけではない。これはメタバースについても言えることである。

34 Hannah Arendt, Crises ang the Republic (1969) 5-6. アレントの「世界を変革するための嘘」については、百木漠『嘘と政治』（青土社、2021年）90-116頁参照。

35 ハンナ・アレント（ジェローム・コーン編）（高橋勇夫訳）『政治の約束』（筑摩書房、2018年）66-67頁。

36 アレント・前註（35）67-68頁。また、百木・前註（34）215-216頁も参照。

37 もっとも、陰謀論の背後にあるものは宗教的なものだけに限らない。例えば、Qアノンには、カルト宗教的な要素、ロシア陰謀的な要素、信用詐欺的な要素、ゲーム的な要素などがあると言われるが、どれも決定的ではないと見られている（マイク・ロスチャイルド（烏谷昌之・昇亜美子訳）『陰謀論はなぜ生まれるのか』（慶應義塾大学出版会、2024年）325頁）。

38 秦正樹は、人には「なぜ？」を問いかける性向がプログラムされているので、「どれだけ啓蒙が行われようとも、陰謀論がこの世から消滅することもないだろう」と述べる。情報があふれ、価値観が乱立する現代社会では、「人々が自らの『正しさ』に固執すれば、そこに陰謀論がつけこむ余地が生まれる」のであって、そうであれば、「自分の正しさを過剰に求めすぎない」という姿勢こそが大切である、と指摘する（秦正樹『陰謀論』（中央公論新社、2022年）229－231頁）。そうなると、本稿で指摘した真実が私たちに求める普段の探究も過剰にわたれば、陰謀論の餌食にされる可能性がある。やはり真実の探究はその意味でもリスキーな企てである。が、やるしかないだろう。

39 津田大介・日比嘉高『「ポスト真実」の時代』（祥伝社、2017年）227頁以下。以下、本文中の①から④の解説は、同書における津田と日比の対話に依拠するところが大きい。

40 津田・日比・前註（39）230頁。

41 津田・日比・前註（39）228頁。

42 この点、津田は、「企業内ジャーナリストが個人として情報を発信し、ネットベースで信頼を獲得していくというシナリオもありえますね」（津田・日比・前註（39）238頁）と発言しているのが興味深い。ジャーナリストが、ポータブルなデバイスを引っさげて、自らをメディアとしてネット発信する方向が期待される。この点、ジャーナリストの堀潤が能登半島地震において採った取材活動がひとつの範例になるように思われる（https://ananweb.jp/news/532773/；https://www.chunichi.co.jp/article/831784）。

43 鳥海不二夫・山本龍彦「デジタル空間とどう向き合うか―情報的健康の実現をめざして」（日経BP／日本経済新聞出版、2022年）。

44 マーク・キングウエル（上岡伸雄・小島和男訳）『退屈とポスト・トゥルース』（集英社、2021年）25－26頁。

Ⅱ　生成民主政

ギラッド・アビリ／吉川智志 訳

現代のデジタル状況では、２種類のアルゴリズムが公共討議の形成に役立つようになった。〔第1は、〕デジタルプラットフォーム上でわれわれが遭遇するコンテンツをキュレートするアルゴリズム、[1]〔第2は〕われわれが発信するコンテンツのモデレーションを制御するアルゴリズムだ。[2] われわれは現在、第3のアルゴリズムの出現を目撃している。それは人間が作るようなコンテンツを生成することに特化したアルゴリズムであり、これにより、デジタル公共圏に新たな動態がもたらされている。

生成ＡＩはいまだ発展の初期段階にある。このことを踏まえれば、それが民主政の構造や過程にもたらす潜在的影響に関する分析は、暫定的・予備的なものとならざるを得ない。本稿で私は、われわれの情報エコシステムにおいて生成アルゴリズムが重要な役割を果たす未来を理論化するが、そのために、

〔第1の〕レコメンデーション・アルゴリズムと〔第2の〕モデレーション・アルゴリズムという既存のパラダイムからの洞察を活かしていくつもりだ。この検討には、私が以前行った、デジタルメディア・プラットフォームやソーシャルメディア・プラットフォームが民主政国家の健全性と機能に及ぼしてきた影響についての研究が、大いに知見を提供してくれるだろう。[3]

本稿の分析の核心的な主眼は、ひとつの技術現象としての生成ＡＩが、民主的統治と公共討議に関する定着した諸原則といかに相互作用し、これに変容をもたらす可能性があるのかを考察することにある。その考察にあたっては、単に技術についての評価を行うだけではなく、そうした変革的技術が憲法や民主政にもちうる含意について徹底的に熟考する。要するに、どんどんとデジタル化していく世界において、生成ＡＩの出現が、テクノロジー、公共討議、そして民主的統治の関係をいかに再調整しうるかについての思索を、ソーシャルメディア・アルゴリズムの研究で培われた洞察を適用して行おうとするのが、この探求だ。本稿では、民主政と言論との関係についての私の理論的な把握の簡潔な説明から始めて、その後、デジタル化一般が、そしてその中でも特に生成ＡＩが、民主政が前提とする社会の言論状況にいかなる劇的な変容をもたらすかについて論じる。

1 民主政と言論

(1) 共同体

民主政の核心には「デモス」――自己統治の主体と客体の両方を具体化する、輪郭が明確で、まとまりのある一つの共同体――という概念がある。[4] この概念によって、グローバルな民主政を構想する上での課題が浮き彫りになる。というのも、価値の共有を伴う普遍的な「デモス」を立ち上げることは難しいからだ。[5] 伝統的に、民主政の基盤は「実体的な諸価値と諸原理」であって、必然的に、「近代民主政国家には、ひとつの強固な集団的アイデンティティを持つ『人民』が必要になる」。[6]

民主政にとって共同体的基盤が不可欠であることは、自己統治という原理に内在する。哲学者のチャールズ・テイラーは雄弁にこう語る。もし「人民による統治を想定するなら、その『人民』を構成する者が意思決定の単位、すなわち共同的な意思決定を行う主体を構成することになる」。[7] 〔そのため〕政治的な共同体の不存在は、自己統治という概念の曖昧化をもたらし、誰が統治を行う主体なのかという問題を生じさせる。統治とは、諸選好を合成する非人格的アルゴリズムの作用などではない。それは「我ら人民」の集団的な企てなのだ。[8]

自己統治を行う共同体のアイデンティティは、単なる概念上の構成にとどまらない。それは機能上の必要条件といえる。公共討議と統治における活発な市民参加《アクティヴ・シティズンシップ》には、諸個人による大きなコミットメントが必要となる。市民は、公的事項につき意見を形成し、議論に参加し、意見の相違に直面し、投票のような民主的過程への参加に時間を割かねばならない。[9] この水準の関与が実現可能なのは、共通の政治的共同体の内部に限られる。「市民による民主政が機能するのは、それを構成する者の大多数が、自分たちの政治的社会が相当に大切な共同事業だと確信しており、それが民主政として機能し続けるよう参加をする必要がある程に核心的に大切なものだ、と考える場合に限られる」。[10] 要するに、民主的でリベラルな国家は、その市民たちに相当の責任を負わせており、「人類一般に向けられるものより、同国民に向けられるはるかに大きな連帯」[11] を必要とする。

更に言えば、公共討議は、単に〔それを行う〕エネルギーが大きくなれば良いというものでもない。公共討議のためには、実効的なコミュニケーションと理性的な説得を円滑化する、共通理解という基盤が必要となる。こうした理性的議論のための討議上の必要条件は、政治的な共同体の一員であることにより育まれる。この共同体内での言論についての規範や慣習が、理性的な議論に資する環境を形成する。[12]

これらの規範は、公共討議にとって極めて重要だが、参加者間の相互理解の上に成り立つ。公共討議には、必ず参加者の負担が生じる。参加者は、自らの主張を明示するにあたり、単なる私的利益を超えて、公共の利益に資する形でこれを行わなければならない。[13] この過程の詳細は、特定の共同体内部における社会化を通じて習得される文化的規範から影響を受ける。有意義な公共討議の実現可能性は、共通の言論規範《スピーチノームス》が採用されるかにかかっており、これもまた社会化を通じて獲得される。相互の会話を通じて見解が形成・変更される可能性は、「ある程度の結束を必然的に含意する。一定程度、〔共同体を〕構成する者は互いのことを知っており、互いの見解に耳を傾け、相互理解をもつ必要がある。もし互いを知らない、あるいは互いを実際には理解できないとしたら、共同での討議を行い得るだろうか」[14]。このような言論規範に違反することは、議論の実効性を失わせ、会話は「ほとんど必然的に……威圧的だったり、口汚いものになったりする」[15]。

自己統治、公共討議、そして民主政過程全般の実効性は、この政治的共同体の強さや結束力次第といえる。それなくしては、民主政のまさに根幹が疑われてしまう。このことは、機能する民主主義社会が、共同体の強固なアイデンティティと、活発で積極的な市民参加を必要としていることを際立たせる。

(2) 公共のインフラとしてのメディア

民主的なシステムにおいて、政府の役割は、公論——民主的正統性の土台——を反映し、これに応答することである。この正統性の基礎には、公共討議への参加を通じて市民は集団的な政治的運命に影響を与え得るという信念がある[16]。民主政の基本的な原動力は「世論による統治」[17]であるが、これを維持するためには「公衆《パブリック》」の創出が必要となる。この「公衆」という概念は力強いものであり、「精査する、問いかける、拒絶する、意見する、決定する、そして判断する」[18]能力を特徴としており、「並外れた擬制」と描写されるものを通じて実効的に統治する。この「並外れた擬制」を通じて、公衆は統治を行うのだ。公衆は、「立ち上がり、発言し、不誠実な約束を拒絶し、要求に応え、統治者を変え、軍隊を支持し、変革への付託を与え、満足し、公的な行為を吟味し、模範となり、偽物を嘲笑う」とされる[19]。主権者である「公衆」の誕生を可能にしたのは、マスメディアの発達であった[20]。「公論」が、社会学的な意味で成立し得るためには、大部分の個人が共通の情報体験にアクセスできなければならない。[21]アレクシス・ド・トクヴィルが述べたのは、新聞が「同一の考えを千人の心に同時に届けることができる」こと、それが公論という名の「巨大で、抽象的で、最高位に位置する群衆」[22]なるものを創出することであった。このことは現代のマスメディアにも妥当する。メディア学者スティグ・ヒャルバードは、メディアを「共通体験の領域」[23]として描く。それは、多くの人が消費する文章、動画、音声を生み出す。一方、社会学者ジェフリー・アレクサンダーは、マスメディアを「不可視の社会規範を文化のレベルで作る象徴的パターン」を創出する中心として見ている。[24]公衆は、他の政治的な共同体とは一線を画しており、「活字化によってその構成員が公共性にアクセスできるようになったという事実」により特徴づけられる。[25]

マスメディアは、魅力のあるコンテンツを幅広い聴衆に提供し続けることで、消費者が自らを個々の観察者とみなすと同時に、より広い物語《ナラティヴ》の一部としてもみなすことができる公共圏を育んでくれる。メディアは、細分化された、多文化主義的な社会において、政治的な共同体の感覚を醸成する上での重要な社会制度といえるのだ。メディアは、日常経験の共有を生み出し、言論規範を執行することを通じて、ひとつの共同体としての社会に向けた方法において、公共討議の形成を助ける。[26]こうして、マスメディアは本質的に「読者が自分たちは公衆であると認識する前提、従ってまた、自分たちが民主主義に不可欠な公論形成に関与していると認識する前提」[27]を作り出す。

「公衆」という概念は、近代的な現象であり、それはマスメディア、特に新聞の勃興と結びついている。[28]不特定多数の人々に同一のメッセージを拡散する技術的な可能性が生じる以前、一般の人々が私的生活や会話という領域を超えていく可能性はなかった。[29]このように、公衆のあり方は、特定の形式の技術的基盤と結びつくものといえる。[30]

このように、「公衆」の形成は、民主政にとって極めて重要であり、マスメディアの発達に伴い進展してきた。こうしたプラットフォームは情報を広げるだけでなく、民主政の過程にとって極めて重要な公論を形成する。これらのプラットフォームは、私的な諸個人を――政治的な言説に参与しこれに影響を与える――公衆の一員へと変化させる。このことは、民主主義社会が形成される場面でのテクノロジー、メディア、政治の相互作用を際立たせている。

（3）　公共圏の限界としての言論規範

民主主義社会において、公衆が形成されるためには、特定の規範の執行が必要となる。この規範によって、〔公衆の〕構成員が部外者から区別される。[31]共同体とは、家族的紐帯、地理的な位置、あるいは共有された歴史的記憶などの共通の特徴を持つ一つの社会集団のことだ。[32]このような帰属意識が、諸構成員のアイデンティティを形作る[33]：ある人は、自分のことを、スミス家の一員であるとか、ラパヌイ人〔訳注：イースター島の先住民族の子孫〕であるとか、あるいはネパール人であるなどと認識する。こうした諸共同体が存続できるかは、共同体の構成員に特定の要求を課す――それが部外者を構成員から区別する――一定の規範を強化し続けられるかにかかっている。[34]これらの規範は、行動や言論に影響するが、共同体ごとに異なるかたちをとる。[35] 例えば、日本人の子どもは、観光客の子どもとは異なるかたちで、年功序列を受け入れることができるようになる。[36] 普遍的な規範（例えば殺人の禁止）もあるが、共同体の規範の詳細なあり方は偶然的《アービトゥラリィ》なものといえる。というのも、それら規範は、ある共同体から別の共同体を区別しなければならないからだ。例えば、文化によって礼儀正しさを示す具体的な方法は様々だが、それだけでなく、ある共同体において礼儀正しさというものが持つ意味それ自体が高度に文脈依存的なのだ。[37]

ある構成員が、共同体の規範に違反すると、その報いを受けることになる。これは、共同体の境界と、その共同体が許容する個人の自由の範囲の明確化に役立つ。そうした規範に異議が唱えられたり、弱体化させられたりすれば、共同体の境界は曖昧になる。そして、規範が消滅すると、その共同体もまた消滅する。[38] このことはサッカーのファンクラブや宗教団体にも、一国の国民にも当てはまる。リチャード・ローティは、不道徳な行為を次のように定義することにより、この考え方を表現している――〔不道徳な行為とは〕「もしもその行為が万一なされるとしたら動物によってのみ、あるいは他の家族、部族、文化または他の時代の人びとによってのみなされるような類の事柄を指す。もしも私たちのうちの誰かによってなされたとしたら、しかも繰り返しなされたとしたら、その人はわれわれの仲間であることをやめているのである。その人は除け者《アウトカースト》に〔なる〕」。[39]

言論規範は、共同体の結束を支える核心的要素だ。するべき、あるいはするべきではない特定の行為（モスクで靴を脱ぐ、老親を介護するなど）が存在するのと同様、言うべきであること、言うべきではないこと、特定の言い方で言うべきであることがある。法は多くの場合、このような共有された理解を頼り、市民の共感を得ながら行動を規制し、〔翻って〕その源となる社会規範を強めていく。[40] 侮辱、ヘイトスピーチ、そして誤情報という3つの主要な例が、言論規範の複雑性の好例となる。

（a）侮辱は、社会を結びつける〔言論の〕機能が高度に文脈依存的であることの分かりやすい例として役立つ。何が侮辱を構成するか、公の場での侮辱が与える影響、法的救済を受け得ることへの期待などは、文化ごとに大きな違いがある。例えば、人の肌の色についての発言は、ある国ではひどい侮辱になるかもしれないが、別の国では無害な冗談であるかもしれない。ある文化圏では特定の代名詞を使用することが厳格に求められるかもしれないが、別の文化圏ではまったくそうではないかもしれない。[41] このようなばらつきは、法体系においても顕著といえる。例えば、アメリカの裁判所では、ドイツの裁判所と比べて、隣人への侮辱に制裁を課すために要求される侵害の閾値が高い。[42]

（b）ヘイトスピーチでは、この現象はより複雑なものとなっている。一般的に「ヘイトスピーチ」というラベルが張られる表現は、当該社会の特有のあり方を考慮すること抜きには定義できない。そこに含まれるものとしては、当該社会の歴史、そして異なる社会集団間の関係性などがある。[43] ある状況では無害かもしれない表現も、別の環境では極めて攻撃的かもしれない。許される論争の表現と、憎悪に満ちたそれを区別するためには、共同体の規範が参照される必要がある。「どのような文化においても、あるコミュニケーションが、礼節に関する本質的基準に反しており、それゆえ法的制裁を受けても仕方がないという意味で『極端な』ものであるかどうかを見分けることができる」[44] のは社会化された個人だけなのだ。

（c）共同体はまた、認識的規範《エピスティーミクノームス》を執行することによって、信頼に値する情報を管理する。ここでは科学的真理の証明についてではなく、「現実の社会的構成」について述べている。[45] 親が子供に教えるのは、振る舞い方だけではない。世界についての知識を獲得する方法も教える。月はチーズからできていると聞かされた子供に、ウィキペディアを参照しろと指示するのか、それとも教師に聞けと指示するのか。これは、何が社会的に受け入れられている学習方法かを示している。歴史上の例を挙げると、ガリレオ・ガリレイは、地球が太陽の周りを回っているという聖書の歴史に反する主張をしたことによって投獄された。教会によるこの反応が守ろうとしたのは、真理ではなく、宗教に基づいた認識的規範と、教会が支配する社会であった。現実への科学的アプローチが最終的に勝利したことは、後に世界に変革をもたらすことになる。[46]

これらの例は、表面上は単純だが、複雑な構造を明らかにしている。冗談でのからかいと攻撃性をもった侮辱を区別するためには、特定の文化についての深い理解が必要となる。[47] 許容される限度を超えた攻撃に対して加えられる社会的・法的な制裁は、社会に期待し得る尊重の水準を人々に示すものであり、このことは社会が結束力をもつのに寄与する。単純で同質的な共同体では、こうした力の働きは単純なものだが、多様性のあるリベラルデモクラシーでは、より論争的となる。

（4） 市民社会のゲートキーパー

伝統的な市民社会の構造においては、マスメディアは共同体の言論規範の裁定者として特別な位置を有していた。[48] 公共討議のゲートキーパーとして、メディア・エリートたちは、どのような発言であれば社会的に受け入れられるかという点に影響を与え、広く受け入れられた礼節の基準に合致するよう公共討議を成型する上で重要な役割を果たしていた。[49]

マスメディアは、その精選された出版と放送をめぐる選定を通じて、受け入れられる言論（とはどのようなものか）についてのメッセージを伝達した。それには、汚い言葉、タブー、地域の訛り、ドレスコード、メイクスタイル、情報の信頼性、ヘイトスピーチの規制などが含まれる。[50] マスメディアは、既存の社会規範を維持する点で本質的に保守的である一方で、礼節にかなったコミュニケーションのための経験やルールについての共有された場を提供するものでもあった。[51] コミュニケーションのための手段が限定的であった時代において、伝統的ニュースメディアは、市民社会がこうした規範を是認し、執行するための中心的な手段であった。これらのメディア体によって、幅広い聴衆へのアクセスはコントロールされ、相応しくない言論や発言者を公共討議から排除できていたのだ。[52]

このゲートキーピングという役割は、一連の共通の言論規範の執行によって社会の結束を維持するにあたり、欠くことのできないものだった。これを促進したのが、非対称性と一方向性により特徴づけられた20世紀のマスメディアをめぐる技術的状況であった。[53] 印刷と放送は集中型の活動であり、多額の財源が必要であったため、大手ニュースネットワークのような少数の組織への権力集中が必要になった。

これらの主体は、出版の技術的ボトルネックを掌握し、公衆に広められる情報の流通と性格を統制していた。[54]

デジタルメディアの時代となる以前、公共での表現の主要な規制者としてのマスメディアの役割は、疑う余地がなかった。ジャーナリスト、編集者、株主などのゲートキーパーは、いかなるトピックが広く議論され、いかなるコンテンツが聴衆に届くかについて、実質的な支配を確保していた。彼・彼女らが印刷メディアや放送メディアの制作過程を統制していることは、彼・彼女らがかなりの程度において公共討議を形成できていたことを意味している。

マスメディアによる情報の集中型の統制。これが前世紀のメディア状況の特徴をなしていた。これは次のような状況を生み出した。それは、そのローカルな共同体に深く根ざしており、社会規範に通暁した少数の主体が、公共討議の限界を決定づけるという状況だ。[55] 何が許される言論であるかについての彼・彼女らの判断が影響を与えたのは、コミュニケーションの内容だけではない。内容を伝える方法にもそれは影響を与えた。かくして、マスメディアは次のような二重の役割を果たした。〔第1に〕共通の情報の提供者としての役割、そして〔第2に〕社会規範の執行者としての役割だ。これによって、公共討議が、その時々の基準で礼節にかなうとみなされる範囲内にとどまることが確保された。別の言い方をしよう。相対的に共通化されたメディア体験を作り出して「公衆《パブリック》」を構築すると同時に、広く普及する公共討議からローカルな言論規範に反する言論を排除することで「公共的なもの《パブリック》」を維持するメディア。これがリベラルデモクラシーの基盤だったのだ。[56]

本項の結論を言おう。伝統的に、リベラルデモクラシーはメディアに二重の機能を負ってきた。第1に、メディアは、統一的なメディア体験を築き上げることにより、われわれが「公衆」とみなすものを形成した。第2に、メディアは、ローカルな言論規範から逸脱した言論をフィルタリングすることで、この「公衆／公共《パブリック》」を維持し、逸脱した言論が公的対話の場で広く普及するのを防いだ。次に、デジタル化一般、そして特に生成AIが、これらの社会過程にどのような影響を与えるかに目を向けてみよう。

2 民主政と生成された言論

(1) 生成AIとバイパス効果

生成AIプラットフォームの出現は、デジタル化やソーシャルメディアの登場がそうであったのと同じく、情報の統制と普及における大きな転換の到来を告げた。それは私が「バイパス効果」[57]と名付けたものをよく表している。従来の状況においては、共同体の規範、そして（ローカルなメディア・エリートから公共的知識人に至るまでの）ローカルなゲートキーパーは公共討議の形成、許容される言論基準の設定、情報流通の管理において重大な役割を果たしていた。[58]これらのゲートキーパーは、共同体に深く埋め込まれており、侮辱、ヘイトスピーチ、誤情報といった側面も含めて、言論や情報をめぐる共同体に特有の規範を執行することに役立っていた。[59]

以前の著作で、私は、グローバルな活動能力を有しローカルな力関係から切り離されたソーシャルメディアが出現したことによって、この既成秩序に対していかに重大な挑戦がなされているかを分析した。[60]デジタル革命はメディア状況に根本的な変容をもたらした。これにより、伝統的なメディアの役割は、情報の「ゲートキーパー」から、より広くより民主化された情報エコシステム内部における「ゲートウォッチャー」[61]へと変わった。インターネットは、マスメディアに特有の集中化された統制——そこでは限られた数の主体がコンテンツ発信を管理していた——とは異なって、高度に分散的なメディア環境を導いてきた。この新しい環境は、より広範囲にわたる情報の生産と流通を促進する。それは広範囲なアクセス可能性とコストの削減を特徴とする。この変化の本質をなすのは、ある重要な転換だ：「もはや言論それ自体は不足していない。聞き手の関心《アテンション》が不足しているのである」[62]。

焦点が、話し手の希少性から聞き手の希少性へと移るにつれて、マスメディアの影響力は再定義されることになる。マスメディアは、もはや唯一のゲートキーパーではない。それはいまやゲートウォッチャーとして機能する側面を強め、コンテンツの選定と濾過をますます公衆に依存するようになった。[63]こうしたデジタルメディア状況においても、なお伝統的なマスメディアは重要ではあるが、それは公共討議の領域における数多くの影響主体《インフルエンサー》のひとつであるにすぎない。この変遷が明確に示すのは、情報普及の力関係と社会の物語を形成するメディアの役割に大きな変化が起きていることだ。[64]

こうしたプラットフォームは、多様で地球規模に広がる利用者層に対して、統一的な言論規範を適用しようと努めており、ここに逆説がある。[65]プラットフォームが、ローカルな共同体の理解を得られるように、また、ローカルな利害関係者と関わりをもつように執行を調整しようと努めているにもかかわらず、このグローバルとローカルの二項対立という内在的矛盾があるために、その使命は幾分かドン・キホーテ的なものとなっている。この緊張関係は、言論管理の原動力に根本的な再構成が生じたことを際立たせている。逆説的だが、それは言論に影響を与える力をより分散させる（諸個人は、伝統的なメディアに受け入れられなくても、大衆に向けて直接的にコンテンツを投稿できる）[66]と同時に、（プラットフォーム・インターネットは一握りの諸個人によって管理される極めて少数の企業によって掌握されているがゆえに）集中させるのである。[67]ところが、集中化と分散化は両方とも、ローカルな市民社会エリートが公共討議に及ぼす実効的な影響力をバイパスする。

生成ＡＩは、情報普及と公共討議において生じている、斬新で重要な変化を象徴する。この技術は、ソーシャルメディア・プラットフォームとは著しく異なる方向に進む。ソーシャルメディア・プラットフォームは、グローバルに展開してはいるものの、人間が設計した共同体の基準に類似するものをなお遵守している。[68]〔確かに〕これらの基準は、地理的に離れた本部で策定され、アルゴリズムと国際的なコンテンツモデレーターを組み合わせるかたちで執行されてはいる。しかし、そこには人間による判断と統制の痕跡が刻まれている。[69]これとは対照的に、生成ＡＩは、自律的にコンテンツを生成・発信する洗練されたアルゴリズムによって作動し、大抵、従前のゲートキーピングの構造を完全なかたちで回避する。[70]

生成ＡＩの領域で考えると、この「バイパス効果」は、社会の物語を統制する原動力についての重大な変化を示している。共同体のエリートたちは、伝統的に、社会内部の物語の形成に影響力をもってきた。上述のように、ソーシャルメディアの登場によって、このパラダイムの破壊は既に引き起こされている。伝統的メディアのゲートキーパーとしての役割は挑戦を受け、公共圏での言論のスペクトルは拡大してきた。とはいえ、次のことを認めることは重要だ。つまり、この変化によって、文化的コンテンツを創造する上での伝統的メディアの影響力が大幅に弱まったわけではない。ソーシャルメディア上に流通しているコンテンツの大半は、伝統的メディアという場から供給されているのだ。[71]

われわれが、AIにより生成されるコンテンツが更に普及するのを目撃する中で、更なる変化が生じている。かつては主としてローカルなゲートキーパーの手の中にあったコンテンツを作成する能力が、グローバル・テクノロジー企業とそのAIシステムの手に渡りつつある。[72] この変化は、単にコンテンツを創造する力が再配分されていることに留まらない。それはまた、コンテンツのグローバル化にとって、かつては重大な障害であった言語の障壁を減少させる可能性を秘めている。[73] この言語の壁の崩壊は、コンテンツへの普遍的なアクセスが可能となるだけでなく、これを普遍的に生産できる未来の予兆となっている。

この変化の核心にあるのは、生成AIの学習方法だ。通常、生成AIは、膨大でグローバルに供給されるデータセットを取り込む必要がある。[74] この方法では、ローカルな言論規範や文化的ニュアンスに対してAIを適合させることは、骨の折れる挑戦となる。[75] そのため、これらのAIシステムにより生成されたコンテンツは、予測不可能[76]であるのみならず、ローカルな文脈や繊細性を欠く可能性がある。[77] この予測可能性の欠如は、〔先述の〕バイパス効果と相まって、公共討議の将来について深刻な問題を投げかける。公共の物語を形成する上でのローカルな規範や価値の影響力が弱まるにつれて、ローカルな共同体の結束やアイデンティティに潜在的なリスクが生じてくるのだ。大規模言語モデル（ＬＬＭ）で用いられる学習データにグローバルな性質があることは、これらのモデルによって生成されるデータがますます普及することと相まって、ひとつのグローバルな「文化」と呼び得るものが出現する予兆となる、との憶測を持つ者もいるかもしれない。この観念は、ひとつの見方によれば、世界規模の文化的要素のユートピア的な統合とも取れるし、ローカルの、あるいは地域的な多様性を失なわせるディストピア的な均質化とも取れる。

しかしながら、そのデータセットがグローバル化された性質を有しており、本質的に予測可能性が欠如しているからといって、ソーシャルメディアのコンテンツモデレーションにつきまとう文化的帝国主義という問題は解決しない[78]。その理由としては、生成ＡＩの企業を支配する者たちが、他のデジタルプラットフォームがそうであるように、そのモデルが生成した言論について大規模なコンテンツモデレーションに取り組まなければならないということがある[79]。ポストトレーニングのコンテンツモデレーションルールを伴わないＬＬＭでは、有害で、攻撃的で、不適切な回答が生成される。ヘイトスピーチ、どぎついコンテンツ、危険な活動を促進したり可能にしたりする回答などが生成されるのだ[80]。そこで、ＬＬＭを消費者にもすぐに使える製品にするために、生成ＡＩプラットフォームは、学習後のコンテンツを調整するメカニズムを構築することになる[81]。平易に言えば、これらのアルゴリズムは、プラットフォーム上においてコンテンツをモデレーションするアルゴリズムに類似する。生成ＡＩが生成したコンテンツが、あらかじめ定められたルールに反しないかを判断し、反するものは削除する。かくして、ChatGPT のようなボットはすでにインターネット上での文化戦争に加わっている。そうしたボットはしばしば「意識の高い人《ウォウク》であるように訓練されている」[82]と特徴づけられる。生成ＡＩのコンテンツモデレーションは、ソーシャルメディアのコンテンツモデレーションよりもはるかに実効的だと思われる。OpenAI のような企業は、コンテンツの生成と、コンテンツモデレーション自体の両方を統制する。そのため、ユーザーに提示されるコンテンツに対して、当該企業に特有のルールを、非常に極めて注意深く執行することができる。このように慎重に言論の管理を行う傾向の背後には、ソーシャルメディアが享受する一般的な免責との関係で、生成ＡＩの位置づけが不明確であるという動機もある。[83]

　集中型の生成ＡＩプラットフォームから、個人化されているパーソナライゼーションモデル（そこでは一人ひとりが自己のＡＩをカスタマイズできる）への移行を考えると、興味深いシナリオが現れてくる。[84]パーソナライズされたＡＩボットによって、コンテンツの生成とモデレーションの両方を個人で管理できるようになる。そうすることで、文化的帝国主義、そしてグローバルなデジタルプラットフォームのアルゴリズムに内在している集中化という問題に対処できるかもしれない。[85]しかし、このパーソナライズは、一定の問題に対して解決策をもたらすように見えるものの、「バイパス効果」により生じる根本的な課題に十分なかたちで対処してくれるものではない。この影響は、結束力のある政治的共同体を維持するために不可欠である社会的基盤が崩壊することと、根源的なかかわりを有しており、依然未解決の重大問題といえる。以下では、このようなパーソナライズがわれわれの共同体の政治的・社会的基盤に対して及ぼす潜在的影響について論じよう。

（2）パーソナライズされた生成ＡＩ

パーソナライズされた生成ＡＩが民主政過程に与える影響を探るにあたっては、公共討議の領域でソーシャルメディアがもたらした変化を検証することが不可欠といえる。まず、ソーシャルメディア・プラットフォームは、伝統的なメディアというゲートキーパーをバイパスし、レコメンデーション・アルゴリズムを採用することで、メディア状況に根本的変容をもたらした。この変化により、統一された「公衆」の形成にとって中心的であったかつての共通のメディア体験は解体されてしまった。アルゴリズムによるパーソナライゼーションによって、各利用者の体験は、マスメディア時代の集合的な物語や共通の情報環境から乖離し、バラバラなものとなった[86]。この断片化が意味するのは、社会的な「公衆」が形成・維持される従前のメカニズムからの大規模な転換だ。

第2に、この断片化は、ソーシャルメディア・プラットフォームに内在する運用上の論理により、更に深刻なものとなっている。これらのプラットフォームは、個人の選好や行動に合わせてコンテンツを調整し、「フィルターバブル」として知られる閉鎖的環境を生み出す。このようなバブルの中では、利用者は、主に、自分の既存の信念に合致し、それを強化する情報や視点に接することになる。この過程は、利用者のエンゲージメントを高める一方で、各個人が遭遇する視点やアイデアのスペクトルを狭隘化する。その結果、公共圏は無数の小集団に断片化され、それぞれがエコーチェンバーに閉じこもり、全体からなる会話やまとまりのある公論が生まれる可能性が低下する。ソーシャルメディアにおいてこのような展開が生じることで、民主主義社会においてパーソナライズされた生成ＡＩが有する幅広い含意を理解するための舞台が整った。

パーソナライズされた生成ＡＩが登場したことで、われわれは、ソーシャルメディアが引き起こしたものを超えるより深刻な認識的および社会的基盤の断片化を目撃する可能性が高い。共有されたプラットフォームの枠内で運営されているソーシャルメディアとは異なり、パーソナライズされた生成ＡＩは、メディア体験をより根本的なかたちで個別化することになる。各利用者は、それぞれの選好や視点に合致した独自のＡＩ主体と対話することができる可能性がある。[87] この技術革新は、民主主義への関与にとって不可欠な、共通の公共討議の崩壊を深刻なものにする恐れがある。基本的に、パーソナライズされた生成ＡＩへの動きは、ソーシャルメディアが明らかにした傾向を単に継続するのみならず、それを大幅に増幅させるのだ。[88] こうして、統合された公共圏——これはかつてのマスメディアの特徴であった——は、ソーシャルメディアを通じて分割された公共圏へと展開しており、そしていまや、生成ＡＩを通じて更に原子化された公共圏へと展開していく可能性がある。そしてこの展開が、民主政の状況に重大な変容を生む前兆となっている。この変容は、民主政理論と実践の要であるまとまりのある公論形成に重大な課題を突きつけているのだ。

3　結論

結論を示すにあたり、私は本稿が思弁的な性格をもつことを認めざるを得ない。現在の課題は、民主政過程における生成ＡＩの潜在的な影響を探究することであった。けれども、この技術的進化の正確な影響について、まだ確実なことは言えない。私の分析は、デジタルメディアやソーシャルメディアがもたらす変革的な影響を参照しているが、最終的には、情報エコシステムにおいて生成ＡＩが果たす将来の役割に関する憶測的な領域にまで及んでいる。

しかし、このような不確実性があるからといって、特に法学研究の領域において、無策であるべきではない。ソーシャルメディアから生成ＡＩへの変化が象徴するデジタル技術の急速な進化によって、将来を見越した姿勢が必要になっている。プラットフォーム・インターネットの出現は、その警告をもたらしてくれる例である。単なる観察では不十分なのだ。法学研究者として、われわれはリスクを引き受け、最も難しい状況へと飛び込んで、これらの新興テクノロジーを規律する規範的な枠組みを、積極的に形成していかなければならない。

われわれは今、極めて重大な局面にいる。こんにちに下される決断は、民主的参画の未来を大きく形作ることになるだろう。パーソナライズされた生成ＡＩの台頭は、技術的な革新を超えた問題を突きつける。それは民主的統治と公共討議の諸原則そのものに触れるものなのだ。そこで、本稿は具体的な解決策を提案するものではないけれども、しかし行動への呼びかけは意図している。法学研究者、政策立案者、技術者は協力して、こうしたテクノロジーの発展の舵取りを行い、ますますデジタル化が進展するこの世界における民主政の未来を、慎重で思慮深いガバナンスによって構築せしめることが不可欠といえる。これが、私の主張だ。

【注】

1 Gilad Abiri & Xinyu Huang, *The People's (Republic) Algorithms*, 12 Notre Dame J. Int'l & Comp. L., no. 2, 2022, at 16, 16.

2 Gilad Abiri, *Moderating from Nowhere: An Analysis of Online Hate Speech Regulation and Its Impact on Democratic Societies*, 47 BYU L. Rev. 757, 772 (2022).

3 *See id.*; Gilad Abiri & Johannes Buchheim, *Beyond True and False: Fake News and the Digital Epistemic Divide*, 29 Mich. Telecomm. & Tech. L. Rev. 59 (2022); Gilad Abiri & Sebastian Guidi, *From a Network to a Dilemma: The Legitimacy of Social Media*, 26 Stan. Tech. L. Rev. 92 (2023); Gilad Abiri & Sebastian Guidi, *The Platform Federation*, 26 Yale J.L. & Tech. 240 (2024).

4 *See, e.g.*, John Dunn, Breaking Democracy's Spell 24 (2014).

5 *See e.g.*, Sarah Song, *The Boundary Problem in Democratic Theory: Why the Demos Should Be Bounded by the State*, 4 Int'l Theory 39 (2012).

6 Charles Taylor, *Democratic Exclusion (and Its Remedies?)*, *in* Dilemmas and Connections: Selected Essays 130 (2011).

7 *Id.* at 129.

8 共同的な意思形成に関する集計理論についての批評として、*see* Richard H. Pildes & Elizabeth S. Anderson, *Slinging Arrows at Democracy: Social Choice Theory, Value Pluralism, and Democratic Politics*, Colum. L. Rev. 2121, 2179-2183 (1990).

9 *See* Michael J. Sandel, Democracy's Discontent: A New Edition for Our Perilous Times 280 (2022).

10 Charles Taylor, *Why Democracy Needs Patriotism*, *in* For Love of Country: Debating the Limits of Patriotism 120 (Martha C. Nussbaum ed., 1996).〔マーサ・C・ヌスバウム他著（辰巳伸知・能川元一訳）『国を愛するということ：愛国主義の限

界をめぐる論争』（人文書院、２０００年）２０一頁（訳注：訳は訳書によっていない））

11 *Id.*

12 *See* Robert Post, *Participatory Democracy and Free Speech*, 97 VIR. L. REV. 477, 482 (2011).

13 *See generally* JOHN RAWLS, POLITICAL LIBERALISM (2005).

14 Charles Taylor, *The Dynamics of Democratic Exclusion*, 9 J. DEMOCRACY 143-44 (1998).

15 Robert C. Post, *Community and the First Amendment*, 29 ARIZ. ST. L.J. 473, 482 (1997).

16 *See generally* Post, *supra* note 12 at 482.

17 CARL SCHMITT, CONSTITUTIONAL THEORY 275 (Jeffrey Seitzer ed., 2008 [1928]).

18 MICHAEL WARNER, PUBLICS AND COUNTERPUBLICS 123 (2002).

19 *Id.*

20 *See generally* Robert C. Post, *Data Privacy and Dignitary Privacy: Google Spain, the Right to Be Forgotten, and the Construction of the Public Sphere*, 67 DUKE L.J. 981, 1017-1039 (2017).

21 *See generally* JÜRGEN HABERMAS, THE STRUCTURAL TRANSFORMATION OF THE PUBLIC SPHERE: AN INQUIRY INTO A CATEGORY OF BOURGEOIS SOCIETY 181 (Thomas Burger trans., 1989) (1962); CHARLES TAYLOR, PHILOSOPHICAL ARGUMENTS 257-87 (1995).

22 GABRIEL TARDE, ON COMMUNICATION AND SOCIAL INFLUENCE 318 (Terry N. Clark ed., 1969).

23 Stig Hjarvard, *The Mediatization of Society: A Theory of the Media as Agents of Social and Cultural Change*, 29 NORDICOM REV. 102, 126 (2008).

24 Jeffrey C. Alexander, *The mass news media in systemic, historical and comparative perspective*, *in* DIFFERENTIATION THEORY AND SOCIAL CHANGE. COMPARATIVE AND HISTORICAL PERSPECTIVES 323, 18 (J.C. Alexander & P. Colomy eds., 1990).

25 JOHN B. THOMPSON, MEDIA AND MODERNITY: A SOCIAL THEORY OF THE MEDIA 126-27 (1995).

26 *See, e.g.*, JEFFREY C. ALEXANDER, THE CIVIL SPHERE 72 (2006).

27 Post, *supra* note 20 at 1042.

28 *See generally id.* at 1017-1039.

29 *Id.*

30 *See* Bernard Enjolras & Kari Steen-Johnsen, *The Digital Transformation of the Political Public Sphere: a Sociological Perspective, in*

Institutional Change in the Public Sphere 99 (Fredrik Engelstadet al. eds., 2017). *See also* Matthias Korn et al., *Infrastructuring Publics: A Research Perspective*, *in* Infrastructuring Publics: The Nordic Model 12 (Matthias Korn et al. eds., 2019).

31 *See* Joseph R. Gusfield, Community: A Critical Response 29 (1978).

32 Michael J. Sandel, Liberalism and the Limits of Justice 150 (1998).

33 *Id.* ヘンリ・タージフェルは、広く受け入れられている定義において、社会的アイデンティティを「個人の自己概念の一部であって、社会的集団（または諸集団）の一員であるという知識と、その一員であることに伴う価値や感情的意味に起因するもの」（Henri Tajfel, Human Groups and Social Categories: Studies in Social Psychology 255 (1981)）と定義している。

34 Gusfield, *supra* note 31.

35 Cliff Goddard & Anna Wierzbicka, *Discourse and Culture*, 2 Discourse as Social Interaction 231 (1997).

36 *See generally* Ruth Benedict, The Chrysanthemum and the Sword: Patterns of Japanese Culture 43-75 (2005); *see also id.* at 233.

37 *See generally* Richard J. Watts, *Linguistic Politeness and Politic Verbal Behaviour: Reconsidering Claims for Universality*, 59 Politeness in language: Studies in its history, theory and practice 43 (Richard J. Watts et al. eds., 1992).

38 Robert C. Post, *Racist Speech, Democracy, and the First Amendment*, 32 Wm. & Mary L. Rev. 267, 286 (1991).

39 Richard Rorty, Contingency, Irony, and Solidarity 59-60 (1989)〔リチャード・ローティ（齋藤純一・山岡龍一・大川正彦訳）『偶然性・アイロニー・連帯』（岩波書店、２０００年）１２６頁（訳注：訳文は訳書によったが、著者の引用箇所に合わせて訳文を一部変更し、変更点を〔　〕内に記した）〕. *See also* Kai T. Erikson, Wayward Puritans: A Study in the Sociology of Deviance (1966).

40 *See* Paul Bohannan, *The Differing Realms of the Law*, 67 Am. Anthropologist 33 (1965).

41 *See* James Q. Whitman, *Enforcing Civility and Respect: Three Societies*, 109 Yale L.J. 1279 (1999).

42 *See id.* at 1295-1313.

43 *See* Robert Post, *Hate Speech*, *in* Extreme Speech and Democracy 123, 125 (Ivan Hare & James Weinstein eds., 2009).

44 *Id.* at 128.

45 *See* Peter L. Berger & Thomas Luckmann, The Social Construction of Reality: A Treatise in the Sociology of Knowledge

(1990)（ピーター・バーガー、トーマス・ルックマン（山口節郎訳）『現実の社会的構成』（新曜社、1977年））.

46 *See* David C. Lindberg, *Galileo, the Church, and the Cosmos*, *in* WHEN SCIENCE & CHRISTIANITY MEET 33, 47-48 (2003).

47 Post, *supra* note 43 at 128.

48 *See* Abiri, *supra* note 2 at 797-799.

49 *Id.* at 764.

50 Adrienne Chung & Rajiv N. Rimal, *Social Norms: A Review*, 4 REV. COMM. RES. 1, 18 (2016).

51 Hjarvard, *supra* note 23 at 126.

52 Abiri & Guidi, *The Platform Federation*, *supra* note 3 at 25.

53 PAMELA J. SHOEMAKER & TIMOTHY VOS, GATEKEEPING THEORY 1 (2009).

54 *See* Jack M. Balkin, *Digital Speech and Democratic Culture: A Theory of Freedom of Expression for the Information Society*, 79 N.Y.U. L. REV. 1, 9 (2004).

55 *See generally* Enjolras & Steen-Johnsen, *supra* note 30 at 102.

56 Abiri & Guidi, *The Platform Federation*, *supra* note 3 at 13-17.

57 *Id.* at 26.

58 *Id.*

59 *Id.*

60 Abiri, *supra* note 3.

61 *See generally* AXEL BRUNS, GATEWATCHING: COLLABORATIVE ONLINE NEWS PRODUCTION 11 (2005).

62 Tim Wu, *Is the First Amendment Obsolete?*, 117 MICH. L. REV. 547, 548 (2018).

63 Enjolras & Steen-Johnsen, *supra* note 30 at 105.

64 *See* Abiri, *supra* note 2 at 796.

65 Farhana Shahid & Aditya Vashistha, *Decolonizing Content Moderation: Does Uniform Global Community Standard Resemble Utopian Equality or Western Power Hegemony?*, 23 PROC. 2023 CHI CONF. HUM. FACTORS COMPUTING SYSTEMS 1 (Apr., 2023).

66 Abiri & Guidi, *The Platform Federation*, *supra* note 3 at 26.

67 *See, e.g.*, EDWARD S. HERMAN & NOAM CHOMSKY, MANUFACTURING CONSENT: THE POLITICAL ECONOMY OF THE MASS MEDIA 93-97

(2010).

68 *See e.g.*, *Facebook Community Standards - Transparency Center*, FACEBOOK, https://transparency.fb.com/policies/community-standards/; *Content Policy*, REDDIT, https://www.redditinc.com/policies/content-policy; *Community Guidelines*, TIKTOK, https://www.tiktok.com/community-guidelines/en/.

69 *See* Casey Newton, *The Secret Lives of Facebook Moderators in America*, VERGE (Feb. 25, 2019), https://www.theverge.com/2019/2/25/18229714/cognizant-facebook-content-moderatorinterviews-trauma-working-conditions-arizona.

70 Shahid & Vashistha, *supra* note 65.

71 Balkin, *supra* note 54 at 9.

72 Abiri & Guidi, *The Platform Federation*, *supra* note 3 at 30, 32.

73 Abiri & Guidi, *From a Network to a Dilemma: The Legitimacy of Social Media*, *supra* note 3 at 141.

74 *Global Privacy Assembly 2023 Resolution on Generative Artificial Intelligence Systems*, at 6 (Oct. 20, 2023), https://edps.europa.eu/system/files/2023-10/edps-gpa-resolution-on-generative-ai-systems_en.pdf.

75 *See, e.g.*, Robert V. Kozinets & Ulrike Gretzel, *Commentary: Artificial Intelligence: The Marketer's Dilemma*, 85 J. MKTG. 155, 157 (2021).

76 Nouha Dziri et al., *On the Origin of Hallucinations in Conversational Models: Is it the Datasets or the Models?*, 33 PROC. 2022 CONF. N. AM. CHAPTER ASS'N COMPUTATIONAL LINGUISTICS: HUM. LANGUAGE TECHS. 5271 (2022).

77 See Kozinets & Gretzel, *supra* note 75 at 157.

78 Abiri, *supra* note 2 at 768.

79 Evelyn Douek, *Content Moderation as Systems Thinking*, 136 HARV. L. REV. 526, 530-32 (2022).

80 Tom Carter, *Elon Musk's new AI chatbot sure sounds like a foul-mouthed Twitter troll*, BUS. INSIDER (Nov. 6, 2023), https://www.businessinsider.com/elon-musk-ai-chatbot-grok-sounds-like-foul-mouthed-troll-2023-11.

81 Susan Hao et al., Safety and Fairness for Content Moderation in Generative Models, 1 Workshop on Multimodal Content Moderation 1 (June, 2023); Gordan Wang et al., *Build a generative AI-based content moderation solution on Amazon SageMaker JumpStart*, AWS MACH. LEARNING BLOG (Sep. 5, 2023), https://aws.amazon.com/blogs/machine-learning/build-a-generative-ai-based-content-moderation-solution-on-amazon-sagemaker-jumpstart/.

82 Kelsey Vlamis, *Elon Musk vows to change his AI chatbot after it apparently expressed similar left-wing political views as ChatGPT*, Bus. Insider India（Dec. 9, 2023）, https://www.businessinsider.in/tech/news/elon-musk-vows-to-change-his-ai-chatbot-after-it-apparently-expressed-similar-left-wing-political-views-as-chatgpt/articleshow/105854438.cms.

83 アメリカ合衆国の最高裁判所は、〔通信品位法〕２３０条の射程を明確化することを拒否してきた。 *See Twitter, Inc. v. Taamneh*, 598 U.S. 471（2023）.

84 Kevin Roose, *Personalized A.I. Agents Are Here. Is the World Ready for Them?*, N.Y. Times（Nov. 10, 2023）, https://www.nytimes.com/2023/11/10/technology/personalized-ai-agents.html.

85 Michael Kwet, *Digital colonialism: US empire and the new imperialism in the Global South*, 60 Race & Class, no. 4, 2019, at 1, 3.

86 *See* Abiri & Buchheim, *Beyond True and False: Fake News and the Digital Epistemic Divide*, *supra* note 3 at 66.

87 Kevin Roose, *supra* note 84.

88 Urbano Reviglio & Claudio Agosti, *Thinking Outside the Black-Box: The Case for "Algorithmic Sovereignty" in Social Media*, 6 Social Media + Society, Apr. 28, 2022, at 1, 5.

〔付記〕

本稿は、２０２４年１月16日にギラッド・アビリ（Gilad Abiri）教授から提供を受けた英文原稿を翻訳し、その後、同教授による英文原稿への校正作業の結果（同年６月27日提供）を反映させたものである。なお〔　〕内は訳者による補足である。

Ⅲ　言論空間におけるフェイクのゆくえ

水谷瑛嗣郎

1　「フェイク」の時代

２０１６年は、「フェイク」との闘いにとって、（悪い意味での）記念すべき年となった。この年のアメリカ大統領選挙とイギリスのＥＵ離脱に際して、多数の「フェイク」がソーシャルメディア上で流通・拡散し、オックスフォード・ディクショナリーは、Word of the Year に「ポスト・トゥルース」を選んだ。また、Facebook から不正に流出した数千万人分の個人データを利用した行動プロファイリングとマイクロターゲティングの実験、いわゆるケンブリッジ・アナリティカ社のスキャンダルが内部告発[1]で明らかにされ、続く２０２０年のアメリカ大統領選では、当時のトランプ大統領自身が、選挙に「不正」があると根拠不明の主張を展開し続け、ソーシャルメディア上にはその「根拠」とされる画像等が出回った。さらに同時期、世界はＣＯＶＩＤ−19によるウイルス禍に襲われていたが、ここではパンデミックのみならず、インフォデミックが問題視されることになる。

２０２２年2月24日、ロシアはウクライナへ侵攻を開始し、２０２３年10月7日には、ハマスによる奇襲攻撃に対してイスラエル軍が反撃を行ったことにより、両者間での紛争が続いている。こうした戦争においても当然のように日々、ソーシャルメディア上に偽情報が出回っている。翻って日本に目を移せば、２０２４年1月1日に起きた能登大震災に際して、偽情報の拡散が問題となり、政府も対応を迫られている。[2] このような「フェイク」（本稿では、意図的な偽情報に加え、意図しない形で流通する誤情報も加えた広い意味での「偽情報」と同義でこの用語を用いる）への対応に、私たちはどのように向き合うべきか。本稿では、現代において（そしておそらくは将来においても）「フェイク」の蔓延が、人間とＡＩの相互作用により深刻化することを考慮し、研究者により提唱されているいくつかの対応アプローチを紹介する。

2　フェイクの類型

ところで、いま世界中で問題となっている「フェイク」とは何か。この点、ＥＵは、民主主義行動計画においてDisinformationを4つに区分している。[3] まず、「有害な意図なしに共有される、虚偽または誤解を招くコンテンツ」として、誤情報（misinformation）がある。次に、「経済的もしくは政治的利益を確保または欺く意図をもって拡散され、公共に危害を及ぼす可能性がある虚偽または誤解を招くコンテンツ」として偽情報（disinformation）があり、さらにこの「偽情報と組み合わせて独立した情報源を抑圧することを含め、さまざまな欺瞞的手段を用いて標的の聴衆に影響を与えようとする、国内または国外アクターによる連携的取組み（coordinated efforts）」を情報影響工作（information influence operation）と位置づけている。また、「より広範なハイブリッド作戦の一環として行われることが多いが、国外の国家主体またはその代理人による、個人の政治的意思の自由な形成及び表現を混乱させる強制的並びに欺瞞的な取組み」については、情報空間における外国の干渉（foreign interference in the information space）としている。

日本においては、総務省に設置されたプラットフォームサービスに関する研究会が、その最終報告書において、意図的な「偽情報」と単なる「誤情報」の両方を含める形で「フェイクニュース」として検討対象にしている[4]。さらに整理するならば、こうした「フェイク」の中には、すでに日本法上、違法とされているものもある。違法情報には、民事上の虚偽の事実の摘示による名誉毀損を主とする権利侵害情報があり、さらに刑事上は、名誉毀損罪に加え、信用毀損罪、偽計業務妨害罪、また金融商品取引法上の風説の流布、公職選挙法上の虚偽事項公表罪等が挙げられる。また放送法4条には、番組編集準則として（その法的拘束力には議論があるものの）「報道は事実をまげないですること」という規定があり、同法9条では「放送事業者が真実でない事項の放送をした」場合及び「放送事業者がその放送について真実でない事項を発見したとき」に、訂正又は取り消し放送を行う手続きが定められている。さらに虚偽の内容を含む広告は景品表示法上の優良誤認及び有利誤認に当たる場合もある。

このように従来から「フェイク」については、法制度によってある程度カバーがなされてきた一方で、現代において問題視されているフェイク問題は、①違法情報（特に人の名誉権等を脅かす権利侵害情報）の蔓延に対しての対応が追いついておらず、インターネット、特にソーシャルメディア上でそのような情報が相当数残っている、という状況に加え、②従来の法制度では違法にはならない、有害情報としての偽情報、例えばアメリカで蔓延したような不正選挙を主張するためにまったく関係のない画像を証拠として提示したうえで、「投票用紙が大量に廃棄されている」と主張する情報や、COVID-19やそのワクチンに関する虚偽の情報といったものが、民主主義の維持・発展や生命・身体・健康の維持といった利益を阻害するといった点が挙げられる。特に民主主義の維持・発展という観点でいえば、フェイクを用いた介入・歪曲により、民主的な政治プロセス（特に選挙過程）そのものへの不信が広がることは、無視し得ない危害といえるだろう。

3　思想の自由市場とAI

もちろんフェイクとの闘いは、今日突然始まったものではない。戦前期の我が国においても、1923年9月1日に発生した関東大震災で、流言飛語が飛び交った。その中で、朝鮮人が井戸に毒を入れた、武器を持って襲ってくる、放火しているといった根拠不明の言説が拡散し、それを真に受けた自警団等による朝鮮人らに対する殺害行為へとつながった。[5] 残念なことに、こうして起きた朝鮮人への大量殺害行為について、（実際に朝鮮人による暴動が起きており、自警団による殺害は正当防衛だったというような）これを覆そうとする言説が、現在においても嘯かれている。[6]

ただ、かつてと現代で大きく変化したのは、そのメディア環境である。憲法学では、メディア環境と表現・報道の自由を考えるうえで「思想の自由市場」というアメリカ連邦最高裁が長らく依拠してきた理論[7]が重要視されてきた。情報空間を「市場」に見立てて、真理の発見に最も適しているのは、個々人が市場において行う競争（対話）の力であるため、情報流通には基本的に国家権力は介入すべきでなく、極力レッセフェール（自由放任）を貫くべし、というこの考え方は、さまざまな批判を受けながらもアメリカの連邦最高裁の判例法理の中で現在も根強く支持され続けている。思想の自由市場論の考え方からすれば、フェイクとの闘いは、人々が私的領域である市場＝情報空間の中で自主的に解決すべき事柄であり、法規制等の政府による介入はほぼ認められないということになろう。[8]

しかしながら、近時のAＩの急速な発展と普及により、思想の自由市場は大きく動揺している。ここで問題となるAＩは大きく分けて２つ、①情報の流通におけるAＩ、②情報の生成におけるAＩである。

（1） レコメンド・アルゴリズム

まず第一に、ソーシャルメディアに実装されているいわゆるレコメンド・アルゴリズムは、日々、私たちが見る情報を左右している。かつて情報の取捨選択は人間が主導権を握っていた。例えば報道でいうならば、新聞やテレビの編集部門が「何を見せるか」を報道価値判断に従って選んでいた。私たちは思想の自由市場の中で、そうしてあらかじめ選別された情報群の中から情報を取得していた。他方で、現代においては、ソーシャルメディアのフィード上で表示されるコンテンツは、アルゴリズムに則ってあらかじめフィルタリングされている。このフィルタリングには、協調ベースのフィルタリング（Aさんと Bさんが同じような選好を持っているなら、Aが好きなaはBも好きな可能性が高い）と、コンテンツベースのフィルタリング（ユーザーが以前に示した興味関心に類似したコンテンツは同じく興味関心を示す可能性が高い）がある（またはこの双方の組み合わせである場合もある）。共通しているのは、こうしたアルゴリズムによる情報のキュレーションは、主としてユーザーをいかに長時間、そして繰り返し自社のプラットフォームに釘付けにするか（こうした指標を「粘着性」という）という観点から設計されているという点である。こうしたアテンション・エコノミーという経済原理のもとでは、情報が持つ公共的価値や正確性などよりも、そのユーザー自身の「見たい（と予測された）もの」が優先されがちになる。[9]

またレコメンド・アルゴリズムは、フェイクの流通を後押しする側面も指摘される。2020年のアメリカ大統領選の期間中、「刺激的な内容、しばしばプロパガンダを、ソーシャルネットワークに投稿するために協調して動くプロ集団」であるトロール・ファームが、多数のアメリカ人にコンテンツを閲覧させることに成功していたという。これを手助けした理由はいくつかあるが、そのうちの一つは、ページをフォローしていないユーザーに対しても、レコメンド・システムがニュースフィード上で、それらコンテンツを上位に押し上げたことであるという。[10]

(2) AI生成コンテンツ

第二に、情報の生成の場面にすらAIが急速に参入をしていることが挙げられる。非常に緻密な画像生成・加工技術、いわゆるディープフェイクは、敵対的生成ネットワークという深層学習を利用して、本物と見分けのつかない架空の人間、あるいは本物の人間を高い精度で改変した画像・動画等を出力できる。こうした技術による「フェイク」画像・動画として、例えばウクライナのゼレンスキー大統領が、ロシアへの降伏を呼び掛けるように見せかけた動画が、Telegramなどに投稿された一件がある。幸い(?)なことにこの動画は精度が低く、Facebook、Twitter(現X)、YouTubeは、即座にこの動画をポリシー違反で削除した。[11] しかしこうした加工動画によるフェイクの生成は後を絶たず、今後もより進展していくことが予測される。直近でも、2023年10月29日に、Twitter上で、アメリカのファッションモデルが、イスラエルの支持を語る動画が投稿されたものの、この動画もAIによる加工が行われた可能性が日本ファクトチェックセンターにより指摘されている。[12]

加えて、Chat-GPTのリリース以降、LLM(大規模言語モデル)によりテキスト生成を行うAIが急速に普及している。こうしたAIが出力する文章には、誤った内容が含まれているにもかかわらず、まるで事実のように回答する「ハルシネーション」の問題が指摘されている。[13] さらに、より大きな脅威は、「フェイク」文書を、低コストかつ非常に短い時間で、大量に生成することを可能にした点であろう。例えば、Nea Pawと名乗る匿名の開発者が、CounterCloudという「90%の確率で、信ぴょう性のある(convincing)コンテンツ」を年中無休で自動的に生み出し続けるツールを生み出したと報じられている。[14]

WIRED誌によれば、この匿名開発者は、生成AIが偽情報を蔓延させることができるという警鐘を鳴らすために、このプロジェクトを立ち上げたという。驚くべきことに、「OpenAIのテキスト生成技術及び、写真またはイラストを生成するための他の入手しやすいAIツール」をベースに制作されたこのプロパガンダツールにかかった費用は、総額で400ドル程度だったという。[15]

4 ハイプ・ループ——ハイブリッドな思想の自由市場の誕生

ただし、こうした情報生成・流通技術の発展が、既存の人間による思想の自由市場を変貌させるとしても、人間が蚊帳の外におかれているわけではまったくないという点については留意しなければならない。むしろ、いま私たちの目の前に出現しつつあるのは、人間とAIによるハイブリッドな思想の自由市場である。

MITデヴィッドオースティン教授であるシナン・アラルは、現代のソーシャル・ネットワークの仕組みを「ハイプ・マシン」と名付けている。ハイプ・マシンは、「社会での情報の流れを決める役割を果たし、「私たち一人一人は、このネットワーク内のノードであると同時に、自身も情報処理装置であり、意思決定者でもある」。[16]こうしたハイプ・マシンは、パーソナライゼーション、ハイパーソーシャライゼーション、アテンション・エコノミーという3つの背景を有する。

アラルによれば、ハイプ・マシンは、①デジタル・ソーシャル・ネットワーク、②AI（ハイプ・ループ)、③スマートフォンの3つの要素で構成されているとされる。なかでも2つ目の要素において、彼は「機械の知能と人間の知能の相互作用により、基盤のデジタル・ソーシャル・ネットワーク上での情報の流れを決めるプロセス」を「ハイプ・ループ」と呼んでいる。[17] アラルは、テクノロジーそのものを悪者扱いする技術決定論的な見方を否定しており、「テクノロジーと人間のあいだの循環的な相互作用」が「双方のふるまいに影響を与え」、「両者は緊密に結びつき、絶えず進化するフィードバック・ループを形成する」と指摘する。[18] 確かにソーシャルメディア上では、ユーザーが何を見たがっているかを感知し、アルゴリズムがフィード上にお勧めのコンテンツを並べる(=選択の幅を狭める)ことで、多くの場合、ユーザーはその中から見るものを選ぶ。その点で、アルゴリズムは私たちの情報消費に確かに影響を与えている。しかしながら、そうしたアルゴリズムも、ユーザー側が行った入力(コンテンツをクリックしたり、いいね!ボタンを押したり、シェアしたりする)を受領し、それを分析することで、次の結果を導き出し、ユーザーに新たに見せるコンテンツを並べていく。こうした機械側の「感知と提案のループ」と人間側の「消費と行動のループ」が組み合わさってハイプ・ループが形成され、ハイプ・マシンを稼働させるのである。

5　AI時代のフェイクとの闘い――政府は何をすべきか?

以上のように、現代におけるフェイクの生成や流通にAIと人間のハイブリッドな思想の自由市場が関与していることに対して、我々は、どのように向き合うべきだろうか。先のハイプ・マシンの指摘において重要な点は、マシンの稼働には、経済、技術と並び、社会規範や法律が影響するという点である。とはいえ、情報流通に対する法律による規制は、場合によっては「劇薬」となり、政府にとって都合の悪い情報の検閲を招きかねないという副作用も大きい。そのために、政府はどのように抑制的にフェイクへの対応措置をとるべきか、ということが課題となろう。以下では、そうした観点を配慮した3つの研究者の提案を紹介したい。

(1) AI生成情報の検知と共同規制

AIによる情報生成技術と同時に、それを検知する技術も日々進歩している。Chat-GPTの生みの親であるOpen AIは、同社の画像生成AIであるDALL-E 3により生成された画像について、「画像を誰がいつ作成したかなどコンテンツの出どころに関するデータを指す来歴情報のコード化」を行い、ユーザーが検知しやすくするツールを発表している。[19] 我が国においても、国立情報学研究所(NII)において、フェイク顔映像を自動検出するプログラム「SYNTHETIQ VISION」が開発されている。[20]

政府は、これら検知及びラベリング技術の開発を促進するための助成を行うことができるが、事業者におけるこうした技術の実装をどのように促していくかが問題となる。ある論者は、EUの政策(デジタル・サービス法や偽情報対策行動規範)を参考に、ディープフェイクに対する対応として、共同規制(co-regulation)モデルを提案する。そこではリスク評価とその軽減措置、そして監査システムを開発し、一定規模以上の超巨大ＤＰＦ事業者を対象に、ディープフェイクの検出装置（detectors）及び真偽判定装置（authenticators）の開発・実装、ディープフェイクに対するユーザー通報システム、ディープフェイクへのラベリング、ユーザーへの警告、他のＤＰＦとの情報共有、そしてこれらを実装するための厳格で最新の業界基準を求めるのである。[21]

また、バイデン政権で発出された「安全性、セキュリティ及び信頼性のある人工知能の開発及び利用に関する大統領令」[22]の中には、ＡＩ生成コンテンツの検出及び公的コンテンツの認証のための規準、電子透かしの開発、アメリカ人が政府から受領する情報の真正性の確保が盛り込まれている。[23]

（２） アルゴリズミック偽情報審査システム（The Algorithmic Disinformation Review System）

上記のような共同規制アプローチは、通常、国家が直接的に課す法規制と業界による自主規制のちょうど中間に位置するモデルである。自主規制は、技術やビジネス上のイノベーションにも対応しやすいという柔軟性をもつ一方で、そもそもルールの不形成や不十分さ、さらにはエンフォースメントが不足するといった難点がある。他方で政府による直接規制は、法律の改廃などに時間がかかるために柔軟性に欠け、技術の急速な発展速度に追いつけず、また特に表現の自由の領域ではそもそも政府が法規制を行うことによる問題点も浮かび上がる。そこで、自主規制の柔軟性や当事者性といった利点を生かしながら、その不完全性を政府により補う中間的な手法として共同規制は生み出された。[24]

こうした共同規制モデルにおいては、問題となっている課題に対するより広い利害関係者を取り込んだ、マルチステイクホルダー・プロセスも有力な手法の一つとなる。ある論者は、本稿が取り上げたようなアルゴリズムが絡む偽情報対策における3原則として、透明性（transparency）、明瞭性（intelligibility）、説明責任（accountability）を挙げ、これらをより良く実施する方法としてのアルゴリズミック偽情報審査システム（ＡＤＲＳ）を提唱している。具体的には、政府機関により設置・運営され、ソーシャルメディア・ユーザーと専門家で構成される委員会（パネル）が、ＤＰＦ事業者に対し、偽情報の生成及び拡散に関するアルゴリズムの透明性及び明瞭性を2年ごとにレビューし、その結果に基づいた改善提案を行うというものである。そして、政府機関（論稿ではアメリカの独立機関である連邦通信委員会が想定されている）は、そうした改善提案に従わない企業に対し、罰則を科すことでエンフォースメントを担保するという仕組みである。[25]

こうしたマルチステイクホルダー・アプローチにより、アルゴリズムのブラックボックス化した内部情報学を白日の下にさらし（透明性の原則）、利用者が徹底的に理解できるようにすること（明瞭性の原則）で、アルゴリズミックな偽情報の悪影響を抑制し、同時に「ユーザーのダイナミックな関与をエンパワメントする」ことが可能となるのである。[26]

（3）合理的モデレーション・テスト

最後に、情報流通を媒介するＤＰＦ事業者の法的責任と関連した最も興味深い提案を紹介する。そもそも、アメリカにおいてＤＰＦ事業者は、通信品位法２３０条という法律（なお日本においてはプロバイダ責任制限法がこれに相当する）により、非常に広範な免責を得ている。インターネット草創期に、インターネット関連企業は違法な情報流通にどこまで法的責任を負うべきなのかという論点が裁判で幾度か争われたのち、連邦議会は、インターネット関連企業は、①流通する違法情報による被害に対して原則として責任を負わないとしたうえ、さらに②流通する情報の管理を善意で行った場合には、発信者に対して責任を負わなくてよいという法律を制定したのである。すなわち連邦議会は、コンテンツ管理の過少と過剰の双方について事業者は責任を負わないという地位を与えたのである。こうした法律が制定された背景には、法律の制定当時（１９９６年）にはまだ小規模企業であったインターネット関連企業に過剰な負担を負わせると成長を阻害する可能性があり、またコンテンツの管理を自主的に担ってもらう（自主規制の促進）ためのインセンティブを与える必要があったためと言われている。[27] こうしたインセンティブ設計もあり、現代の巨大なＤＰＦ事業者が運営するソーシャルメディアでは、コンテンツ・モデレーションと呼ばれる自主的なコンテンツ管理が行われるようになっている。事業者は、時に「プラットフォーム法」とも評されるコンテンツ管理のためのルール（利用規約、コミュニティ・ガイドライン等）を定め、それに基づいて日々、人間やＡＩのモデレーターを駆使して多くのコンテンツの削除等の措置を行っているのである。[28]

これに対し、かつてとは比べ物にならないほど巨大になったＤＰＦ事業者には相応の責任負担を求めるべきであり、通信品位法２３０条を改正すべきという考え方がアメリカでも示されつつある。本稿が取り上げるアルゴリズミックな偽情報対策の観点から興味深いのは、通信品位法２３０条の免責を、合理的な注意義務（duty of care）を果たした事業者にのみ認めるよう改正を行う提案である。この改正案は、もともとボストン・ロースクール教授のダニエル・シトロン（Danielle K. Citron）らによりオンラインハラスメント対策として提唱された。[29] 彼女の提案では、通信品位法２３０条のうち、コンテンツ管理の過剰に関する免責規定（②の部分）は残し、コンテンツ管理の過少に関する免責規定部分（①の部分）に条件を付けくわえ、免責を争う裁判の際に、事業者に対してコンテンツ・モデレーションの「取り組みが特定事例での虐待に対処できなかった場合」には、有害事象への対処として「合理的な手段（reasonable steps）を講じたこと」の証明を行わせるというものである。[30] 別の論者は、シトロンのこうした注意義務改正案を踏まえ、ディープフェイクを含む偽情報対策に用いようとしている（合理的モデレーション・テスト）。[31]

むろん、こうした注意義務の改正案がアメリカの政治状況において現実的かどうかは懸念があるが、[32] 日本におけるプロバイダ責任制限法３条で「プロバイダ」事業者に与えられている損害賠償責任の制限を再検討する、または違法コンテンツを媒介したＤＰＦ事業者の刑事責任を検討するうえでは参考になり得るだろう。特にこうした注意義務においては法律案では、偽情報によって損害を負った者がＤＰＦ事業者を訴えた場合に、裁判所が個々の事例の結果と事業者が行った個別の対応に焦点を当てるのではなく、例えばディープフェイクの検出技術の開発・導入などの対策を講じているかどうかといった、より広いシステミックな視点で事業者の取組の評価を行うことが重要となる。ただし、大きな懸念点として、①適切な「合理的なモデレーション」の基準を議会や裁判所が設定できるのか、②訴訟の増加を恐れたDPF事業者は、モデレーションが過少であると裁判所から判断されないように、むしろ過剰にモデレーションを行うようになり、オーバーブロッキングを加速させるのではないかといった点には留意が必要であろう。

6 結語

現代の偽情報対策は、その背景にある構造自体が複雑であり、さらにそれを取り巻くテクノロジーやビジネスモデルの急速な発展による陳腐化も予想される。また、規制がハイプマシンのシステム全体で作用する結果、予想外の負の影響（典型的にはオーバーブロッキング）を引き起こす可能性もある。本稿が紹介した提案も、そうした正負の影響を検証しながら、アジャイルに進めていくことが不可欠となる。ただいずれにせよ、経済市場に委ねる、または企業の自主規制に期待するばかりでなく、今後は政府及び法律の役割はむしろ重要度を増していくことになるであろう。そのためには、ソーシャルメディア・ユーザーでもある市民一人ひとりが、この課題について考えを深めていくことが求められる。

【注】

1　クリストファー・ワイリー（牧野洋訳）『マインドハッキング：あなたの感情を支配し行動を操るソーシャルメディア』（新潮社、2020年）を参照。

2 ＮＨＫ「能登半島地震 ＳＮＳで偽情報 政府 有識者チーム設置し対策検討へ」（２０２４年１月17日）、https://www3.nhk.or.jp/news/html/20240117/k10014323831000.html（最終アクセス日２０２４年２月29日、以下のＵＲＬはすべて同じ）。

3 European Commission, *On the European democracy action plan*, COM/2020/790 final, pp 17-18, https://eur-lex.europa.eu/legal-content/EN/TXT/PDF/?uri=CELEX:52020DC0790

4 総務省プラットフォームサービスに関する研究会「最終報告書」（２０２０年２月）18頁。なお本稿脱稿後の２０２４年７月１日に、総務省・デジタル空間における情報流通の健全性確保の在り方に関する検討会ワーキンググループにて「中間とりまとめ（案）」が公表されており、情報伝送ＰＦが対応を検討すべき偽・誤情報については、①「検証可能な誤りが含まれていること」に加え、②-１「当該情報そのものが有する権利侵害性その他の違法性や客観的な有害性（及びその明白性）」、②-２「当該情報が流通・拡散することによる社会的影響の重大性（及びその明白性）」、②-３「の誤りが含まれていることについての検証の容易性（誤りが含まれていることの明白性）」という３つの「各要素の有無・軽重に照らし、具体的な方策との関係で比例性が認められること」と定義されている（14頁）。

5 中央防災会議・災害教訓の継承に関する専門調査会「１９２３関東大震災報告書【第２編】」（平成21年３月）１７９頁以下を参照。報告書は、こうした大規模な殺傷事件について、震災による「人的損失の原因として軽視できない」としたうえで、「殺傷事件を中心とする混乱が救護活動を妨げた、あるいは救護にあてることができたはずの資源を空費させた影響も大きかった」とし、「大規模災害時に発生した最悪の事態として、今後の防災活動においても念頭に置く必要がある」と指摘している（２０６頁）。

6 松本浩二「関東大震災１００年 流言による惨事は〝過去のこと〟か」ＮＨＫ解説委員室（２０２３年８月21日）、https://www.nhk.or.jp/kaisetsu-blog/100/486896.html

7 Abrams v. United States, 250 U.S. 616, 630（Holmes, J., dissenting）（1919）.

8 *See*, United States v. Alvarez, 567 U.S. 709（2012）.

9 アテンション・エコノミーについては、山本龍彦『〈超個人主義〉の逆説――ＡＩ社会への憲法的警句』（弘文堂、２０２３年）２-３頁以下を参照。

10 Karen Hao, *Troll Farms Reached 140 Million Americans a Month on Facebook Before 2020 Election*, Internal Report Shows, MIT Tech. Rev.（Sept. 16, 2021）, https://www.technologyreview.com/2021/09/16/1035851/facebook-troll-farms-report-us-2020-election.

11 Tom Shimonite, *A Zelensky Deepfake Was Quickly Defeated. The Next One Might Not Be*, Wired（Mar. 17, 2022）, https://www.wired.com/story/zelensky-deepfake-facebook-twitter-playbook/

12 日本ファクトチェックセンター「『(動画) アメリカの人気モデルがイスラエル支持を表明』は誤りＡＩで改変【ファクトチェック】」（２０２３年11月10日）、https://www.factcheckcenter.jp/fact-check/international/american-model-supports-israel/

13 Siladitya Ray「ChatGPT が告訴状を「偽造」 米男性、名誉毀損でオープンＡＩ提訴」Forbes Japan（２０２３年６月９日）、https://forbesjapan.com/articles/detail/63762

14 Polly Thompson, *A developer built a 'propaganda machine' using OpenAI tech to highlight the dangers of mass-produced AI disinformation*, Business Insider（Sept. 3, 2023）, https://www.businessinsider.com/developer-creates-ai-disinformation-system-using-openai-2023-9

15 Will Knight, *It Costs Just $400 to Build an AI Disinformation Machine*, Wired（Aug. 29, 2023）, https://www.wired.com/story/400-dollars-to-build-an-ai-disinformation-machine/

16 シナン・アラル（夏目大訳）『デマの影響力――なぜデマは真実よりも速く、広く、力強く伝わるのか？』（ダイヤモンド社、２０２２年）１１４頁。

17 アラル・前掲注（16）１１５－１１７頁。

18 アラル・前掲注（16）１３８頁。

19 Shirin Ghaffary「オープンＡＩ、誤情報阻止する新ツール投入へ――世界で重要な選挙控え」Bloomberg（２０２４年１月16日）、https://www.bloomberg.co.jp/news/articles/2024-01-15/S7BMDTT0G1KW00

20 国立情報学研究所ニュースリリース「ＡＩが生成したフェイク顔映像を自動判定するプログラム『SYNTHETIQ VISION』をタレントの Deepfake 映像検知に採用～フェイク顔映像の真偽自動判定では国内最初の実用例～」（２０２３年１月13日）、https://www.nii.ac.jp/news/release/2023/0113.html

21 Abe Loven, *No Need to Reinvent the Wheel: Why the U.S. Should Implement Co-Regulatory Mechanisms to Regulate Deepfake Content on Internet Platforms*, 25 N.C. J.L. & TECH. 231, 282（2023）.

22 *Executive Order on the Safe, Secure, and Trustworthy Development and Use of Artificial Intelligence*（Oct. 30, 2023）, https://www.whitehouse.gov/briefing-room/presidential-actions/2023/10/30/executive-order-on-the-safe-secure-and-trustworthy-

development-and-use-of-artificial-intelligence/

23 *See*, White House Website, *FACT SHEET: President Biden Issues Executive Order on Safe, Secure, and Trustworthy Artificial Intelligence*, Oct. 30, 2023, https://www.whitehouse.gov/briefing-room/statements-releases/2023/10/30/fact-sheet-president-biden-issues-executive-order-on-safe-secure-and-trustworthy-artificial-intelligence/

24 生貝直人『情報社会と共同規制』（勁草書房、２０１１年）を参照。

25 Haochen Sun, *Regulating Algorithmic Disinformation*, 46 COLUM. J.L. & ARTS 367（2022）.

26 *Id*, at 373.

27 ジェフ・コセフ（小田嶋由美子訳、長島光一監修）『ネット企業はなぜ免責されるのか：言論の自由と通信品位法２３０条』（みすず書房、２０２１年）を参照。

28 本シリーズの拙稿「第２章Ⅰ　デジタル言論空間における憲法的ガバナンス――ビヒモスを統治する」石塚壮太郎編『プラットフォームと権力――How to tame the Monsters』〔怪獣化するプラットフォーム権力と法　第Ⅱ巻〕も参照。

29 Danielle Keats Citron, *How To Fix Section 230*, 103 B.U. L. REV. 713（2023）.

30 *Id*, at 753.

31 Thomas Ryan, *Is Truth Hanging on by a Thread?*, 54 UIC L. REV. 315（2021）. ただしシトロン自身は、最新論文（前掲注29）で、あらゆる違法コンテンツに対してではなく、「プライバシー侵害、サイバーストーカー行為、またはサイバーハラスメント行為を伴う申し立てにのみ適用すべき」（at 755）と述べている点に注意が必要ではある。

32 Jeff Kosseff, *What Was the Purpose of Section 230? That's a Tough Question, a Response to Danielle Citron's How to Fix Section 230*, 103 B.U. L. REV. 763（2023）.

第２章
アルゴリズムの支配

I　アルゴリズムによる統治は可能か

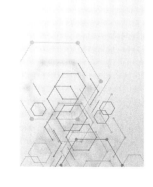

結城東輝／執筆協力：鈴木健

1　アルゴクラシーという未来像

２０４０年。情報社会は現実と仮想空間を当然に融合させ、数百量子ビットのゲート型量子コンピューターは大規模で複雑な計算を可能とし、いたるところに張り巡らされたセンサーから得られるデータがデータセンターで処理されている未来。この世界で私たちの統治上の意志決定システムはどう変わるのだろうか。

アルゴクラシーという未来像がある。「アルゴリズム」と「デモクラシー」の２つの要素から成る言葉で、編著者より本稿の議論の主題として与えられた。アルゴリズムによって実現されるデモクラシーと取り急ぎ定義しておこう。そもそも計算機科学において「アルゴリズム」とは、解が定まるある計算可能な問題を解決するために、その解を正しく求めるための手続きのことを言う。しかしながら、このような狭い意味でのアルゴリズムだけではうまく解けない問題もある。たとえば、解が定まらない、あるいは解の合意が得られない問題であったり、データを与えないと解が決まらないような問題である。こうした問題を扱うためには、アルゴリズムに加えて、データを組み合わせる必要がある。現代のデータサイエンスや人工知能の発展によって、アルゴリズムは大量のデータも扱うことが多くなっており、広い意味でアルゴリズムというときに、大量のデータ処理を行う計算機処理という意味を含むのは自然であろう。そこで、本章で扱う「アルゴリズム」とは、データ駆動型の意思決定プロセス、つまり人間の直感や経験、思考に代わって、膨大なデータと高度な計算能力を用いて最適な（とされる）決定を下すシステムのことを指すこととする。いわゆる「ＡＩ（人工知能）」と称されるものを含むがそれに限られない。

思い描いてみてほしい。世界的なパンデミックを引き起こす感染症が発生した際、全ての医療機関で得られるデータが高速に処理され、どの医療機関の病床に空きがあるか、ワクチンをいつどこにどの分量で配布すべきか、次はいつ感染が拡大するのか、これら全ての問いに最適解を即座に提供してくれる世界を。もちろん、金融機関のデータとも連携するため、自粛要請や休校・休園の結果損害を被った事業者・子育て世帯に対して、自動的に補助金を給付することも可能である。こういった政府の活動も全てデータで可視化され、有権者は政党・政治家の公約の達成度を数値で確認することができ、選挙の際にはスマートデバイスからチェックリスト方式で投票を済ませることができる。いや、もはや投票など不要になり、私たちが日々行動する中で得られるデータから、最適な投票先が選択され、定期的に政治家や政策の更新が行われていく可能性もある。

これは夢物語ではない。統治における意思決定システムは、常にその社会が利用可能な情報技術という制約条件を持つ。人々が意思を表明するためにインプットする情報の量と質、情報入手経路、インプットした情報を処理する計算資源（近現代までは基本的に人間の脳）、個人のアウトプットの表明方法とそれを集計し反映する方法。我々が数年に1回、テレビや新聞、インターネットで情報を集めて、投票所で一票を投じている理由は、このような「民主主義」の形が作られたおよそ100年前当時の情報技術が、それを最適な手法たらしめたからである（もっといえば、それよりも昔、識字率も低く、活版印刷技術が発明される前、情報も広く行き届いていなかった時代においては、そもそも政治参加可能な主権者の概念が大きく異なっていた）。現代において時代遅れになりつつあるこの「民主主義」の形が2040年に変わっている可能性は大いに有り得る。

アルゴクラシーとは、アルゴリズムによって実現されるデモクラシーと紹介した。しかし、「デモクラシー」がそもそも多義的な言葉である。本稿が紹介する様々な理論や事例を体系的に整理すべく、改めてアルゴクラシーとは、統治上の各機能・機構（立法・行政・司法）がアルゴリズムによって支援または代替される統治形態と定義することとする。アルゴリズムによる「支援」の場合、それはDX（デジタル・トランスフォーメーション）の延長に過ぎないこともあろう。しかし、アルゴリズムが「代替」してしまう場合、それは人間による統治が機械に置き換わることを意味する。

技術的に可能であることが全て実現可能であるわけでもない。アルゴクラシーという未来像は、機能不全に陥っている現代の民主主義の課題を解決しうる多くの希望を秘めている一方で、大きな危険性を孕んでいる。それは課題といった言葉では足りない。我々人類がこの社会を構成するための前提を変えなければならないほど、大きなハードルが存在している。本稿ではアルゴクラシーが求められる背景を現代の民主主義の課題とともに整理しながら、その可能性と危険性を考えてみたい。

2 アルゴクラシーの必要性

(1) 現代の民主主義が抱える課題

アルゴクラシーの未来像が魅力的に映るのはなぜだろう。それは、現代の民主主義において、その理想とはかけ離れた非合理的な、妥協の連続のような遅々とした意思決定が行われているからである。世界中で強いリーダーの必要性が叫ばれ、迅速で統一的な意思決定こそが重要視されている。そういえば聞こえはいいが、国家という共同体でそれを実現する簡易な方法は権威主義国家化だ。実際にスウェーデンの学術機関であるV-Dem研究所の報告によれば[1]、近年世界の権威主義化が進み、すでに民主主義国家の数は過半数を切る状況になった。特にアジア太平洋地域における権威主義化の傾向は顕著で、民主主義の水準は1978年当時にまで低下している。2022年末時点で、世界人口の72%、57億人が権威主義国家のもとで生活している。

「民主主義は機能不全に陥っている。」

民主主義国家で生きる我々には昨今当然のように語られる言葉であるが、民主主義は権威主義に比べて本当にパフォーマンスが悪いのか。この社会科学上の問いかけは随分と歴史が長い。

結論としては民主主義が権威主義に比べてパフォーマンスに劣るという結論とはむしろ逆の結果を示す研究が数多く発表されている。たとえば、過去36年間で発表された188本の論文（2047もの統計モデル）をメタ分析した2020年の研究では[2]、民主主義が経済成長に対して正の直接効果を持つことが示唆されている。実際に、民主化によって一人あたりGDPが長期的に約20％増加することを示す研究もある[3]。また、東島雅昌と安中進の2021年の研究では[4]、1800年から2015年までの172カ国の乳幼児死亡率に関するパネルデータを用いて、公正な選挙の導入による公衆衛生への影響を検証した結果、民主化が短期的には公共サービスへの平等なアクセスを増加させる可能性が高く、長期的には乳幼児死亡率を低下させることが明らかになっている。東島の別の研究では[5]、1970年から2008年までの131カ国の統計データに基づき、民主主義国家よりも権威主義国家や不完全な民主主義制度を持つ国家のほうが選挙年の財政赤字が優位に悪化していることを明らかにしている。

一方、成田悠輔の研究によれば[6]、21世紀以降、民主主義的な国ほど経済成長率が低迷し続けている。同氏は同じく、新型コロナウイルス対応の初期において、民主主義的な国ほど、人口あたりの死者数や経済成長率において低いパフォーマンスを示したとしている[7]。また、別の研究によれば、過去200年の範囲で、民主主義国家は権威主義国家に比べておよそ倍以上金融危機が起きやすいことも指摘されている。[8]

これらの研究は矛盾を示しているわけではない。中長期的には民主主義が共同体のパフォーマンスの向上に資する点が多いことは事実のようである。一方で、いくつかの分野や事象に関しては、民主主義が苦手とする分野も存在することを示唆している。その代表格が、迅速かつ一貫した意思決定が望まれるような非常事態の発生である。新型コロナウイルスやリーマンショックといった非常事態においては、ステークホルダー間の調整と妥協を求める民主主義は人々にフラストレーションを蓄積させ、時の政治家はその不安と不満の矛先になることが少なくない。しかし、民主主義は単に多数決で意思決定を行うことを意味するのではなく、共同体内の多様なステークホルダーの複雑な意思を可能な限り反映させ（主権者による政治参加）、またその意思決定が暴走しないように権力間に牽制関係を持たせること（権力分立）で成立する。ステークホルダー間の調整と妥協を必要とすることは、複雑な世界で個を尊重しようとする民主主義の構造としてむしろ当然の帰結なのである。

（2） デモクラシーの本質

なぜこのような面倒な民主主義なるシステムを人類（の一部）は採用してきたのか。

民主主義は、「正当性」（justness）と「正統性」（legitimacy）という似て非なる概念を持つ。ある政治的意思決定の結果が、正しい意思決定といえるかは「正当性」の問題である。一方で、その政治的意思決定に賛成していた人は当然その決定を歓迎するわけであるが、反対していた人に対してなお承認や服従を求めることができるのはなぜか。その根拠となるのが「正統性」である。

皆さんが強く反対する法案が国会で可決したとしよう。その法案の正当性を自身は全く認めていないにもかかわらず、施行日以降はこれを遵守するはずだ。なぜなら、その法案が可決するまでに、皆さんは選挙で一票を投じることができ、政治家や利益団体に働きかけを行うことができ、法（これも過去に正統性をもって規定された意思決定の結果である）で定められたプロセスに則って議会がこれを可決したからだ。つまり、その政治的意思決定は、主権者たる共同体の構成員の主権に根拠付けられたものといえる。これが「正統性」のある決定であり、「正当性」に疑義があっても人々はこれに従うのである。

アメリカの民主主義の歴史の中に「代表なくして課税なし」という有名なスローガンがある。イギリス領だった北アメリカ東部の人々は、イギリス議会に投票権ある自らの代表を送り込むことができない中で、課税を強いられていた。それへの反発から、アメリカは独立への戦いを始めていくのである。正統性なき決定が共同体の転覆や革命的な体制変更を導くことは歴史が示すところである。

法哲学者の井上達夫は、「正当性」を「一階の公共性」、「正統性」を「二階の公共性」と呼び、多数のステークホルダーが存在する社会において法が公共的秩序たりうるためにはそのいずれもを満たさなければならないと述べる[9]。いや、むしろ土台となるべきは「正統性」であると考えれば、むしろ民主主義の一丁目一番地、「二階の公共性」にこそ「正統性」は位置づけられるべきと言えるかもしれない。

人類（の一部）は、反乱と革命による体制変更の繰り返し以外の形態で、平和裏に社会が中長期的に存続するべく、「正統性」をもった民主主義なる意思決定システムを採用してきた。我々は、公共に関する意見を表明する自由を持ち、政治的意思決定に参画することができる。社会には多様な構成員（ただし社会を構成するメンバーシップの定義が時代により変動するのはご案内のとおりである）が存在し、構成員全員に当該権利が認められている以上、彼らは結社し、グループとしての意思を持ち、他のグループとの折衝を行う。これが多層的に行われていき、かつ統治機構上の牽制関係まで構築されているのが現代の民主主義の構造だ。したがって、その意思決定は鉄血宰相ビスマルクの述べたように、ときに「妥協の産物」とも「可能性の芸術」ともなる。二階建ての正統性と正当性を満たすために、現代の民主主義は意思決定の構造上、時間を要することになっている。

（3） 現代の民主主義は短期的な「正当性」を切望している

このように見れば、先に見た現代の民主主義の課題は、そのほとんどが短期的な「正当性」の問題であるように思える。そして、その「正当性」が実現できていない理由は、現代の民主主義の前提条件に、①構成員による定期的な一人一票による意思表示（投票）と、②構成員や代表らによる多層的なコミュニケーションの実施、の2つが置かれているからだ。

人間個人は、それほど賢くない。ＡＩの進化を目の当たりにした２０２３年、我々はもはやこの言葉に違和感を抱かないだろう。人類は、２０２３年の1年間だけで64ゼタバイト（ゼタはゼロが21個続く単位）ものデータを生み出した。その一方、我々人間の脳が意識的に処理できる情報量は1秒あたりせいぜい126ビット（単純計算すれば1日あたり約1・36メガバイト）ほどに過ぎないとされている。[10] つまり、人間の認知限界を優に超えた情報がこの世に生み出され、行き交っている中で人々は日々意思決定に迫られている。脳は恒常的に疲弊しきっているにもかかわらず、さらに公共的な意思決定のために考えることを強制されるのだ。

一方で、人々は自らの関心の深い政治的トピックについては様々な意見や提案を持つ。複数の考慮要素を加味したベストアンサーを個々人が持つことも珍しくない。しかし、そういう意思決定を現代の民主主義は可能にしてくれない。投票の前後を問わず、人々は自らの望む結果の実現に向けて、多くのステークホルダーとコミュニケーションを取り、多数派の形成を達成しなければならない。行政に働きかけて政策を立案し、その政策への合理的根拠を専門家から獲得し、政策への賛成多数を議会で得るために政治家や支援者、財界などにも賛成者を作っていかなければならない。したがって、結果的に導かれる政治的意思決定は、個々人の考えるベストアンサーとは一致しないことになる。このようなプロセスのために膨大な人員と時間がかけられていくのである（米国政府に関するある試算では、合意形成のために政府が費やしている時間は年間4万人年とされ、これは「ガバナンス税」と呼称されている）。[11]

アルゴリズムによるデータ駆動型の意思決定システムは、これらの課題に解決策を提案する概念である。日々収集される膨大なデータに基づき、アルゴリズムによる根拠をもった意思決定が行われる。その世界では、人間が長い時間をかけて生み出す妥協の産物を最小化し、多数の人間が最適と考える結論を導き出す。あるいは、人間が持つ複雑な意思を、単純化させず、複雑なままアルゴリズムに伝えることを可能にする。結果的に、社会の構成員が考える本来的な最適解に近い結論をアルゴリズムが瞬時に生み出してくれる。そうすることで、２０４０年の民主主義は、情報と感情が複雑に高速に入り乱れる世界の中に、高い正答率を誇る意思決定を可能にしてくれるかもしれない。次は、そんな構想の具体的な可能性のオプションを見ていくことにしよう。

3　アルゴクラシーの可能性

デモクラシーは、構成員の意思表示（典型的には「投票」）によるインプットと、それに基づくアウトプット（典型的には「法律の制定」や「政策の実行」）のループによって構成されている。したがって、これらのループを実現している「立法」、「行政」、「司法」というプロセス・機能・機構をアルゴリズムが代替することで、アルゴクラシーは実現される。典型的に提唱されるのは「行政」の代替だろう。冒頭で示した未来像の例も多くは政策の執行段階におけるアルゴリズムの活用事例であった。立法府が定立した規範・制約のもとで行政のオペレーションをアルゴリズムが支援・代替することは、理論面でも実現可能性が高く、アルゴクラシーとしては最も想像しやすい未来である。これを仮に「弱いアルゴクラシー」としよう。さらに進んだ「強いアルゴクラシー」の世界では、「立法」機能そのものをアルゴリズムが担い、アルゴリズムが法律や予算を制定し、行政の執行範囲や制約条件をも規定してしまうことが考えられる。しかし、それでもまだ完全なアルゴクラシーではない。「法の番人」として、立法行為や行政行為の適法性、合憲性を審査する「司法」の役割までをアルゴリズムが置き換えられることができれば、理論的には統治の全てがアルゴリズムによって実現され、「完全なアルゴクラシー」が実現することになる。

では、これまでに提案されてきたアルゴクラシーの代表例を見ることで、その具体的な可能性を考えることにしよう。

(1)「分人民主主義」・「クアドラティック・ボーティング(QV)」・「Polis」

アルゴクラシーという未来像を語るには、「分人民主主義」の概念を避けては通れない。これは、複雑系科学を専門にする思想家であり起業家の鈴木健によって提唱されている新たな民主主義の可能性である。

鈴木は、まず、「一貫した思想と人格をもった個人(individual)が独立して存在している状態」を想定する近代民主主義を、「個人に矛盾を認めず、過度に人格の一貫性を求める」ため、「人間が認知的な生命体として持つ多様性を失わせ」「合意化、言い訳を増大させ、投票結果を歪める」政体だと批判する。[12]そして、「本来は分割可能」な人間としての「分人(dividual)」によって構成される、「人間の矛盾を許容し」た新しい民主主義として、「分人民主主義」を提唱する。[13]

分人民主主義の実現のために、鈴木が具体的に提案するのはネットワーク型投票システムとしての「伝播委任投票システム」[14]である。簡単に要点を抽出してみよう。

- 個人は、自分の持つ1票を好きなように分割して投票できる。矛盾した意見に0・6票と0・4票と分けて投票してもよい。
- その政策に詳しくない場合、自分が投票する代わりに、票を他の人に委任することもできる。たとえばAさんがBさんに0・6票分を投票して、BさんがCさんに0・2票分を投票することもできる。このとき、AさんからCさんには0・12票分が投票されていることになる。
- 投票の委任関係はいつでもリアルタイムに変更可能である。ただし、委任関係が固定化されないように、投票は時間が経つと減衰していく。
- 投票の委任関係は課題ごとに構成されていく。

鈴木は、この実装方法も詳細に検討するとともに、想定される課題に対しても一定の解を提示している。紙幅の都合でそれらは鈴木の著作等に委ねるとして、ここではその問題意識の内実をもう少し詳しく論じてみたい。

私は、運営するＮＰＯ法人の事業の一つとして、日本の政権与党を担う政党の公約の達成度を定量評価している。[15] 議院内閣制を採用するわが国において、政権与党が選挙時に掲げた公約は、果たされるべき有権者との約束であり、有権者の次回の投票の際にはそのモニタリング結果が重要な考慮要素となりえるためである。しかし、これが実に骨の折れる作業なのだ。２０１７年に行われた衆議院議員総選挙の際、政権与党となった自民党と公明党は600近い政策集を掲げた。これを全てレビューした身からすると、有権者がこれら全ての政策について意思決定することは不可能である。社会問題に詳しい人ですら、おそらく数十の政策について自分の考えを持つだけで精一杯だろう。一方で、個々人が興味関心を持つ政策が一定数あることも間違いない。関心の対象となる複数の政策について、一つの政党と全く同じ考え方になる可能性は極めて低い。私達の興味関心は多種多様であり、そして、それらについて相互に矛盾した思いを持つ程度には我々は「分人」なのである。

数年に一度、一人一票で特定の政治家や政党だけに意思表示ができる現代の民主主義は、やはり私たちが持つ多様性を失わせている。もっと言えば、当選させたい人間を記名式で一人選ばせるシステム、それを小選挙区や比例区といった地域代表制のもとで実施するシステムなども、一定の合理性はあれども、それによって捨象される民意も大きい制度設計である。かつてオルテガは、「民主主義は、その形式や発達程度とは無関係に、一つのとるにたりない技術的細目にその健全さを左右される。その細目とは、選挙の手続きである」[16]と述べた。世間一般に語られる「民意」は、それをインプットする方法としての選挙・投票方法に大きく依存するのだ。

社会的選択理論という学問は、まさに個人の意見や嗜好が多種多様に存在する中で、社会の意思決定の定め方、そのルールがどうあるべきかを考えるために発展してきた。個人の意思表示を画一的な一つの投票先だけに限定するのではなく、たとえば選択肢の中に優先順位を付けさせたり、その優先順位に対して傾斜配点を付けたり（ボルダ方式）、選択肢同士の個別の比較で最も強い選択肢を勝者としたり

（コンドルセ方式）と、様々な「民意」の決め方が提唱されてきた。いずれも、社会の構成員の意見の総和を忠実に抽出するために構想されてきた理論である。そして、昨今、新しい「民意」の抽出方法として注目されているのがクアドラティック・ボーディングである。

クアドラティック・ボーディングは、マイクロソフトの研究員であるグレン・ワイルが提唱し[17]、台湾のデジタル担当大臣のオードリー・タンや暗号資産イーサリアムの考案者のヴィタリック・ブテリンらが賛同したことで世に広く知られるようになった。その概要は以下のとおりである。

● 投票に先立ち、有権者にはクレジットが配られる（ここでは例示的に100クレジットとする）。

● 有権者は、選択肢に対して自由に投票できるが、投票に際しては以下のとおりのクレジットが消費される。（この票数と消費クレジットの関係性から「クアドラティック（二次的）」と表現される。）

○ 1票：1クレジット、2票：4クレジット、3票：9クレジット、4票：16クレジット……9票：81クレジット

個人の意思表示がクアドラティック（二次関数的）に票換算される点で一人一票とは根本的に異なるが、経済理論に根拠を持つ実に深い思想がここには存在する。

そもそも、公共財とは、「社会の全員が得る利益の総計を最大化するように」配分方法が決定されなければならない。[18] したがって、「あらゆる市民の声を、その財がその市民にとってどれだけ重要である

か、その度合に比例して反映されるようにするべき」であり、市民の影響や関心の強度を票に適切に反映させる必要がある。[19] 一方で、市場とは異なり、選挙という公共的な意思決定の場で、単純多数決の勝者（市場でいう最高額入札者）に公共財の意思決定をすべて総取りさせることは理論的根拠に乏しい。そうではなく、「自分の行動が他人に課すコストに等しい」額を個々人が投票の形で支払うこと、言い換えれば、「あなたが支払う金額［筆者注：上記の「クレジット」に相当する概念］は、あなたの投票によって負けた市民が選好していた別の結果になっていたら、その人達が獲得していたであろう価値に等しくなる」。[20] そして、その費用こそ、二次関数的に変動する（紙幅の都合上詳しくは原典の解説をご覧いただきたい）ために、上記のようなクアドラティックな票換算が理論的に支えられることになる。このようにクアドラティック・ボーティングでは、ある政策・候補に非常に重きを置く人々（クレジットを多く消費してでも一つの選択肢に投票したい人々）の意見が強く反映される方法を担保するため、マイノリティの意見が適切に尊重されやすくなると言われている。実際に２０１９年にコロラド州下院議会で実験的に採用され、その後台湾政府主催のハッカソンでの投票制度にも採用されている。

さらに一歩進んで、非線形の民意の抽出・集約の可能性についても、提案がなされている。The Computational Democracy Project という組織がオープンソースプロジェクトとして提供する「Polis」[21] というシステムは、人々がある議題に対して自由に短文での意見表明を行うと、全体の意見を集約し、それぞれの意見の関係性がおよそどのような関係にあるか、個別の意見が全体の中でどのような位置づけを持つかを可視化する。近年では、大規模言語モデルを用いて、異なる意見を代表するアルゴリズムとの対話・熟議すら可能にする試みも始まっている。複雑な民意の集約と政策への反映を目指すことができるこのツールは、新時代の熟議民主主義を目指す台湾の政策議論プラットフォーム「vTaiwan」[22]やニュージーランドでの政策議論、アメリカ・ケンタッキー州のタウンホールミーティングなどで活用されている。[23]

これらの提案は、「立法」機能を果たす代表の選出方法において、あるいは「立法」機能や「行政」機能が提案する政策・規制の具体的な内容について、人々の意思の反映と集約を高度化するためにアルゴリズムを活用することに焦点を当てている。アルゴリズムそのものが「立法」機能・「行政」機能を担うことを想定しているわけではない。かつて、物理的な投票所における紙での投票と、馬によるその集票結果の中央への伝達という制約条件のもとで構築された一人一票での投票制度は、情報技術の発展とともにすでに陳腐化してしまった。分人民主主義やクアドラティック・ボーディング、「Polis」といった民意の反映方法がある中で、我々は２０４０年にも投票所に出かけて、一つの政党、一人の政治家の名前を書いているのだろうか。

（2）「無意識データ民主主義」

次に、デモクラシーのインプットからアウトプットまでも全てアルゴリズムが代替してしまう構想を探求してみよう。次第に、強いアルゴクラシーの世界が見え始めていく。

コンピュータは人類の計算可能性を飛躍的に増大させ、インターネットが世界中の情報やデータの相互の交換を可能にし、スマートデバイスは人類に膨大なデータ量の獲得を可能にさせた。人類はこれまで、意識的な意思決定に甚大な体力と時間、精神を費やしてきたが、これらの情報技術の発展によってその多くが代替可能になる。そういった考え方が、古くは２０００年代前半にハワード・ラインゴールド[24]によって、２０１０年代初期には東浩紀[25]によって（ただし東は肯定的とも否定的とも取れるニュアンスでこれを提案しており、直近の著書[26]においてもそれを明らかにしている）、また最近では落合陽一[27]や成田悠輔[28]によって提案されてきた。ここでは成田悠輔が「無意識データ民主主義」と名付けるアルゴクラシーの提案を抜粋してみよう。

インターネットや監視カメラが捉える会議やまちなか・家の中での言葉、表情やリアクション、心拍数や安眠度合い…選挙に限らない無数のデータ源から人々の自然で本音な意見や価値観、民意が染み出している。「あの政策はいい」「うわぁ嫌いだ…」といった声や表情からなる民意データだ。（中略）

無数の民意データ源から意思決定を行うのはアルゴリズムである。このアルゴリズムのデザインは、人々の民意データに加え、ＧＤＰ・失業率・学力達成度・健康寿命・ウェルビーイングといった成果指標データを組み合わせた目的関数を最適化するように作られる。意思決定アルゴリズムのデザインは次の二段階からなる。

(1) まず民意データに基づいて、各政策領域・論点ごとに人々が何を大事だと思っているのか、どのような成果指標の組み合わせ・目的関数を最適化したいのかを発見する。「エビデンスに基づく目的発見（Evidence-Based Goal Making）」と言ってもいい。

(2)　(1)で発見した目的関数・価値基準にしたがって最適な政策的意思決定を選ぶ。この段階はいわゆる「エビデンスに基づく政策立案」に近く、過去に様々な意思決定がどのような成果指標に繋がったのか、過去データを基に効果検証することで実行される。

現代の民主主義が抱える課題を振り返ると、スピーディに正答率の高い意思決定を行いにくいこと、そして、それに対して有権者が意思決定疲労を抱えてしまうことであった。確かに無意識データ民主主義のもとでは、人間による投票は不要となる。日々人間から収集される様々なデータによって、ほぼ自動的に即時に政策が決定していくプロセスが実現するため、これらの「正当性」の課題に応える魅力的な提案のように見える。人間による「立法」や「行政」はもはや存在しない。落合は、このようなアルゴリズム駆動型のデジタルな民主主義に対して、「バイ・ザ・ピープルではないし、オブ・ザ・ピープルでもない。それでいてフォー・ザ・ピープルになるような政治」と表現している[29]。しかしこの形態では、民主主義の「正統性」はもはや「データの出自が人間である、または人間に関係する」ということでしか保てないようにも思われる。その妥当性は改めて後述するとして、もう少しこのようなアルゴクラシーが実現できる「正当性」について深掘りしてみよう。

無意識データ民主主義が興味深いのは、人々が求めるゴールすら、人間の意識ではなく、データに基づき定めることである。たとえば、適切な消費税を決定するにあたって、人々の意識はほぼ確実に「増税は嫌だ。できれば低いほうが良い」といったものになるだろう。しかし、アルゴリズムが持つ変数はそれだけではない。消費税によって得られた税収が社会保障費に回されるため、社会保障制度のサービス維持・向上とのトレードオフになること、インフレ率やデフレ率を考慮した物価との調整、日々買い物をする際にスマートデバイスを通じて収集される会話記録や体温、心拍数などから得られる世帯収入ごとの消費税率の許容範囲、そういった変数を全て加味して消費税率が毎年、いや毎月確定していく。消費税の逆進性に着目し、０〜10％の範囲で、世帯収入や扶養家族の人数に応じた適時の調整も可能になるだろう。

アリストテレスは、民主政の堕落形態としての衆愚政を危惧したが、その理由は、大衆が自らの利害を優先する意思決定を行い、正義や公共の利益を追求しなくなる危険性があるためだった。無意識データ民主主義では、パラメータや重み付けを調整することでこれを最小化しようとする。意識的に追求しがちな短期的利得（たとえば現金給付のバラマキ）ではなく、中長期的な経済成長や社会保障制度の維持などを本来は求めていると解釈した意思決定が実現するのかもしれない。

人間は感情的な生き物であり、それによって誤った結論を導くことが少なくない。心理学や認知科学の領域では、二重過程理論という説得的な仮説[30]がこの問題に解を与えている。すなわち、人間の思考モードにはシステム１（直感的・無意識的・自動的・本能的・速い思考モード）とシステム２（論理的・意識的・分析的・理性的・遅い思考モード）が存在しており、この双方の思考モードが絡み合って日々人間は判断を下す。システム1が本能的、感覚的に素早く導く結論に対して、システム2が介入し、理性的に規範的に修正を加えるというのが理想的な思考の姿であるが、実際のところシステム2は、システム1がすでに下した結論に対して正当化できる論理と証拠を見つけていることが多いともされている。この問題も無意識データ民主主義は解決できるかもしれない。双方の思考モードによって導かれうる複数の決断に対して、望ましい結果を目的関数として最適化するようにトレーニングされたアルゴリズム（人間が無意識のうちに本能的に欲する内容をデータとして重視しすぎないよう注意する必要がある）がそれらに優劣をつけて意思決定することができるからである。

無意識データ民主主義のもとでは、現代の人間が苦手意識を持つようになった「共感」の問題も解決できる。現代は社会の分断が叫ばれて久しいが、社会が分断し集団が先鋭的に極化すると、妥協や折衝が阻害され、一部の集団が求める極端な結論を導きやすくなるという点で民主主義とは相性が悪い。世界が持つ多様性がそこでは捨象されていく。そこで、分断を解消するための感情的回路として古くから「共感」の必要性が喧伝されてきた。モンテスキューは、民主主義が機能する条件として、人民が「政治的徳（vertu politique）」を持つことを挙げたし、ルソーも社会契約の基盤として他人の苦しみを理解する感情、すなわち「ピティエ（pitié）」を挙げている。君主制から民主制へと移行する人類の長い歴史の中で、他者の存在を理解し、他者との共存に向けて努力する能力または思考体力を民衆が持つことは、民主主義が機能するための絶対条件として捉えられてきた。ここからもわかるように、システム2を長時間駆動しなければならない「共感」は、思考速度とメモリに限界のある人間の脳にとって決して得意な分野ではなく、そのために先人らが民主主義の堕落・機能不全を危惧していたのも無理はない。しかし、アルゴリズムが社会の分断を踏まえ、社会の維持のために必要な意思決定（人間が「共感」を持っていれば導かれていた判断）を下してくれれば、そもそも人間自体には「共感」すら不要になるのかもしれない。

さらには、民主主義が構造的に不得意とする2つの時間的な思考限界も、無意識データ民主主義は突破可能かもしれない。我々は、選挙という形で定期的に統治者を選択するため、統治者は民意に則した政治を実施するインセンティブを持つ。しかし、この構造は、選挙と選挙の間にある「数年」という時間を超えた思考を困難にしてしまう。さらに、有権者は、合理的に予測可能であり、かつ意思決定の影響を自ら享受できる未来のために投票するのであって、自らが生きる時代の先を考えた意思決定を下すことは極めて難しい。結果的に、地球温暖化、森林減少、海洋環境の汚染、動植物の絶滅等の生態系の変動といった地球規模の中長期的な課題への向き合い方を人類は非常に苦手とする。しかし、人類の多くが、もし無意識的に人類の中長期的な反映までを生物的に望んでいたとすれば、それを成果指標とする意思決定をアルゴリズムが下す可能性もある。その意味では、無意識データ民主主義は生命としての人類のゴーイング・コンサーンを実現するデモクラシーとも言えるかもしれない。

無意識データ民主主義は、「立法」機能と「行政」機能をアルゴリズムが代替しきってしまう世界、「強いアルゴクラシー」を想定している。これらの未来像は遠い未来のように感じられるかもしれないが、すでに公的機関の様々な意思決定プロセスにおいて、人工知能が入り込み、アルゴリズムによって高速かつ合理的に提案を生み出し始めている。精度は粗いものの、新型コロナウイルスがパンデミックを引き起こした際には、スマートデバイス端末同士の接触データを用いて感染可能性のある人々の抽出などが試みられたり、感染トレンドを予測するモデルが政策立案に用いられたりした。すでに、イギリスでは、公的機関が自動的な意思決定を行うシステムを活用するための「倫理・透明性・説明責任」に焦点を当てたガイダンスを策定しており[31]、無意識的データ民主主義を想定した準備が進んでいる。

4　アルゴクラシーの課題または危険性

（1）　誰がどういうインセンティブで開発するのか

アルゴクラシーの実現に向けて、最も現実的な課題としては、開発主体とその費用の帰属先が挙げられる。大規模言語モデルの開発に数百億円、数千億円という費用が要求されるわけだが、先に見たようなアルゴクラシーを実現するモデルの開発と運用にはそれよりも巨大な費用が想定される。

アルゴクラシーの事例のうち、無意識データ民主主義では、もはや国権の最高機関としての議会は実質的には存在しない。また、伝播委任投票システムでも、人間には単純に予測不可能な極めて複雑な計算によって、議会への委任のあり方が定まっていく。しかし、統治者が自らを有名無実化したり、現在の委任状況を大きく予測不可能にするようなアルゴクラシーを実装するインセンティブを持つはずがない。

したがって、突如として全知全能のアルゴクラシーが議会に取って代わるというシナリオは考え難く、行政が個別の分野でアルゴリズムを利用しながら、徐々にその意義を見出した有権者が、人間への代替を求めていくプロセスが現実的ではないだろうか。おそらくは、小規模国家において実現した一部のアルゴクラシーの形態を参照しながら、税制、社会保障制度、医療経済政策といった定量的評価が実現しやすい分野から順にアルゴリズムのサポートを受けていくことになるのだろう。

しかし、アルゴリズムが人間のサポートにとどまらず、意思決定の全てを担っていくためには、また、行政以外の統治機能で人間を代替していくためには、次に見るように解決しなければならない根本的な課題があまりにも多い。

(2) 公共性ある意思決定は計算可能か

アルゴクラシー、特に無意識データ民主主義では、公共性ある意思決定をアルゴリズムが下すことになる。そこには、公共性ある意思決定は計算可能であるという前提があるわけだが、その前提条件は現時点ではまだ疑わしい。

ちょうど100年ほど前に、社会主義経済の実現可能性について、似たような議論を経済学者が舌鋒鋭く行っていた。経済計算論争と呼ばれるこの議論は、生産や分配を自由市場に委ねるよりも、中央政府が管理したほうが効率性や公正性において優れた結果を導くのではないかという問いを中心に行われた。結果的に社会主義が敗北し、資本主義、自由市場が勝利した歴史を知っている我々からすれば、すでに答えは明らかなように思えるが、当時この議論に理論的に終止符を打ったのは、フリードリヒ・ハイエクである。ハイエクは、中央政府が計画経済を効率的に実現するには、膨大な資料が必要で、「これらの資料の収集だけでも、人間の能力を超える仕事である」こと、そして、「一たび材料が集められても、それが何を意味するかを具体的に判定することがなお必要で」「この必要不可欠な数学的作業の規模は、決定されなければならない未知数の数に依存する」こと、「相当に進歩した社会についてはその数は何十万の大きさにのぼると想定」でき「これと同じ数の連立微分方程式の解に基づいて、引き続く各時点ごとに、一つ一つの決定がくだされなければならない」こと、「しかもこれらの諸決定は、間断なく下し続けられなければならないばかりでなく、それらを実行に移さなければならない人々に対して速やかに伝達されなければならない」ことを指摘した。[32] つまり、当時の情報技術のもとでは、データ量、計算機、計算能力、情報伝達手段が足りなさすぎるという指摘である。無意識データ民主主義は、ハイエクのこの指摘に対して人工知能、アルゴリズムという武器で立ち向かおうとしている。経済計算論争は2040年の情報技術によって再燃する可能性がある。

ただし、技術的なブレークスルーにより、データ量や計算機、計算能力といった問題が解決されたとしても、大きな問題が残されている。無意識データ民主主義では、最適化すべき目的関数の発見そのものをデータ駆動型にすることを提唱しているが、定量評価が比較的可能であるように思われる経済学の分野ですら、目的関数を絞り込むことは容易でない。これがより社会的、文化的なアジェンダになればどうだろうか。たとえば安全保障や軍事力、同性婚や夫婦別姓制度、中絶の権利といった、個人によって定量的には評価し難い意見を持つトピックで、アルゴリズムは何を最適化しようと考えるのか。「目的関数そのものが大自由度系」[33]を成す政治的意思決定プロセスは、正統性を担保しなければ（熟議と熟慮を経た感情的和解とそれに基づく投票によって現代は最低限これを維持している）、社会が即座に混乱に陥る可能性のある取り扱い危険物なのだ。

つまるところ、この議論は、公共性ある意思決定が計算可能であるために、人間は計算可能かという問いに帰着する。近代から現代に至るまで、経済学はこの問いに対して、想定する人間像を徐々に変更しながら、すなわち自律的で合理的な近代的人間像から、他律的で不合理な現代的人間像までを想定することで、一定の計算可能性を追求してきた。経済学が対象とする分野では、おおよその統計的帰結のシミュレーションによって意思決定がなされることもありえるだろう（それはエビデンスベースド・ポリシーメイキングの延長にある）。しかし、社会文化政策に関する個人の考えをどうデータとして取得し、解釈し、「民意」として出力するか。それぞれの処理フェーズで大幅な技術革新が生じなければ、単にあるプラットフォーム（SNS等）やデバイス（PCやスマートフォン）上で発生した一部のデータに基づく一部のマイノリティによる民意が可視化されるに過ぎない。ルソーの表現で言い換えるならそれは、私的な利益を追求しながら日常を生き続ける個々人の特殊意志データを、アルゴリズムの力でいかに全体意志（私的利益を追求する個々人の特殊意志の集合）ではなく、一般意志（公共の利益を追求する個々人の意志の集合）として具象化できるかが問われる。しかし、言葉で記載する以上に、そこには巨大な技術的ブレークスルー（たとえば個人の幸福が計測・定量評価可能になるなど）が必要とされている。

（3）アルゴクラシーか、デジタル独裁か

２０ＸＸ年。仮に、技術革新が何度も生じ、アルゴリズムによって公共性ある意思決定が可能になったとしよう。私たちは普段の生活を過ごしているだけだが、その裏ではアルゴリズムが日々最適な政策決定を下し、「正当性」の高い意思決定が実現している。この社会は複雑で、様々なステークホルダーの利害調整を迅速に図る必要があるが、それは人間の認知限界とコミュニケーションコストを考えれば、アルゴリズムに統治を委ねた方が良いと人類は考えたのである。それも、「行政」機能だけではなく、「立法」機能や「司法」機能まで委ねるという意味でだ。

しかし、これを「アルゴリズム」ではなく、「一人の知性（または権威）ある人間」に置き換えれば、それは専制君主制を意味するし、「少数の知性ある技術者」に置き換えれば、それは少数の技術者により統治が支配されるテクノクラシーの実現を意味する。つまり、このような考え方は、極めて全体主義的で、デジタル独裁やデジタル寡頭制を生みやすい考え方である。人類は長い歴史を辿って民衆が主権を持つ世界を実現したが、人工知能の持つ圧倒的な知性と可能性を前にして、怠惰な我々は主権を人工知能に再び委譲する誘惑にかられている。

政治思想上の危険性は他にもある。アルゴクラシーの世界で稼働するアルゴリズムはおそらく功利主義と相性が良すぎるという問題だ。公共性ある意思決定に短期的な「正当性」を求めると、複数の目的関数を同時に最大化するオプションが発見できたとして、それは結局「最大多数の最大幸福」の皮を被った多数派の専制にすぎない危険性が高い。少数の個が犠牲にならないために、アルゴリズムが算出し

た意思決定が複雑な個々人の幸福を反映していないと感じる人が必ず存在することを前提に制度は設計されなければならない。

主権を我々民衆に残しながら、アルゴリズムという道具を用いた正統性ある民主主義は可能か。我々が主権を譲渡せずに実現するアルゴクラシーの要件とは何だろうか。

第一に、アルゴリズムの説明可能性と透明性が担保されていなければならない。データに基づく自動的な意思決定を可能にしていく場合、用いるデータセットやアルゴリズムのパラメータ、重みの設定いかんによって、出力されるアウトプット（意思決定の結果）が大きく左右される。より現実的には、アルゴリズムやモデルを構築する専門集団による支配をどう抑制・牽制するかが重要になる。データセットやアルゴリズムは常にオープンに共有され、外部の第三者によって常に検証可能でなければならない。そして、可能な限り、有権者が理解可能な形でアルゴリズムの作用を説明できる必要がある。ただし、これはブラックボックス化を完全に否定するものでもない。利益団体、政党、族議員、官僚ら多様なステークホルダーの利害調整により成立する現代の民主主義では、すでに政治的な意思決定の回路は相当にブラックボックスとなっている。むしろ、アルゴリズムを検証可能にしておくことのほうがまだ有権者に寄り添う民主主義になる可能性がある。

第二に、アルゴリズムへの介入可能性や不服申立ての手段が担保されていなければならない。アルゴリズムも誤ることがある。その前提で、有権者またはその代表が常にアルゴリズムに対するフィードバックを行い、誤りを訂正する最終的な権限が常に人間にあることを明確にしておく必要がある。その意味で、アルゴクラシーにおける「正統性」は、「データの出自が人間である、または人間に関係する」以上のもの、すなわち、我々人類が統治機能の一部を自律的にアルゴリズムに委ねるという決定に求められなければならない。さもなくば、アルゴリズムはいよいよ全知全能の神となり、その神（アルゴリズム）のロジックを解釈する専門家（中世における教会）に内面を支配される形で、実質的に人類が主権を委譲することになりかねない。それは国民主権の崩壊であり、人間中心主義からの脱却の序章にもなり得る。

我々に主権を残すアルゴクラシーの形。たとえば、議会は分人民主主義やクアドラティック・ボーディングに基づく正統性あるプロセスで選ばれ、彼らが行政の自動執行機関としてのアルゴリズムを監視するという方法があり得る。この場合、議会の役割は立法ではなく、行政が執行と立法提案に用いるアルゴリズムのモニタリングに置かれることになる。そもそも行政府は、立法府の法令・予算を厳に執行する立場であることからすれば、行政府をアルゴリズムに置き換えることで、大統領制や議院内閣制は終わりを告げ、新たな三権分立の形が現れるかもしれない。立法府は、監督府と名前を置き換え、重要でない事項の立法すら行政府に委譲し、役割を重要事項の立法と行政府のモニタリングに集中させる。企業ガバナンスに喩えると、国民による選挙が株主総会による取締役の選任とすれば、監督府は取締役会であり、行政府は執行部である。アルゴクラシーという構想の多くは、データの出自を人間とすることで直接民主制を志向するように見えながら、議会すら不要とすることで正統性（いや正当性すら）の担保に疑義を生じさせる。しかしこの形態であれば、監督府（旧立法府）は正統性ある代表による統治のフレームワークの策定、行政府はそのフレームワークに基づき人間を出自とするデータ駆動型の自動的な執行という役割分担が可能だ。それは、直接民主制を危惧し、共和制による統治の形として代議制民主主義の形を実現したアメリカ建国の父らの理念を、アルゴリズムの時代に再現しようとするものかもしれない。

我が国は、民主主義を勝ち取ったという歴史的な実績がない。したがって、国民主権や「治者と被治者の自同性」に対する意識が曖昧薄弱になりやすい。主権の委譲に対する抵抗感も小さいおそれがある。主権の一部を君主に返す、または貴族に返すということと同じように、アルゴリズムに委譲するということも遠い未来ではあり得るのかもしれない。しかしその未来は、国民主権や人間中心主義といった国家を支える大前提の規範を根底から覆した世界でのみ実現する。その未来では、人間は単なるデータ源にすぎない。日常生活を送るだけでデータが取得され、神の名のつく見えざるアルゴリズムが意思決定を下していく世界で、人々はどのように共同体に政治的主体性を見出していくのか。どのように公共的な「私」が生まれるのか。共同体の意思決定回路に関与する「正統性」をどう担保するのだろうか。正統性なき意思決定が下される世界への不服申立ての手段は、血の流れる革命になってしまうことを我々は歴史から知っている。

技術が先行し、意思決定の「正当性」はこれからも強調され続けるだろう。私たちは、安易な全体主義、功利主義に染まるのではなく、国民主権に代わり共同体を維持する「正統性」の良き代案を見出せない限りは、引き続き自らを統治するのは私たち自身であるという大原則に固執すべきなのではないだろうか。

【注】

1 E. Papada et al., "Democracy Report 2023 - Defiance in the Face of Autocratization." Varieties of Democracy Institute, University of Gothenburg, 2023, p.6.

2 Colagrossi, Marco et al.,"Does democracy cause growth? A meta-analysis (of 2000 regressions)." *European Journal of Political Economy* 61 (2020): 101824.

3 Daron Acemoglu et al., "Democracy Does Cause Growth." *Journal of Political Economy*, 2019.

4 Annaka, Susum, and Higashijima, Masaaki. "Political Liberalization and Human Development: Dynamic Effects of Political Regime Change on Infant Mortality across Three Centuries (1800-2015)." *World Development* 147: 105614.

5 Higashijima, Masaaki. "Political Business Cycles in Dictatorships." *WIAS Discussion Paper Series* No.2016-002.

6 成田悠輔『22世紀の民主主義』(SB新書、２０２２年)33頁。

7 同39頁。

8 Lipscy, Phillip Y. "Democracy and Financial Crisis." International Organization 72.4 (2018): 937-68.

9 井上達夫「何のための法の支配か」法哲学年報２００５巻(２００６年)65頁。

10 Mihaly Csikszentmihalyi "flow: The Psychology of Optimal Experience."HarperCollinsPublishers, 2008, p.29.

11 Chris Griggs, Sarah Kleinman, J. R. Maxwell, and Kirk Rieckhoff. "Increasing decision-making velocity: Five steps for government leaders" McKinsey&Company. ２０２０年11月12日. https://www.mckinsey.com/industries/public-sector/our-insights/increasing-decision-making-velocity-five-steps-for-government-leaders (２０２３年12月20日参照)

12 鈴木健『なめらかな社会とその敵』(勁草書房、２０１３年)１３４頁。

13 同１３５頁。

14 同１３７頁。

15 NPO法人Mielka運営サービス「JAPAN CHOICE」内「公約実現度」https://japanchoice.jp/policy-achievement
16 オルテガ『大衆の反逆』（中央公論新社、2002年）207頁。
17 Lalley, Steven P., and E. Glen Weyl. 2018. “Quadratic Voting: How Mechanism Design Can Radicalize Democracy.” AEA Papers and Proceedings, 108: 33-37.
18 エリック・A・ポズナー、E・グレン・ワイル『ラディカル・マーケット 脱・私有財産の世紀：公正な社会への資本主義と民主主義改革』（東洋経済新報社、2019年）157頁。
19 同157頁。
20 同160頁。
21 Polis. *The Computational Democracy Project*. https://pol.is/home
22 vTaiwan: rethinking democracy. https://info.vtaiwan.tw/#
23 Featured Case Studies. *The Computational Democracy Project*. https://compdemocracy.org/Case-studies
24 ハワード・ラインゴールド『スマートモブズ―〝群がる〟モバイル族の挑戦』（NTT出版、2003年）。
25 東浩紀『一般意志2・0 ルソー、フロイト、グーグル』（講談社、2011年）。
26 東浩紀『訂正可能性の哲学』（ゲンロン叢書、2023年）。
27 落合陽一『デジタルネイチャー 生態系を為す汎神化した計算機による侘と寂』（PLANETS、2018年）。
28 成田・前注（6）。
29 落合・前注（27）180頁。
30 Stanovich, K. E., and R. F. West, “Individual differences in reasoning: implications for the rationality debate?.” The Behavioral and brain sciences vol. 23,5 (2000): 645-65; discussion 665-726.
31 イギリス政府公式サイトGOV.UK「Ethics, Transparency and Accountability Framework for Automated Decision-Making」（2021年5月13日公表、2023年11月29日最終更新）https://www.gov.uk/government/publications/ethics-transparency-and-accountability-framework-for-automated-decision-making
32 フリードリヒ・ハイエク『個人主義と経済秩序』（春秋社、1990年）208-209頁。
33 鈴木健『なめらかな社会とその敵』（ちくま学芸文庫、2023年）408頁。

Ⅱ　アルゴクラシーの「可能性」

小久保智淳

Many forms of Government have been tried, and will be tried in this world of sin and woe. No one pretends that democracy is perfect or all-wise. Indeed it has been said that democracy is the worst form of Government except for all those other forms that have been tried from time to time.[1]

— Winston S Churchill, 11 November 1947

1　「歴史の終わり」

冷戦も終末期の１９８９年、外交専門誌 The National Interest に、ある論稿（エッセイと言ってよいだろう）が投稿された。国際政治学者であり、当時は米国国務省の政策企画局次長でもあったフランシス・フクヤマ（Francis Yoshihiro Fukuyama）の筆になるその論稿の内実は、冷戦における自由主義・民主主義というイデオロギー（すなわち、西側陣営）の〝勝利宣言〟であった[2]。西側諸国の盟主である米国の政策中枢に位置していた彼は、同年の冬に世界を驚かせたベルリンの壁崩壊を待つまでもなく、新たな時代の幕開けを感じ取っていたのである。

周知の通り、同稿は、イデオロギー闘争における一方陣営の勝利宣言を超えた意味を有するものであった。"The End of the History?" というタイトルが示す通り、フクヤマは「歴史の終わり」を予測したのである。それを端的に示す象徴的な一節を抜き出してみたい。

What we may be witnessing is not just the end of the Cold War, or the passing of a particular period of post-war history, but the end of history as such: that is, the end point of mankind's ideological evolution and the universalization of Western liberal democracy as the final form of human government.[3]

つまり彼は、"Western liberal democracy" という統治の形態が「人類のイデオロギー進化の終着点（the end point of mankind's ideological evolution）」となるであろうことを主張し、それを「歴史の終わり」と表現したのである。その後、東西冷戦は現実に終結し〝グローバル化〟の時代が到来した。そして、彼は、「歴史の終わり」の予見を、「歴史の終わり」の宣言へと昇華させる。１９９２年に発刊されたフクヤマの記念碑的名著、“The End of the History and the Last Man”では、そのタイトルから疑問符が消えていることが象徴的であろう。[4]

2　歴史は繰り返す？

一方で、フクヤマの「歴史の終わり」という見方には、様々な疑義、批判が浴びせられてきた。たとえば、民主主義は再び（冷戦期や第二次世界大戦期に見られたような）イデオロギー闘争に直面する（さらに言えば、劣勢の戦いを強いられる）のではないか、という悲観的な観測もその一例である。

このような観点から世界を見渡した時に、近時、民主主義というイデオロギーが実際に〝敗北〟した実例としては、アフガニスタンにおけるタリバン政権の復活が挙げられるだろう。同国では、多大なる流血と犠牲の果てに、“Western liberal democracy”が導入され、民主的な政府が樹立されたものの、米軍の撤退を契機に体制はあっけなく瓦解し、タリバンによって権威主義（ある種の神権主義）政府が樹立された。当時、首都カブールの空港や大使館から欧米各国の要員が避難していく光景は、ベトナム戦争におけるダナン陥落と重ねられ、盛んに報道された。それは、世界が再びイデオロギー闘争の時代へと逆行しつつあることを示唆するかのような光景であった。

あるいは、２０２２年2月24日、ロシア連邦の侵攻によって開始されたウクライナ戦争において、ゼレンスキー大統領は、これを〝世界の自由と民主主義〟を守る戦争と位置付けた。実際、国際社会では、ウクライナ支援やロシアに対する経済制裁をめぐり、欧米諸国（いわゆる〝西側諸国〟）とロシア・中国を中心とするＢＲＩＣｓ諸国との間で、小さくない温度差が見られることが度々指摘されてきた。こうした事態も、世界が"Western liberal democracy"と権威主義とのイデオロギー闘争の時代へと逆行しつつある一つの証左として見なすことができるかもしれない。もしそうであれば、その中で、民主主義は（少なくとも数的には）劣勢の戦いを強いられているとも言えるかもしれない。

とはいえ、これらの現象は、"Western liberal democracy"が未だに現実の国際社会において「普遍化（universalization）」できていないことを示すものである。言い換えれば、冷戦における勝利によって生じた束の間の平和な時代が終わり、"Western liberal democracy"にとって再び試練の時がやってきたということを示すに過ぎないようにもおもわれる。語弊を恐れずに言えば、それはフクヤマの主張した「歴史の終わり」を根本的に否定するほどのインパクトを持つ現象ではなく、長い歴史の中で時折見られる揺り戻しやバックラッシュ――すなわち、〝歴史は繰り返す〟というそれ――に過ぎないと捉えることもできるかもしれない。

3　本当に「歴史の終わり」なのか？

先に見た通り、フクヤマの「歴史の終わり（The End of History）」の宣言の核心は、"Western liberal democracy"が「イデオロギー進化の終着点（the end point of mankind's ideological evolution）」であるとする点に

存在した。言い換えれば、フクヤマに本質的に反論するとすれば、それは、“Western liberal democracy” が「人類の政府の最終的な形態（the final form of human government）」ではないことを主張する必要があるのではないか。

足元をみれば民主主義はその輝きを失いつつあり、それをイデオロギーの進化の終着点とする彼の主張に即座には同意し難い状況に直面しつつある。実際に、先述したような〝外部の敵〟を持ち出すまでもなく、民主主義は機能不全に陥っているとか、危機的状況にある、という言説は数多く見られるところである。例えば、ポピュリズムの台頭、アメリカ連邦議事堂の占拠、欧州での極右政党の台頭、社会を蝕む〝分断〟等々を目前にして、“Western liberal democracy” に対するある種の閉塞感や諦観が広がっているように思われる。こうしたなかで、〝民主主義のその先〟へと、統治の形態を進化させることを目指す議論が、散見されるようになってきた。例えば、スイスでは数年前から〝くじ引き民主主義（ロトクラシー）〟の導入について、真剣な議論が交わされるようになっている。[5]

このように、さまざまに提案されている〝進化〟の候補の中で、筆者は、有力な潮流へと至りつつあるものの一つに、〝algocracy（アルゴクラシー）〟があるのではないか、と考えている。アルゴクラシー構想の多くは、“Western liberal democracy” の病理を指摘し、それが我々のイデオロギーと統治形態の終着点であることを否定することで、新たな統治形態を模索する議論である。アルゴクラシーが多くの人の耳目を惹きつけるのは、先述したような “Western liberal democracy” に対する閉塞感、政治状況への手詰まり感が広まる中で、それを最終解であるとすること――すなわち、フクヤマの言う「歴史の終わり」

——を否定し、さらなる人類の進化を予感させるからではないだろうか。つまり、もし、このアルゴクラシーの構想が、“Western liberal democracy”に代替する新たな統治の形になり得ると認められる時が来れば、フクヤマの「歴史の終わり」の宣言は本質的な批判に晒され、そして退けられることになるのだろう。

4　アルゴクラシー（algocracy）——Governance by Algorithmの可能性

Algocracyという語は、“algorithm”と“-cracy”とが融合した造語であり、その直訳は「アルゴリズムによる統治」となる。つまり、デモス（Demos：大衆）に代わりアルゴリズム（を中心とした情報技術）が中心となって国家を運営する〝新たな統治形態〟を指す造語である。

実は、このような意味でのアルゴクラシーの構想は、1962年代から計算機科学の発展を背景に散見できるようになる。大まかに言えば、計算機科学の発展を背景として、共産主義思想のもとコンピューターを使用した国家の統治（特に経済の管理）を謳う構想であった。（その意味で、実はアルゴクラシーという構想それ自体は、決して〝新しい〟ものではない）。もっとも、処理すべきデータの膨大さ、データ処理の複雑さやデータ取得のコスト等、技術的な困難もあり、こうした試みが大規模に実現することはなかった。

しかし、当時のアルゴクラシー構想が直面した技術的な課題は、DX化が進み情報技術が進展することで、徐々に克服可能なものとなりつつある。具体的には、①莫大な規模でのデータ取得（センシング）の実現、②蓄積されたデータのカオス＝〝ビッグデータ〟を解析し、そこに〝意味（ある情報）〟を見出すことを可能する情報解析技術の進展、③そのような情報処理を実現する高度な計算機能をもつ計算機の出現、と、当時問題とされていた技術的課題は既に解消されつつある。

具体的には、①の莫大な規模でのデータ取得（センシング）については、プラットフォームビジネスの発展とスマートフォンやスマートウォッチ等の各種センサーを搭載したデバイスの普及によるところが大きいと言えるだろう。Ｗｅｂ上での購入履歴、閲覧履歴だけでなく、位置情報、睡眠時間、脈波、歩数などバーチャル／リアルを問わずに多種多様なデータが収集されるようになった。②のビッグデータ解析については、アルゴリズムや解析技術の向上によって、人の目には情報のカオスにすぎなかった莫大なデータ群から、統計的相関関係を探索することが非常に容易になった。その典型的な恩恵は、プラットフォーム上のレコメンド機能として既に日々の生活に浸透しているところでもある。③の計算機の計算能力についても、その向上は目覚ましいものがあり、ＣＰＵやＧＰＵの性能向上は日々報道されている通りである。また集積回路の性能向上には、物理的な限界から上限が見えつつあるとの指摘も一部ではあるが、最近では量子コンピュータの開発もいよいよ実用段階へと足を踏み入れつつあることを踏まえれば、今後も継続して計算機械は高性能なものへと進化を遂げていくことになるだろう。

さて、ますます技術的な実現可能性が高まる中で、我が国においてある種の説得力（あるいはアヤシイ魅力）を伴って展開されている議論の具体例を挙げれば、鈴木健の「分人民主主義」（これは民意の集約を工夫するもの）[6]や成田悠輔の「無意識（データ）民主主義」（こちらは、民意の集約と政策立案の双方をアルゴリズムに委ねるもの）[7]などがある。[8]つまり、現代的なアルゴクラシーが目指すのは、かつてのような経済の管理ではなく、〝投票〟という既存のシステムや人間の認知能力による制約を超えて、より高精度に民意を集約し、かつ、エビデンス・ベースド（データ・ベースドと言えるかもしれない）に国家を運営することである。これらの議論は、〝Western liberal democracy〟のシステムアップデートを図ることで、ポピュリズムの台頭や分断といった現代の民主主義が抱える病理を乗り越えようとする、現状打破の試みと言えるだろう。さらに、成田の「無意識データ民主主義」が示唆するように、アルゴクラシーの行き着く先は、デモクラシーの部分的なアップデートではなく、人が排除された完全な意味での〝governance by algorithm〟による統治の実現であるかもしれない。とはいえ、現在のところ、民主主義のアップデートを超えた〝民主主義の代替〟の提案は、現実感をもって受け止められてはいないようである。

さて、このようなアルゴクラシーであるが、上述したような情報技術の発展状況に鑑みれば、その実現を支える技術の下地は整いつつあるように見える。特に、鈴木健の提唱する「分人民主主義」の実現においてコアとなる「伝播委任投票システム」を実現する技術的な障壁は、ほとんど存在しないと言ってもよいだろう。また、成田悠輔の目指す「無意識データ民主主義」の実現において必要となる、人々の意識的な欲求・目的――「データとしての民意」――の収集についても、彼自身が指摘する通り、SNSの投稿や行動ログ等々のデータを解析することで十分に可能となりつつある（X（旧 twitter）のトレンド機能や、YouTube の急上昇の表示などはその初歩的な一例と言えるかもしれない）。それでは、現在においてもなお残された技術的なハードルとは一体何であろうか？

5　無意識に迫れるのか？

アルゴクラシーの実現に残された課題、より正確には「無意識データ民主主義」実現を阻む技術的なハードルは、無意識的な心理、成田の言う「人々の意識しない暗黙の欲求や目的」に迫る技術は、本当に実現し得るのかと言う点に求めることができる。[9]成田自身もこの点についてはその著書の中で、「おぼろげなシルエット」が見えている段階に過ぎないことを認めている。[10]

しかし、今日、「人々の意識しない暗黙の欲求や目的」をデータから解析（解読）することは、あながち〝夢物語〟ではなくなりつつある。具体的に筆者が注目するのは、神経科学（neuroscience）・認知科学（cognitive science）、心理学（psychology）の進展である。これらの諸科学が我々の認知機能の実現基盤やメカニズムに迫りつつあるなかで、意識的・無意識的な意図や意思、精神状態の解読を目的とする技術の研究が始まりつつある。

（1）デジタル・フェノタイピング

具体的な技術例として、ウェアラブルデバイスを通じて計測される生体情報（脈波や移動ログ、発汗、体温の変化等の情報）に見られる特徴から、個人の健康状態や精神疾患の病状等を推測する「デジタル・

フェノタイピング（Digital phenotyping）」がある。[11] これは現時点では精神医療の領域で研究が進められている技術であるため、政治的な思想や目的、さらには日常生活における欲求の探索を可能にする（直接的な目的とする）技術ではない。しかし、スマートウォッチのようなデバイスによって、比較的カジュアルに測定され得る生体情報から、個人の精神状態に迫る可能性を秘めた技術であることは注目に値すると言えよう。

（2） ニューラルデコーディング（neural decoding）

「ニューラルデコーディング（neural decoding）」の発展に伴う「ニューロマーケティング（neuromarketing）」や「ニューロポリティクス（neuropolitics）」も注目に値する。[12]

「ニューラルデコーディング」とは、脳波測定やｆＭＲＩ（functional imaging：機能イメージングと総称される）を用いて神経活動を可視化し、それをアルゴリズムを用いて解析することで、測定された神経活動が意味する内容を解読（decoding）するものである。ごく簡単にその原理を説明すれば、神経活動のビッグデータを用いて、特定の意図や意思と神経活動との統計的な相関関係を把握しておき、それと照合することで神経活動の意味を推測する、という技術である。[13]

このようなニューラル・デコーディング技術を用いて、消費活動や政治行動・投票行動の背後ある〝心理（状態）〟に迫ろうとするのが「ニューロマーケティング」と「ニューロポリティクス」である。

ニューロマーケティングは「顧客の動機、嗜好、意思決定に関する洞察を得るために、生理学的・神経学的信号を測定し、クリエイティブな広告、製品開発、価格設定、その他のマーケティング分野に役立てること」[14]と定義され、消費活動の背後にある心理状態の解明と、それを応用したマーケティング戦略の立案を目的に研究が押し進められている。「ニューロポリティクス（neuropolitics）」は、ニューロマーケティングの政治領域版とも言えるもので、政治行動や政治的傾向性にかかる神経科学的知見を、実際の政治（運動）分野に工学的に応用しようという試みの総称である。[15]

これらニューロマーケティング・ニューロポリティクスの特徴は、個人の心理を把握する上で、個人の主観的な報告に依存しない方法——すなわち、ニューラルデコーディングを採用している点にある。それゆえに、これらの技術を用いれば本人が自覚・意識していないが故に、そもそも把握することさえ難しかった、「人々の意識しない暗黙の欲求や目的」を推知することも不可能ではないということになる。[16]

もっとも、ニューロポリティクスにせよ、ニューロマーケティングにせよ、それを支えるニューラルデコーディングが〝統計的な相関関係に基づく推測〟である以上、誤謬可能性を原理的に排除しきれないことを見逃してはならない。つまり、いかにその予測精度が向上したとしても、誤った内容の動機や心理状態が本人にラベリングされる可能性を排除することは不可能なのである。

これらの諸技術は研究開発の途上にあり、直ちにアルゴクラシーを実現する技術として応用・実用化されることはないだろう。しかし、個人の〝無意識的な心理〟、成田の言うところの「人々の意識しない暗黙の欲求や目的」をデータから解析（解読）する技術の萌芽を、そこには見出すことができる。その意味で、無意識をデータから解読することが可能となる未来は、決して荒唐無稽な夢物語では無いのである。

6　あるディストピア的な構想――PSYCHO-PASSとMetal Gear Solid 4

以上のように、アルゴクラシーを実現する技術にまつわる課題については、多かれ少なかれ解消される道筋が見えつつある。そうであれば、次に検討されるべきなのは、実現可能である（ように思える）として、それを実現することを本当に目指すべきか？　と言う点であろう。もしアルゴクラシーが実現すれば、鈴木健や成田悠輔の示唆するように“Western liberal democracy”の病理が解消し、社会はまた一歩前進し（あるいは、「なめらか」になり）、我々の福利は向上するのかもしれない。しかし、筆者は、アルゴクラシー、特に無意識データ民主主義の実現した未来を手放しで歓迎できず、むしろそこはかとない不安を抱いている。以下は、その不安の正体を、アルゴクラシー（的な何か）が実現した未来を描いたSFの力を借りて、若干敷衍してみることにしたい。

筆者がアルゴクラシーの話（特に「無意識データ民主主義」的なそれ）を聞くたびに、脳裏に思い浮かべる2つのSF作品がある。一つ目はSFアニメである塩谷直義監督の『PSYCHO-PASS』シリーズであり、二つ目は小島秀夫監督の『Metal Gear Solid 4』である。

ネタバレを避けつつ簡単に説明すると、『PSYCHO-PASS』シリーズでは、人々の心理状態を数値化し

（同データは、作品中では〝サイコパス〟と呼ばれる）、それを管理する巨大監視ネットワーク「シビュラシステム」の実装された社会が描かれる。その社会では、サイコパスに基づく犯罪の予防が実現したことで犯罪率が低下し、職業適正判定（シビュラ診断と呼ばれる）に従い若者は適材適所の職場に配属され、さらには、相性の良い結婚相手までも斡旋され、人々は一見すると、幸福に生きている。その意味で、まさに、ある種の理想的なアルゴクラシー社会と言えるかもしれない。しかし、同シリーズは、その社会が抱える闇も克明に描き出す。ある種の国家統治システムたる「シビュラシステム」が、各個人の数値化された心理状態を把握していることで、人々は「サイコパス」の悪化に常に怯え、「シビュラシステム」の〝正義〟（あるいは意向）に適う思考や振る舞いをするように自然と自らを矯正していく。さらに、システムの正義に反し、サイコパスの悪化が顕著になった個人は、携帯型心理診断鎮圧執行システム（ドミネーター）を携えた公安局の職員によって裁かれ、社会から隔離、排除されるのである。まさに、究極の監視社会と一定の心理状態の犯罪化というディストピアがそこには描かれている。

『Metal Gear Solid 4』では、ＡＩ（同作品中では「代理人」と総称される）が、戦争遂行を含めた国家統治を〝代行〟するようになった未来を描く。そこでは、ＡＩによる統治を円滑に進める一つの装置としてナノマシンが活用され、各個人の感情や健康状態が常に把握され管理されるようになっている。そうして得られた情報は〝代理人〟（ＡＩ）の統治にも役立てられるが、しかし、それと同時に代理人による個人の〝管理〟にも用いられる。具体的には、ナノマシンから神経伝達物質が放出され、ストレスや痛みの軽減、感情の起伏の抑制までもがなされる。つまり、感情の把握を国家に許したことで、感情の管理や統制までもが実現した社会が描かれているのである。

さて、これらのSF的なディストピアが私たちに警告するのは、心理、感情といった、「内心」のデータを国家に提供することに不可避的に伴う深刻なリスクである。具体的には、国家が個人の心理（あるいは内心）を測定・把握することは、それだけで（まさにサイコパスの悪化を恐れる人々のように）私たちの自由な思考や行動を萎縮させる効果がある。そして、より深刻な問題としては、心理状態の〝測定（monitoring）〟は、心理状態の統制（犯罪化）、すなわち〝操作（manipulation）〟へと容易に転化していく可能性があるという点であろう。

7　歴史を終えてはならない――"Western liberal democracy"のその先へ

筆者が、上述したようなディストピア的未来を持ち出したのは、アルゴクラシー（を実現する技術の実装）を拒絶すべきだと主張するためではない。たしかに、アルゴクラシーの現状否定的（ある種の破壊的な）魅力に魅せられて、それをいたずらに礼賛することは問題である。しかし、その逆にアルゴクラシーの負の側面をSF的にデフォルメしてそれを頭ごなしに否定し、一切の議論を否定することも同様に問題であろう。それはなぜか。

ここで本稿の冒頭に今一度立ち戻ることにしたい。フランシス・フクヤマは、"Western liberal democracy"というイデオロギーこそ、人類のイデオロギーの「進化の終着点（the end point of evolution）」

であると宣言した。憲法学を専攻する筆者から見て、その宣言は美しく魅力的である。

しかし、ここであえて、その魅力に身を委ねる誘惑に抗って、進化をやめた生物種の多くは滅びてきた、という教訓を忘れてはならないと主張したい。つまり、時代を超えて存続できるものは、〝変化に適応し続けた種〟に他ならない。そしてこれは、生物種だけではなく、〝イデオロギーの進化〟にも等しく当てはめることができるのではないだろうか。もし、そうであれば、"Western liberal democracy"を「進化の終着点」であると宣言することは、いつの日か、文字通りの「歴史の終わり（the end of history）」――すなわち絶滅――をもたらすことに繋がりかねない。だからこそ、"liberal democracy"という種を存続させるためには、"Western liberal democracy"からの進化を模索する試みを止めるのではなく、（たとえそれが一見突飛で面倒な作業でも）常に進化の可能性を模索し続けることが重要なのではないだろうか。

"Western liberal democracy"のその先が、アルゴクラシーであるのか、まだ知らぬ別の統治形態であるのか、それはまだ分からない。しかし、少なくとも、〝歴史は終わらせてはならない〟ように思われる。歴史を終わらせないために必要なこと、それは「歴史の終わり」という主張のもつ美しさと魅力に抗って、まだ見えぬより良い未来やより良い統治形態の存在を信じ、根気強く、冷静に議論してみることであるように思われる。

According to Darwin's Origin of Species, it is not the most intellectual of the species that survives; it is not the strongest that survives; but the species that survives is the one that is able best to adapt and adjust to the changing environment in which it finds itself.[17]

— Leon C Megginson

【注】

1 HC Deb 11 November 1947 vol.444 ccc207〈https://api.parliament.uk/historic-hansard/commons/1947/nov/11/parliament-bill#column_207〉.

2 Francis Fukuyama, *The End of History?*, 16 NATIONAL INTEREST 3, 3-18（1989）.

3 *Id.* at 4.

4 FRANCIS FUKUYAMA, THE END OF HISTORY AND THE LAST MAN（1992）.

5 「くじ引きで改善?　スイスの民主主義」Swissinfo Webサイト（２０２２年10月25日）〈https://www.swissinfo.ch/jpn/politics/くじ引きで改善-スイスの民主主義/47952948〉。

6 鈴木健『滑らかな社会とその敵』（ちくま学芸文庫、２０２２年）２０６–２０９頁。鈴木は「伝播委任投票システム」による民意の集約方法の改革を提案している。

7 成田悠輔『22世紀の民主主義』（ＳＢクリエイティブ、２０２２年）１８４–１８７頁。成田は「無意識データ民主主義」を、アルゴリズムによる「エビデンスに基づく目的発見（Evidence-Based Goal Making）」と「エビデンスに基づく政策立案（Evidence-Based Policy Making）」の実現として説明する。

8 これらの詳細にかかる紹介は結城論文（本書第2章―「アルゴリズムによる統治は可能か」）で既になされているのでそちらに委ね、本稿では深く立ち入らない。

9 もっとも、ＳＤＧｓの重要性が叫ばれる現代において、膨大な電力を消費することや、地表を埋め尽くすほどのデータセンターが必要なのでは無いか、という点も課題にはなり得る。しかし、これは〝技術の欠落〟が問題なのではなく、〝技術の改良〟の問題であるように思われるためここでは詳しく取り上げない。

10 成田・前掲注7、１８９–１９０頁。

11 Sachin S Jain et al., *The digital phenotype*, 33（5）Nat. Biotechnol. 462, 462-463（2015）.

12 これらについてより詳細に解説したものとして、以下の記事がある。大島義則＝小久保智淳「Law of IoB―インターネット・オブ・ブレインズの法【第22回】脳神経技術と民主主義――ニューロマーケティングを素材として［事例研究6前編：事例とコメント］」法学セミナー第829号（2024年）。

13 これら神経科学技術の詳細な説明はここでは割愛する。より踏み込んだ技術的な説明については以下を参照されたい。小久保智淳「神経法学の体系」法学政治学論究第139号（2023年）139-146頁。

14 Eden Harrell, *Neuromarketing: What You Need to Know*, Harv. Bus. Rev.（Jan. 23, 2019）〈https://hbr.org/2019/01/neuromarketing-what-you-need-to-know〉.

15 Elizabeth Svoboda, *The "neuropolitics" consultants who hack voters' brains*,（Aug. 16, 2018）. もっとも、政治行動や投票行動は消費行動とは異なり様々な外部要因が関係してくるため、手法それ自体の有効性に限界があるのではないか、と言う指摘がなされていることには注意が必要であろう。

16 とはいえ、そもそも神経系の生理的な変化が何を意味しているのかを特定するためには、究極的に内観報告が必要であるという課題それ自体は残されたままである。

17 Megginson,'Lessons from Europe for American Business', Southwestern Social Science Quarterly（1963）44（1）: 3-13, at p. 4.

Ⅲ　行政立憲主義とデモクラシーの関係についてのスケッチ

瑞慶山広大

この小論では、「行政立憲主義」と呼ばれる主張とデモクラシーとの関係を、ある研究者の構想に依拠して簡潔に描く。行政立憲主義は２０１０年頃からアメリカ公法学に登場した概念である。その核心的主張は憲法の解釈・適用における行政の役割を強調することである。これは奇妙に聞こえるかもしれない。立憲主義を権力制限の思想・原理と捉えた場合、行政は典型的な権力であり、憲法による制限に服する。その行政が憲法価値を実現するとはどういうことか。本稿はアメリカの憲法学者バートラル・ロス（Bertrall L. Ross II）の所説に依拠して、行政が人民の意見を取り入れながら憲法規範を形成していくという議論を示す。まず、前提知識を導入し（１）、行政立憲主義の複数の構想を見る（２）。次に、ロスが提示する行政立憲主義の構想を概説する（３）。最後に、こうした議論の背景や意義、アルゴリズムによるデモクラシーとの共通性、デジタル立憲主義との連関に言及する（4）。なお本稿では、デモクラシーと民主主義を互換的に用いている。

日本でも行政立憲主義を紹介・検討する論文が既に存在する。[1] 例えば、大林啓吾はリスク社会における行政国家の役割論の文脈でこの概念を利用する。吉良貴之は、行政立憲主義論者の一人とされるエイドリアン・バーミュール（Adrian Vermeule）の新しい権力分立論ないし司法審査理論の包括的研究に着手している。[2]

1 前提知識

本論の前に、議論を理解するための前提知識を紹介する。第一に、行政立憲主義に言う立憲主義は例えば「近代立憲主義」と言うときのそれとは異なる。後者は法の支配、権力分立、人権保障といった国家権力制限の思想や、その背後にある公私区分・リベラリズムといった価値を意味する。これに対し、前者は現実の政治社会で憲法を解釈・適用する営為を指す。

第二に、アメリカ合衆国憲法における行政の位置付けである。合衆国憲法が明文で規定する国家権限は立法権（連邦議会へ）、執行権（大統領へ）、司法権（裁判所へ）の3つである。行政権という言葉は登場しない。だが、学説上も実務上も、執行権を政治の領域である「執行」と、政策立案における専門性を強調する「行政」に分けることが普通である。[3] 行政（権）は元々、法律に基づいて設置され、執行権の外に位置付けられる独立行政委員会を指す概念として登場し、その後、執行権内の部局をも含む行政機関を指すようになった。[4] この執行と行政の区別は合衆国憲法上の公務員任命権の違いにも見て取れる。同憲法2条2節2項は、各省長官や官吏（Officers）の任命を上院の助言と承認に基づく大統領任命制とするのに対し、下級公務員（inferior Officer）については議会が法律により大統領以外の者に任命権を付与しても良いとする。実際、アメリカの行政機関で職務を行う公務員の多くは、大統領の交代に伴って入れ替わる政治任用ではなく、政治的中立性のある資格任用（メリット制）である。このように政治とは一定の距離を保ちながら専門職能を発揮する公務員が集う組織としての行政機関の存在が、行政立憲主義の前提である。

2　アンブレラタームとしての行政立憲主義

行政立憲主義の例として、代表的論者であるジリアン・メッツガー（Gillian E. Metzger）は次の3つを挙げている。[5]

● 食品医薬品安全局が、たばこ製品のパッケージに喫煙の健康リスクについての視覚的警告表示を記載するよう、修正1条（言論の自由）との抵触可能性を十分に考慮した上で、たばこ会社に求める規則を定立した

● 教育省および司法省が、初等中等学校が実際に通用する憲法に沿った形で自主的に人種を考慮できる方法についてのガイドラインを発した

● 司法省内の法律顧問局（ＯＬＣ）が司法長官に対して、大統領はリビアにおけるＮＡＴＯの軍事作戦にアメリカ軍を参加させる憲法上の権限を有しているとの解釈を発した

これらの例はいずれも、行政機関が何らかの憲法的価値判断を行った上で政策を実行したものである。他にも、ソフィア・リー（Sophia Z. Lee）は、行政機関が私人に対する法律上の差別禁止規定を適用する際に、判例に表れた政府に対する憲法上の差別禁止原理をも参酌し、かつ、判例が認めた範囲よりも拡張してそれを適用している事例があることを示した。[6] このように、行政機関が憲法や法律によって授権された権限を行使する中で、憲法価値を体現する活動を行っている実例を指摘するのが、行政立憲主義論の主たる内容である。

尤も、行政立憲主義として語られるものは他にも存在する。第1に、その射程を法律にまで広げ、その適用によって憲法価値が実現されていくとする理解がある。例えば、１９６４年公民権法は選挙や雇用等の場面での人種差別を禁止しており、同法の制定と適用によって憲法上の平等原理が促進されたことは疑いない。[7] 第2に、行政機関が実施する手続的保障やその制度的能力が社会における憲法価値の実現に大きな役割を果たしているとの理解がある。例えば、メッツガーは、憲法上の手続的デュープロセスの要求を体現する行政過程での聴聞・審査プロセスや、[8] 規制領域・規制スキームに精通する行政機関

の存在が、むしろ憲法価値の実現のために有用であると指摘する。[9] 関連して第三に、こうした行政機関の性質故に、裁判所は行政機関の行為に対する一定の司法敬譲を行うべきだとの主張をすることがある。例えば、再びメッツガーは、行政過程において憲法価値に関する慎重な検討がなされたのならば、裁判所はその決定に対して密度の低い審査を行い、そうすることで行政機関が憲法価値を内面化するインセンティブを付与することを提案している。[10]

以上のように、行政立憲主義の名の下で様々な構想が語られている。だが、その中心的主張は、憲法規範形成の動態性を強調し、そこにおける行政機関というアクターの重要性を指摘するものと考えられる。これは司法立憲主義、即ち裁判所とりわけ最高裁判所が憲法の最終的な意味確定を行い、政治部門はそれに従うのみであるという静態的な憲法実践観への対抗である。[11]

とはいえ、こうした議論はアメリカにおける実例の紹介に過ぎないのではないか、あるいは、行政が示した憲法解釈・適用の内、各論者が支持できる実例を寄せ集めたに過ぎないのではないかとの疑問が湧く。個別の憲法解釈・適用の是非を超えて、「行政機関」が重要なアクターであるべき規範的正当化の論証がないように思われるのである。事実、行政立憲主義論者も規範的議論が少ないことを認める。[12] この過少を埋めるべく、ロスが提示した規範的行政立憲主義論に注目する。[13]

3　憲法の社会適応

(1)　分析概念

行政立憲主義の規範的正当化の一構想を提示するのが、バートラル・ロスである。ロスの分析で用いられる概念を確認しておこう。まず、ロスは立憲主義を「憲法の意味を精緻化していく過程」と定義し、その主目的は社会の進展に憲法を適応させること（憲法適応 constitutional adaptation）[14]とする。憲法適応の手段として従来、①憲法改正、②憲法的立法（憲法上の価値を体現するような法律を制定すること）、③司法立憲主義が考えられてきた。しかし、①は憲法改正要件の厳格なアメリカでは困難である。②も憲法的価値やその実現方法をめぐる社会的不合意の下で広範な支持を得ることが難しく、条文に解釈の余地の大きい広範かつ不明確な用語を採用せざるをえない[15]。結局、裁判所による憲法解釈・適用である③が変化する社会に即した憲法の意味内容の精緻化手段とされる。行政立憲主義はこの③を疑う。

また、ロスは憲法の意味内容の精緻化には3つの要素——条文、原理、適用があるとする[16]。条文とは文字通り憲法典に記された文章である。憲法条文はしばしば曖昧不明確であり、条文を読んでもその規範的意味内容が分かることはほとんどない。原理とは憲法の要求を、条文に加え、目的宣言規定や価値表明的な社会運動、当該国家の一般的正義感覚などを根拠に具体化したものである。例えば、合衆国憲法修正14条1項4文は「いかなる州も、その管轄内にある者に対し法の平等な保護を否定してはならない」と規定するが、法の平等な保護とは何か、それを否定するとはどのような行為かは判然としない。

そこで判例はこれを例えば「人種的、宗教的その他の少数派が差別的国家行為によって広範に従属させられないこと」と原理として具体化する。だが、これでもまだ現実の紛争を解決するのに十分具体的とは言えない。そこで、憲法適用として事案の種類別に、さらに具体化された準則や基準、証拠上の要求などが設定される。[17] 憲法適応はこの憲法適用のレベルでも発生する。[18] 新しい社会状況に応じて、憲法条文や原理が具体化された準則・基準・証拠上の要求が変化するのである。そして、憲法適用を行うのは裁判所だけではない。行政機関もまた憲法や法律が自らに与えた権限を行使することを通じて、憲法適用を変化させている。ここに行政立憲主義の素地がある。

(2) 憲法実験による人民立憲主義の実現

ロスは行政機関が法律を解釈する過程で憲法価値を判断することを行政立憲主義と呼ぶ。[19] 彼の行政立憲主義は、その名に反して、最終的には人民が立憲主義に関わっていく経路を提供するものである。つまり、彼にとって行政立憲主義とは人民立憲主義の一手段なのである。

行政機関は積極的に憲法価値を提示し自らの政策に生かすことが要求される。その目的は人民に憲法適用について裁判所とは異なる選択肢を提供することにある。特定の事案の解決方法として2つの憲法適用が提示されたとき、人民はこの2つの適用がそれぞれどのように憲法原理を発展させるかを学ぶ機会を得る。その後、人民は憲法適用に関して、十分な情報を得た状態で公共対話を実施し、どちらの憲法適用がより望ましいかの議論を深めていく。これは当然、現在の社会的文脈に沿ったものになるはずである。一定の方向性が見つかれば、人民は最適な憲法適用を行うよう裁判所にも行政にも圧力をかけていく。このように、ロスの行政立憲主義は政策実験にコミットしている[20]。裁判所と行政機関双方の憲法適用を現実化し、公共討論を通じて、現在の社会的文脈に最適な方を人民に選択してもらおうというのである。ロスはこれを憲法実験（constitutional experimentation）と呼ぶ[21]。立憲主義という営為は憲法を社会進展に適合させる「憲法適応」を目的としているとロスが考えていたことを、ここで思い出そう。つまり、憲法制定者たる人民が、いまの時代に合う憲法のあり方を、複数の憲法適用の中から最適なものを議論し選択するという過程を通じて決定する、というのが行政立憲主義を正当化する根拠である。このことから分かるように、ロスは行政立憲主義を人民立憲主義の達成手段として位置付けている[22]。

裁判所と異なる憲法適用の選択肢を示すアクターとして、なぜ行政機関が選ばれるのか。それは行政機関にしかない特性（制度的能力）があるからである。まず、各行政機関には所掌事務についての専門知識や職責を有する公務員がいる。彼らは特定領域における規制手法と憲法価値との両立可能性を検討することに長けているだろう[23]。また、政治任用される機関の長とは異なり、多くの機関構成員は職業公務員として残り続けるため、政治からの圧力に対する自らの機関ミッションへのコミットメントに基づく一定の抵抗が期待される[24]。

さらに、行政機関は政策実行に当たり人民とコミュニケーションをとる機会に恵まれている。とりわけ行政規則の制定時に要求される意見公募手続（notice-and-comment process）が重要である。この手続では、憲法価値判断を含む行政規則案に対して、市民や団体から自由に意見を提出することができる。行政機関はこの意見を十分に検討し、必要があれば規則案を見直さなければならない。このプロセスが、現在の人民の考えを反映するのに有用なものと考えられる。[25] この規則制定手続は判例上、厳しい審査（ハードルック審査）の対象となるが、[26] そうであるからこそ行政機関は幅広い論拠や議論、代替案を厳格に検討し、合理的な政策（憲法適用を含む）を決定する。[27]

(3) 司法立憲主義への対抗

反対に、司法立憲主義は少なくともそれ単体で憲法適応を行うには不十分である。確かに、司法立憲主義にも利点はある。裁判官は公衆から独立・隔離されているが故にむしろ、変化する社会現実や公共価値について熟慮することができると言える。裁判官にも交代があり、新しい大統領・上院によって任命された裁判官が新しい社会の価値を憲法適用に反映することもあろう。実際に社会運動に呼応した裁判がなされることもある。そもそも、憲法に関わる訴訟を提起すること自体、現在の文化的価値や社会運動での主張を裁判所に届けることにつながるはずである。[28]

だが、限界がある。裁判官、とりわけ最高裁裁判官はエリート階級の出身者で構成されており、社会の見方や価値との繋がりは薄い。立法府や執行府は変化する社会的文脈に一定の応答責任が求められるが、こうした場所での職務経験のある裁判官は少ない。裁判官の入れ替えと社会的価値の変化の反映にはタイムラグがあるし、党派的な対立が維持された形での任命・職務遂行も多い（任期の長期化や自らの支持政党出身の大統領がいるときに辞職する慣行など）。[29]

司法制度や裁判所の制度的能力に由来する限界もある。まず、裁判所は新たに憲法適用を行う場合に、それが社会にどのようなインパクトをもたらすかの費用便益に関する情報を欠くため、単純なミスを犯すかもしれない。しかし、それでは憲法原理を具体化する憲法適用が社会の変化に応じて発展することがなくなる。また、裁判所は憲法原理を展開することに比べて憲法適用を変化させることは少ない。そして、憲法原理や適用が一度判例として確立すると、それが先例として機能するという法的安定性に重きが置かれるため、社会的文脈の変化に適応しない憲法適用が存続してしまう。さらに、裁判で憲法問題が争われるのは、多くの場合その原理のレベルであり抽象度が高いため、人民が十分な情報を得た上で裁判所の見解を検討し対話を重ねるということも難しい。[30]

以上を考慮すれば、憲法適応を前提とする以上、それを裁判所だけに担わせることはできない。複数のアクターが複数の憲法適用を社会に示し、人民がその中で最適なものを選択し、国家に働きかけることが求められる。行政機関はその制度的能力からも人民とのつながりの点でも、新しい憲法適用を示すに相応しい地位にある。

4　若干の検討

(1)　背景

行政立憲主義の主張には、近時のアメリカにおいて批判が強まっている行政国家現象を、新たな論拠で擁護するという側面がある。ニューディール期以降、行政の権限拡大が見られたものの、その肥大化する行政国家は懐疑の目に晒されてきた。1960年代から1970年代には、利益集団による政治過程への影響が明らかになり、部分利益に基づいて行政活動が行われていると批判された。1980年代以降は、行政が大統領をはじめとする政治部門からの統制に服するような制度改革がなされた。これにより、利益集団による政治は緩和されたものの、行政の独立性や自律性は縮減された。行政に対するこうした理解に基づき、行政の裁量を広く認めているかのように思われた判例法理も、行政機関の大統領に対する説明責任を強調し、部分的には行政機関の判断に対する司法統制を強めていった[31]。さらにその後、9・11アメリカ同時多発テロ後のテロ戦争の際に、ブッシュ政権が実施した法令に基づかない大規模な盗聴が明らかになると、放縦の執行と一体を成すものとして、行政への統制の必要がより意識されるようになった。こうした行政への警戒が強まる中で、その専門性や政治的中立性が有する美徳を憲法価値の実現という理念と結び付ける形で再評価する動きとして、行政立憲主義を捉えることができる。近時、メッツガーは執行と行政の権力分立論を展開している[32]。これも行政立憲主義プロジェクトの一つであろう。

（2）憲法をめぐるデモクラシーの媒介機関としての行政機関

ロスの描く行政立憲主義は、憲法解釈・適用における行政機関の制度的能力を、その政治的中立性や専門性のみならず、それと相反する可能性のあるデモクラシーとも紐付けた点に特徴がある。まず、個別の規制枠組みや行政スキームの中で、行政目的の実現を図る最適な手法を選択できるのは、何よりも現場を知る行政官であることには疑いない。科学的知見に裏付けられた基礎データの入手・読解能力もあるし、費用便益分析のようにある政策がもたらす帰結の予測も一定の精度で立てられるだろう。[33]そして、行政機関はそのような基礎データやその分析に人民の意見をも行政過程――とりわけ意見公募手続――を通じて取り入れることができる。こうした意見を政治的中立性を保ちながらエビデンスベースで検討することで、より合理的な政策決定をすることができる。憲法適用もまた政策の一種なのであれば、[34]少なくとも裁判官が持つ法的思考（あるいは党派性）とは異なる回路で導出された憲法適用の構想を示すことができそうである。

憲法実践をめぐるデモクラシーに行政機関を媒介させることの利点は、人民が憲法観や憲法原理といったいわば政策パッケージではなく、具体的な事例に適用すべき憲法のあり方に関与することができる点にある。即ち、こうした人民の関与は個別の政策への意見表明に類似するので、憲法価値として何を実現すべきかを人民レベルでも高い解像度をもって把握し、議論することが可能になる。これが抽象的・一般的な法理への影響を考慮する裁判官の判断と異なり、かつ、政党や候補者が提示した政策パッケージしか選ぶことのできない選挙とも異なる、新しい憲法デモクラシーのあり方である。また、行政立憲主義の特徴として、憲法適用の決定が多数決ではないことも挙げられよう。行政過程で表明された人民の意見は、単純に集計されるわけではなく、上記のような行政機関の専門的検討を経る。行政機関は、これまでの憲法判例との整合性や、対抗利益との適切な調整、政策の効率性・効果性などを熟慮して、最終的な憲法適用を決定するだろう。人民の意思に合理性担保のための一定の補正がかけられるのである。これも一定の質を備えた憲法デモクラシーの構想と評価できるかもしれない。さらに、行政の憲法適用は、人民のさらなる審判を受ける。これがロスの憲法実験であった。そのためには、行政が決定に当たってどのような憲法価値を考慮したのかが知られていなければならない。行政立憲主義者が行政の憲法価値検討過程の透明性を要求するのも[35]、人民立憲主義としての側面から生ずる要請だと考えられる。

だが、手放しで喜んでよいものか。行政機関には自らの権限を拡張したいという動機があり、行政立憲主義の名の下に必要以上に権限を行使し、予算を消費するかもしれない。特定の人権の擁護に集中する余り対抗する他の人権への適切な配慮を欠く可能性もある。そもそも、行政機関の公務員に憲法の適正な執行を期待するのは誤りではないか[36]。人民の意見の反映と言いながら、結局は利益集団政治への逆戻りになる可能性も十分にありうる。デモクラシーと紐付けたことにより、構造的少数派保護という憲法の重要な機能が失われるのではないかという懸念もあろう。行政機関が提示した特定の憲法適用への賛同を超えて、一般的に行政機関を憲法実践アクターとして性格付けることにはなおも躊躇を覚える。

もしかすると、行政立憲主義は普遍的な議論というよりも、現在のアメリカの政治状況において最も憲法を上手く運用するための策なのかもしれない。ロス曰く、「事実、社会運動が頻繁に起こらず、議会は機能不全で、大統領は多くの点で憲法上の論争に立ち入ろうとしない状況において、間違いなく行政機関は、憲法上最高機関とされる裁判所にも匹敵する、人民立憲主義の指導的アクターである。」[37]市民運動や議会・大統領からの憲法価値に関する働きかけが少ないとき、憲法の意味を決定する実質的アクターは最高裁になる。だが、憲法原理や適用が判例として確立してしまえば、それを裁判過程で変更するのは困難が伴う。このような近時のアメリカの政治状況において、人民の声に表れた社会変化を民主的に政府へ送る経路として、専門性と政治的中立性を有する行政機関が優れているのだろう。逆に、社会全体を動かすほどの大きい運動が発生して最高裁裁判官たちに直接影響を与えることができたり、議会や大統領が憲法価値の実現に積極的であったりするのであれば[38]、行政立憲主義の役目は一時停止するだろう。

(3) アルゴリズムによるデモクラシーとの親和性

さて、この小論は「アルゴリズムの支配」と題されたチャプターに置かれている。行政立憲主義やデモクラシーはこのテーマとどう関係するのか。私の見るところ、行政立憲主義の考え方はアルゴリズムによるデモクラシー(アルゴラクシー)の考え方と似た発想を持つ。アルゴクラシーにも様々な構想があるが、ここでは成田悠輔が提案する無意識データ民主主義と対比してみよう。

その趣旨を荒っぽくまとめるとこうである。無意識データ民主主義では、政策立案をエビデンスに基づいて行うだけでなく、その政策によって達成しようとする目的・価値の決定もまたエビデンスに基づいて行われる。人々が選挙という一回的なイベントで政策パッケージを選ぶという現在の民主主義のあり方は限界を迎えている。そこで、選挙以外にも会議室や街中の日常会話、インターネット上での書き込み等をもデータとして収集し、民意を多角的に捉える必要がある。そのような民意データを、公正に設計されたアルゴリズムによって分析することにより、エビデンスに基づいて真の民意に近似することができる。そのような近似された民意に基づいて政策を実行すれば、人々は政治や選挙を意識せずとも民主主義は達成され、政策立案・実行者としての政治家は最早不要となる。[39]

こうした構想は行政立憲主義のそれと発想を同じくする点が少なくない。第一に、民意の収集場面を、選挙という大規模・一回的で一般的な政策パッケージを選ぶというあり方から、小規模・複数回に亘って個別の具体的政策を選択するところで捉える点である。勿論、行政立憲主義は意見公募手続のように意識的に参画する必要がある手法を採用しており、無意識データ民主主義とはなおも径庭がある。だが、デモクラシー＝選挙という単純化を忌避するところに同じ発想を見ることができる。第二に、民意を多数決で実現するのではなく、何らかの補正をかけようとする点である。無意識データ民主主義においては、多様な民意関連データを特定の政策に結実させるためにアルゴリズムが不可欠である。このアルゴリズムの中身を、行政の中立性や専門性とアナロジカルに見ることは可能である。成田がこのアルゴリズムの一内容として提案するのは、科学的な統計処理である。民意の実態に選挙よりも高い解像度で迫ることのできる科学的手法を重視するという意味において、両者は同じ方向を向いている。と同時に、そうしたアルゴリズムや行政の専門性なるものが多くの人にとって不可視であること、それ故に透明性・公開性が要求されるべきことも類似している。第三に、単なる政策決定だけでなく、その政策により達成する目的・価値をもデモクラシーで決定するという点である。憲法は政治共同体における長期的な価値・ルールを定めるものである。その決定もまた民意によるべきと考える点で両者はデモクラシーの核心にコミットしていると言えるだろう。また、そうした憲法価値＝政策の究極目標・価値を民意が決定すべきでない（例えばそれは民意とは独立した道徳の領分である）とする立場からの批判を両者が受けることも意味する。

（4）デジタル立憲主義との関連性

行政立憲主義とアルゴクラシーとの関係は、「デジタル立憲主義」の議論とも関連性を有するに思われる。デジタル立憲主義とは、GAFAMのようなデジタルプラットフォーム事業者を念頭に、私的主体に対しても立憲主義に基づく権力制限を課そうとする議論である。[40] ここでの立憲主義は、原理・価値としての意味、即ち法の支配、権力分立、人権保障等の意味である。従来、立憲主義は国家権力を縛るものと理解されてきた。しかし、そうしたプラットフォーム事業者の提供するサービスが我々の日常生活に深く浸透する現在にあっては、それらの活動も国家権力に比類する力を有している。そのため、デジタル空間で事実上権力的活動を行う私的主体にも国家権力と同じような制限を及ぼす必要がある。デジタル立憲主義の議論はそのような制限を及ぼすための理論や具体策の提示を行っている。

上述のようなアルゴクラシーの担い手は国家だけではないだろう。むしろ、民意の収集システムや分析アルゴリズムは民間企業の技術開発に依るところが大きい。だとすれば、そのシステムやアルゴリズムが国家の政策決定に中心的に関わる重要なものである以上、その民間企業の活動にも一定の制限をかける必要がある。具体的には、人々のプライバシーを侵害したり不公平に人々の意見を収集するシステムの禁止や、アルゴリズムによる不当な差別の禁止などが考えられる。開発・運営における利害関係者からの意見フィードバックのスキームや、これらへの違反が確認された場合の不服申立て、あるいは裁判手続の整備も必要であろう。アルゴクラシーを推進する場合、それに関わる事業者に対するこうした法的枠組みの構築が求められる。

実は、メッツガーは行政立憲主義を擁護するに際し、そこに行政法が存在していること、及びそれに憲法的性格があること強調していた。[41] 行政法は単に法律で決定されるのではなく、大統領が策定する執行府内部での政策立案ルールや、行政機関による規範の具体化、行政の決定に対する判例の審査方法・水準などにより動態的に構築されている。そして、このような行政法のあり方は憲法的性格を有している（憲法コモンローとしての行政法）。例えば、行政の決定に対する不服審査手続で当事者からの意見を聴取することは、憲法上要求されている適正手続（デュープロセス）の具体化である。メッツガーの目的は、憲法典の改正に依らずとも、行政が憲法的性格のある行政法の発展に関与することで憲法の意味内容を発展させることの肯定的論証であった。しかし、行政がこのように構築された行政法の支配を受けていることは当然の前提にされている。立憲的統制を受けながら憲法価値の実現を図っていく行政のイメージが描かれているのである。もしアルゴクラシーが本格的に導入された政治社会を想定するのであれば、行政立憲主義が前提とするこのような法的枠組みを私的主体たる一部の事業者にも及ぼさなければならない。デジタル立憲主義の議論は、伝統的な国家権力制限の理論とアルゴクラシーの橋渡しをするだろう。

結

行政立憲主義は憲法価値の実現における行政機関の役割を強調する議論である。それは行政がその専門性や政治的中立性に加え、人民の意見を入手し熟慮を経て政策に反映するプロセスを通じて、あるべき憲法の姿を提示していく営為である。憲法をめぐる政治に行政機関を通じて人民が意見を述べるという、新しいデモクラシーのチャンネルとして行政立憲主義は構想されているのである。こうした主張は、憲法実践をめぐる裁判所中心思考に変容を迫り、むしろその動態性に目を開かせる。行政の専門性とデモクラシーの融合が、憲法実践における一定の質の担保に貢献することはあるだろう。だが同時に、行政立憲主義は、構造的少数派保護の低下や利益集団政治の再来といった憲法やデモクラシーの核心から逸脱する潜在力をも内包した議論であり、その真価の吟味を継続しなければならない。また、面白いことに、行政立憲主義はアルゴリズムによるデモクラシーという（近未来の？）デモクラシー構想と発想を同じくするところがあるし、それらの橋渡しとしてのデジタル立憲主義とも関連性を有する。その意味で、私の印象の域を出ない見立てだが、行政立憲主義の成否を見ることはアルゴクラシーの命運を占う側面があるのかもしれない。

【注】

1　大林啓吾『憲法とリスク――行政国家における憲法秩序』（弘文堂、2015年）。

2 吉良貴之「行政国家と行政立憲主義の法原理——A・ヴァーミュールの統治機構論と憲法解釈論の接続」長谷川晃ほか編『法の理論39』（成文堂、2021年）101頁以下。

3 大林・前掲注（1）109頁。

4 参照、松井茂記『アメリカ法入門〔第9版〕』（有斐閣、2023年）63-65頁、145-148頁。

5 Gillian E. Metzger, *Administrative Constitutionalism*, 91 Tex. L. Rev. 1897, 1897 (2013).

6 *See* Sophia Z. Lee, *Race, Sex, and Rulemaking: Administrative Constitutionalism and the Workplace*, 96 Va. L. Rev. 799 (2010).

7 *See* William N. Eskridge Jr. and John Ferejohn, A Republic of Satatues: The New American Constitution 2-9 (2010). ただし、Metzgerはこうした行政立憲主義理解には概念の混乱があると指摘する。Metzger, *supra* note 5, at 1906 (n 51). 立法から行政による適用までが包括して捉えられており、行政固有の役割が見えづらいからであろう。

8 Metzger, *supra* note 5, at 1909.

9 Gillian E. Metzger, *Ordinary Administrative Law as Constitutional Common Law*, 110 Colum. L. Rev. 479, 533-34 (2010).

10 *Id.* at 499-500, 526.

11 Metzger, *supra* note 5, at 1927. メッツガーの次のフレーズも参照。「行政立憲主義とは、行政機関が確立された憲法上の要請を単に適用することだとみなされるかもしれない。だが、私はそうした説明が狭すぎると信じている。実務的には、行政立憲主義は行政主体によって新しい憲法理解が洗練されたり、構造的・実体的措置を通じて行政国家が建設（ないし構成（constitution））されることをも含むのである。」*Id.* at 1900.

12 *Id.* at 1915; Ross, *infra* note 14, at 523 (n 11).

13 行政立憲主義の規範的正当化を精力的に行っている別の論者がバーミュールであるが、ここで取り上げることができない。*See, e.g.*, Adrian Vermeule, Judging Under Uncertainty: An Institutional Theory of Legal Interpretation (2006); Adrian Vermeule, The Constitution of Risk (2014)（吉良貴之訳『リスクの立憲主義——権力を縛るだけでなく、生かす憲法へ』（勁草書房、2019年））。

14 Bertrall L. Ross II, *Embracing Administrative Constitutionalism*, 95 Bu. L. Rev. 523 (2015).

15 *Id.* at 537-38.

16 *Id.* at 539-42.

17 「適用」と聞くと、個別の事件に法を当てはめて解決することという印象を持つことが多いかもしれないが、ここではもっと広い意味で用いられている。「準則」とは特定の要件を満たせば特定の結論を導くルール、「基準」とは決定打にはならないものの特定の結論に至る重み付けを決めるもの、「証拠上の要求」とは証拠を提出すべき当事者や提出された証拠の力（証明力）を決めるものである。

18 Ross, *supra* note 14, at 553.

19 *Id.* at 529.

20 これは民主的実験主義の議論から示唆を受けたものである。*Id.* at 557. 民主的実験主義については参照、見崎史拓「法学における「実験」のゆくえ（一）（二・完）」名古屋大学法政論集２８３号35頁以下、２８４号（以上２０１９年）23頁以下。

21 Ross, *supra* note 14, at 558.

22 Bertrall L. Ross II, *Administrative Constitutionalism as Popular Constitutionalism*, 167 U. PA. L. REV. 1793, 1804-05（2019）.

23 Ross, *supra* note 14, at 561, 579. メッツガーもこの種の主張を行う。Metzger, *supra* note 9, at 527-29, 533; Metzger, *supra* note 5, at 1922–24.

24 Ross, *supra* note 14, at 565-66; Ross, *supra* note 22, at 1806-07.

25 Ross, *supra* note 14, at 568-69, 579. ロスはこの意見公募手続には限界があることを認めるが、それ以外の手段を併用することで補完が可能と考えている。Ross, *supra* note 22, at 1807-08. メッツガーも同様の指摘を行う。Metzger, *supra* note 9, at 529-30; Metzger, *supra* note 5, at 1928-29.

26 アメリカの行政手続法には、行政行為等が恣意的（arbitrary）、専断的（capricious）であることが判明した場合、裁判所がそうした行政活動を違法とし取り消す、という趣旨の規定がある。5 U.S.C. § 706（2）（A）. この審査密度につき、判例は「行政機関はその行為に関連するデータを調査し、満足のいく説明をしなければならない。この説明には「明らかとなった事実となされた選択との間の合理的なつながり」を含む。」とする。Motor Vehicle Mfrs. Ass'n v. State Farm Mutual Automobile Ins. Co., 463 U.S. 29, 43（1983）.

27 Ross, *supra* note 14, at 575-76.

28 *Id.* at 544-47.

29 *Id.* at 549-52.

30 *Id.* at 553–6.

31 *Id.* at 530–35.

32 *See* Gillian E. Metzger, *Foreword – 1930s Redux: The Administrative State under Siege*, 131 HARV. L. REV. 1, 78-85（2017）. 同じく参照、山本龍彦「政官関係と司法についての覚書」判例時報２４７５号臨時増刊『統治構造において司法権が果たすべき役割〔第一部〕』（２０２１年）29頁以下、佐藤太樹「「行政府内における権力分立」論の憲法的意義――アメリカ公法学説における行政の位置づけをめぐって」法学政治学論究１３５号（２０２２年）１７７頁以下、同「職業公務員制の憲法的機能――メッツガーの「行政府内における権力分立」論を参考に」法学政治学論究１３８号（２０２３年）１頁以下。

33 行政における費用便益分析に基づく政策実行の利点を強調するものとして、CASS R. SUNSTEIN, VALUING LIFE: HUMANIZING THE REGULATORY STATE（2014）（山形浩生訳『命の価値――規制国家に人間味を』〔勁草書房、２０１７年〕）; CASS R. SUNSTEIN, THE COST-BENEFIT REVOLUTION（2018）.

34 ロスはどのような憲法適用を行うかは憲法典（憲法の条文）とはほぼ切り離された政策決定の一種であるとする。ROSS, *supra* note 14, at 556.

35 ただし、メッツガーは透明性を高めるほどに行政機関の憲法実践が公衆の対立に巻き込まれ本来の意義を喪失してしまうことを懸念しているようである。Metzger, *supra* note 5, at 1931. 同箇所での印象的なフレーズとして、「行政立憲主義は影において最も良く花開くだろう。」

36 *See* David E. Bernstein, *Antidiscrimination Laws and the Administrative State: A Skeptic's Look at Administrative Constitutionalism*, 94 NOTRE DAME L. REV. 1381, 1399-1410（2019）; David Bernstein, *The Perils of Administrative Constitutionalism: An American Perspective*, 2 J. COMMONWEALTH L. 135（2020）.

37 Ross, *supra* note 22, at 1821.

38 ロスはこうした人民立憲主義のあり方を直接／間接人民立憲主義と整理する。Ross, *supra* note 22, at 1794-99. こうしたタイプの人民立憲主義の有用性を彼は否定していない。

39 成田悠輔『22世紀の民主主義――選挙はアルゴリズムになり、政治家はネコになる』（ＳＢクリエイティブ、２０２２年）１５９-２０４頁。

40 *See* EDOARDO CELESTE, DIGITAL CONSTITUTIONALISM: THE ROLE OF INTERNET BILLS OF RIGHTS（2023）. 日本への紹介として参照、山本健人「デジタル立憲主義と憲法学」情報法制研究13号（２０２３年）56頁以下。

41 Metzger, *supra* note 9, at 480–512.

第3章
デモグラフィとデモクラシー

I　議会における多様性・衡平・包摂の推進

大西祥世

冒頭から個人的な経験で恐縮だが、筆者は２０２４年２月にスコットランド議会研究として、同議会の議事堂を訪問する機会があった。スコットランドの人口は２０２１年現在、約５４８万人で、英国の全人口６３００万人の約９％である。[1] １７０７年に英国と合併するまで独立国であり、その議会は１９９９年に定数１２９人の一院制として再設置された。外交やエネルギー、雇用などウエストミンスター（英国議会）に残された特定の留保事項以外の、幅広い政策課題に関する立法権を有している。議事堂は２００４年に竣工し、建物の外観はモダンでユニークであるが、内部は開放的であたたかな雰囲気である。たとえば、議場は、前面の木材の壁や天井照明のアクリル板のシェードにピクトグラムのウイスキーボトルがデザインされ、地元が名産のウイスキーへの誇りと愛着がよくわかった。

筆者は本会議および「平等・人権・法務委員会」を傍聴したが、同議会のダイバーシティ（多様性）、エクイティ（衡平）およびインクルージョン（包摂）（以下、「DE&I」という）の推進をめざす選挙制度や議会運営の工夫[2]が印象に残った。とくに感銘を受けたのは、スコットランド議会の選挙制度[3]を誇らしく語る議会事務局職員の説明である。それは、①有権者は、英国庶民院議員総選挙の「一人一票」制と異なり、1人が小選挙区選挙と比例代表選挙の「2票」投票できること、②「2票」のそれぞれの性質のちがい、すなわち、73選挙代表から1人ずつ選出される「小選挙区選挙」では地元に貢献すると思う議員を選び、定数56人の「比例代表選挙」では「スコットランド」という地域全体のために貢献すると思う議員を選ぶことができること、③追加議席配分制度（additional member system）という、小選挙区で多くの議席を獲得した政党ほど比例代表では不利になり小選挙区で苦戦すると比例代表では有利になるしくみにより、ある特定の政党の議席独占を防ぎ、穏健な多党制が実現できる[4]、という内容である。

この「一人二票制」の意義を聞いたとき、目からうろこが落ちる思いがした。日本の衆参各院の選挙も、それぞれの選挙制度は異なるが、地域を基盤とする選挙区と比例代表の2つの「選挙区」があり、有権者はそれぞれ1票ずつ合計2票を投票するしくみは同じである。しかし、国政選挙の投票に際して、選挙区と比例代表で、当選後の議員の役割を区別する視点があるだろうか。また、2つの選出方法のちがいによって、憲法14条1項の「政治的に差別されない」、すなわち、国民を代表する議員の多様性を推進しようといった考え方が意識されているだろうか。

日本国憲法は、国会を構成する衆参両院（同42条）はともに、全国民を代表する議会（同43条1項）という条文があるにもかかわらず、２０２４年２月末現在、国会議員の女性割合は衆議院10・３％、参議院26・７％と著しく低い。人口の性別割合は男女がほぼ半々である実社会と大きく乖離していることから、「全国民が政治に参画する」議会の姿にはほど遠いといえよう。また、列国議会同盟（ＩＰＵ）によると、世界の一院制および二院制の第一院である１４６議会の女性割合の平均は26・１％であり[5]、１９９５年以降の約30年間に平均15・６ポイント増加した。日本の衆議院の１９９５年の女性割合は２・６％であったので[6]、この約30年間に７・７ポイント増加したが、伸び率は世界平均の約半分で、大きく離されている。また、議員の年齢構成は、世界の議会の45歳以下の割合の平均は35・１％（うち、30歳以下３・３％、40歳以下20・９％）であるが、日本の衆議院では17・２％（うち、30歳以下２％、40歳以下６・０％）であり、年齢層がかなり高い[7]。

このように、日本の国会議員の性別・年齢構造は一般社会と異なる偏りがある。そこで、この稿では、「名ばかりの民主主義」を打開して「議会が有権者の構成やそれぞれの民意をより反映する民主主義」へ移行する、ＤＥ＆Ｉを推進する選挙や投票のあり方について検討する。「女性のいない民主主義」[8]や「男性ばかりの政治」[9]が昔話になるような２０４０年を実現するには、憲法学の議論として今日ではやや突飛な内容が含まれるかもしれないが、「頭の体操」としてお許しいただきたい。なお、衆議院議員総選挙（以下、「衆院選」という）は第一院の政権選択選挙という性質が期待されているので、ここでは参議院通常選挙（以下、「参院選」という）[10]——憲政の実際では参院選も「政権選択選挙」という性質を有しているが[11]——を念頭に考察する。

1 「制限連記制」投票というポジティブ・アクション

制限連記制とは、１つの選挙区の議員定数が３人以上で、定数よりも少ない複数人の候補者に投票できる制度である。日本では第二次大戦後に初めて行われた、１９４６年４月10日の第22回衆院選の選挙制度が「大選挙区制限連記制」であった。選挙区のうち、定数が５人以下では１人、定数６～10人では２人以内、定数11人以上では３人以内の候補者の氏名を投票用紙に記入して、投票した。

この選挙は女性が初めて参政権を行使した選挙である。立候補者のうち、男性は２６９１人、女性は79人（２・９％）であった。一方、当選者は男性４２５人、女性39人（８・４％）であった。宮沢俊義が「少し誇張していうと、日本国民が唖然とした」[12]と言及したように、女性の当選数の多さはかなりの驚きをもって受けとめられた。[13]投票の際に、すべて女性の候補者の氏名を記入したり、男性の氏名を書いて余った欄に女性を記入したりといった「票の一つ一つが積り積もつて『魔術の山』をつくつた」[14]からであろう。

この選挙は、候補者数に対して女性の当選率が高かっただけではなく、共産党が５議席を獲得するなど、多様な人々が当選したことから、政府や保守派から強い批判が起こった。そのため、１９４６年５月に、全国の選挙管理委員会主管課長会議の結論に基づいて東京都が代表して、[15]すなわち、東京都選挙管理委員会は内務省に対して、制限連記制を見直すよう申し入れた。[16]同年12月５日に、自由党と進歩党は、大選挙区制限連記制から中選挙区単記制への復帰を含めた改正を行うことで意見が一致した。社会党は、参議院の全国区・地方区という選挙区制の採用が明らかとなったので、衆議院については中選挙区制がよいとの意見が有力となった。[17] 改正案に関する与野党のちがいは、制限連記制を維持するか、単記制に戻すかという点であった。

1947年2月6日にGHQ総司令官のダグラス・マッカーサーは、吉田茂内閣総理大臣に、次の衆院選の時期が到来した旨の書簡を送った。これ以降、政府・与党の中選挙区単記制への改正の動きは本格化した。GHQ民政局長のコートニー・ホイットニーは、当初は、制限連記制での選挙は1回のみでありその是非について早急な判断はできないとしたが、同年3月14日には、選挙区制は議会の選択に任せるとの方針を吉田総理大臣に伝えた。[18]

衆議院議員選挙法の改正について、衆議院では、同法案を審議する委員会（衆議院議員選挙法の一部を改正する法律案委員会）の委員30人のうち、女性は山下春江（進歩党）の1人であった。野党から、単記制への復帰は女性議員の数を減らす影響を生じることが問題視された。加藤鐐造（社会党）は、①日本の再建のために女性の非常な協力が必要であること、②女性を解放しなければ日本の民主化が行われないこと、③せっかく前回の選挙で非常に進出した女性議員をまたひっこめてしまうのは、日本の民主化において女性の協力が減退する結果になること、④女性の協力を政治に求めるには、女性の政治への進出が必要であることという4点から、改正案に反対した。[19]

貴族院の議論では、野党議員からの、女性の当選率が低くなると考えられるが、その点について女性代議士を今までのような割り当てに出してもらいたいという意味あいから考えるとどうなるかという質問[20]に、植原悦二郎内務大臣は、中選挙区単記制は女性候補者には「相当不利」[21]だと思うと答えた。結局、同改正案は3月30日に衆議院で、翌31日に貴族院で可決されて、同日に公布された。制限連記制が「彼女たちを当選せしめる秘密の鍵でもあるかの如く」[22]と、今日でいうポジティブ・アクションの効果をもつことや、女性候補者に不利益になる側面は当時も指摘されていたものの大きくは問題視されず、与野党はともに改正に賛成して、選挙制度の変更は是認された。

選挙制度が「単記制」に戻された最初の衆院選（第23回。1947年4月25日）では、男性1505人、女性85人（5・3％）が立候補し、候補者における女性割合は前回の2・9％からほぼ倍増した。他方、当選者に関する懸念は現実となり、男性は前回の425人から26人増えて451人が、女性は前回の39人から24人減少してわずか15人（3・2％）であった。女性議員の割合が落ち込んだことは「連記制による水ぶくれが清算された結果に外ならない」[23]として、当時は問題にされなかった。

なお、制限連記制は、このように多様な候補者が当選する確率が高くなる可能性がある一方、「大選挙区制」が前提になるので、多数の候補者を擁立した政党の選挙対策が成功すれば特定の政党や同じ属性の議員が複数当選する偏りが生じる可能性もある。とはいえ、属性ごとに割合を定める必要がない「穏健なポジティブ・アクション」としての性質はより高く評価されてよいであろう。

仮に参院選で導入するのであれば、選挙区は定数が現在10人以下の道府県を「合区」にして、すべての選挙区の定数11人以上とし、第22回衆院選と同様、3人以内の候補者に投票する制度にすると、たとえば、1人目は地元の有力な候補者に投票したとしても、議員構成は多様になるであろう。[24] 長年の憲法上の論点であり、近年では選挙のたびに違憲訴訟が提起される「一票の較差」も縮小しやすくなる。ただ、1枚の投票用紙に3人の氏名が記入されれば、開票作業が複雑になるという批判もあるだろう。DE&Iの推進が「本来の民主主義の実現に必要不可欠である」として優先されるならば、投票用紙の工夫や投票・開票の方法を工夫して対応することになる。開票作業のときに投票用紙が候補者ごとに3枚にわかれるように切れ目を入れたり、投票をデジタル化したり、電子集計を導入したりなど、さまざまな工夫の余地があろう。

2 性別による割当制

クオータ制は、議員[25]や民間企業の役員[26]などに、性別、人種、先住民族などの少数者を一定の割合で割り当てて任命するよう義務づける制度である。達成する目標値と時期を定める「ポジティブ・アクション」の一つであるが、法的な義務をともなうので、強制力が大きいことが特色である。性別クオータは、ジェンダー・ギャップの解消をめざすもので、議員の場合、性別割合を規定する対象が候補者数か、当選者すなわち議席数かという2つの手法がある。

議会における女性参画を推進する民主主義・選挙支援国際研究所(IDEA)[27]の各国議会に関するデータベースによると、2024年2月現在、性別による候補者クオータ制を導入している第一院(一院制を含む)は71議会、議席クオータ制を導入しているのは29議会で、第二院の上院はそれぞれ18議会、

5議会である。なお、クオータ制の根拠法が憲法の議会は29か国、法律の議会は85か国（うち20か国は、憲法と選挙法の両方）である。その割合が達成できなかった場合には、その理由の説明を義務づけたり、政党助成金など政治資金の配分が減額されたりといった実効性を担保する方法もあわせて規定されていることも多い。

そこで、日本の二院制は衆参両院ともに国民代表議会であるが、解散がなく任期が6年であるため、各議員が中長期的な視点をもちやすい参院選でのクオータ制を想定し、そのあり方を検討する。なお、2022年7月の第26回参院選の女性候補者割合は選挙区選挙で33・2％、比例代表選挙で33・1％である。一方、当選者の割合は5〜6ポイント下がり、それぞれ27・0％、28・0％であることから、現状では女性が男性よりも当選しにくい[28]といえる。

（1） 選挙区選挙

参議院の選挙区は、原則として都道府県を単位とする。選挙区でクオータ制を導入するには、政党等に、全国すべての選挙区の候補者を合計にした性別割合を求める方法となろう。

（2） 比例代表選挙

一方、比例代表選挙区は、右の（1）の選挙区選挙よりもクオータ制になじみやすい。今日の比例代表選挙は全国が一つの選挙区の定数100人で、半数改選（3年ごとに50人ずつ改選）される「非拘束名簿式」である。

（a）特定枠の活用

２０１９年の第25回参院選以降に導入された「特定枠」の候補者は、政党等が獲得した議席数の中で、優先的に当選する。特定枠を設定するか否か、また、設定した場合の候補者数や順位は、政党等が自由に決めることができる。制度上は、10人の候補者のうち９人を特定枠にして優先順位をつけることもできる。

このように、原則として「非拘束名簿式」であるが、運用次第で「拘束名簿式」に転じるため[29]、現行制度において女性の候補者をこの「特定枠」として名簿に記載したり、候補者を男女交互に「第１位」「第２位」と順次記載したりすれば、実質的な「候補者クオータ」になる。そのように運用が常態となれば、新たに「クオータ制」を導入する必要はないだろう。

（b）候補者割合のクオータ

候補者割合のクオータは、先行する各国議会では、（a）のような非拘束名簿式と拘束名簿式が混在する「特定枠」を用いるのではなく、各政党が擁立する候補者全体の性別の割合を定める制度である。現行の政治分野における男女共同参画推進法は「男女の候補者の数ができる限り均等となることを目指して行われる」（２条１項）という努力義務規定であるが、これをたとえば、「候補者はいずれかの性別が40％以下にならない数とする」といった義務づけ規定に改正する方法が考えられる。

それ以外は現在の制度を変更する必要はない。すなわち、①候補者名簿では当選順位は決められていない。②有権者は、政党名でも候補者名でも投票できる。③当選人はドント方式で各政党に配分され、票数の多い候補者から順次当選する制度となる。候補者の女性割合を40％以上とすると、２０２２年の参院選よりも7ポイント高くなるため、当選者のジェンダー格差もそれなりに縮小することが期待されるが、実効性が弱い、緩やかなポジティブ・アクションである。

（c）議席割合のクオータ

もう一つは、当選者数の性別割合を定める「議席クオータ」である。たとえば、改選定数の50人を、男性20人（40％）、女性20人（40％）、性別を問わない10人（20％）とする制度である。「性別を問わない」議席は、性自認に関係なく立候補できるので、多様な議員が当選する可能性も高くなるが、すべて男性となる場合もある。しかし、少なくとも議員の40％は女性になるため、現在の女性候補者の「当選しにくさ」を解消するためには効果的な制度である。なお、候補者数の性別割合は各政党に義務づけることも、努力義務とすることもできる。

なお、比例代表選挙の際は、政党等は候補者を記載した「参議院名簿」（公職選挙法86条の3）を当該選挙長に提出する必要がある。所定の様式（同法施行規則第18号の2）に、候補者の性別欄があるので、男女二分法の用例が想定されている現在の運用を変更して「男性、女性、その他」[30]に「明らかにしない」を加えて、どれか一つを記載することが考えられる。

いずれにせよ、今日の参議院の選挙制度は、45選挙区のうち、事実上「小選挙区制」となる定数が1人の選挙区が23か所あり、複数の定数の「大選挙区制」の22か所ある。比例代表選挙では「非拘束名簿式」と特定枠の「拘束名簿式」が併存する。参議院も国民代表議会の選挙であるため、一票の較差をなるべく小さくすることが憲法上要請されるが、参議院改革協議会は逆に、2022年の報告書で合区の解消を提言した。[31] このようにいびつな選挙制度は、早々に見直しが必要であろう。その際、民主主義の実現に寄与し、日本国憲法上の二院制をいかした参議院および同院の議員のあり方をふまえた上で、クオータ制をはじめとした制度改革が重要であろう。

3　オンラインによる議会運営・リモート会議の導入

2040年は、生活のあらゆる場面がデジタル化しているだろう。その中で、選挙や議会の活動が対面のみに限定される日本の状況が、今日と同じように維持されるとは考えにくい。[32] すでにオンライン投票が導入されている他国の選挙では、投票結果の改ざんなどのサイバー攻撃をいかに防ぐかという次の論点に移行している。[33] 一方、2022年現在、世界の議会では、本会議で51%、委員会で77%の議会がオンラインを導入するなど、[34] コロナ禍以降急速に進展している。オンライン会議について、日本では、憲法56条1項の「出席」や「定足数」の解釈および緊急事態や議員の妊娠・出産といった例外的なケースでの導入可能性を中心に議論が行われてきたが、[35] 諸外国の議会ではより幅広く活用されている。

（1）オンライン選挙・投票

今日でも、国政選挙、自治体選挙を問わず、投票所の数が大幅に減少したり、投票日の投票時間が大幅に短縮されたりしている。2021年の衆院選では、投票所は全国で4万6466か所であり、前回の2017年の選挙から1275か所（2・6％）、ピークの2000年から約7000か所（13％）減った。投票所の管理者や立会人が確保できず、投票所を設けられない地域もある。また、投票時間は全国の36・5％の投票所で繰り上げられた[36]。この繰り上げは2022年の参院選でさらに進み、37・3％になった[37]。島嶼地域や山間地域では、台風が接近し、投票所から開票所まで船や飛行機で投票箱を運ぶことができない可能性があるとして、投票日を前倒しして一日繰り上げたり、投票日の投票時間を繰り上げたりしたことがある[38]。

今後さらに加速する人口減少により、限界集落が増える。都市部も例外ではなく、かつての「ニュータウン」の高齢化や過疎化も深刻になる。高齢社会・人口減少社会は、議会制民主主義の基盤である「投票日に、投票所で投票する」ことが困難になる社会でもある。この、投票ができなくなるという「民主主義の危機」を救うのは、投票所も、立会人も、投票時間の終了直後に投票所から開票所まで投票箱を運ぶことも不要な、オンライン投票の導入であろう。

ところで、在外投票を簡単に説明すれば、国内で実施されている期日前投票および不在者投票の「海外版」のようなしくみである。筆者は2018年秋から1年間、ジョージタウン大学ローセンターの客員研究員として米国ワシントンDCに滞在した際に、在外選挙人名簿に登録し、2019年7月の第25

回参院選では同地の日本大使館の旧大使公邸内に設置された「投票会場」[39]にて投票した。選挙区選挙の投票の際に、すべての選挙区の候補者名簿（紙媒体）を都道府県ごとに整理した分厚いファイルが机上にたくさん（おそらく100冊以上）置いてある光景が新鮮であったが、会場に来る有権者の選挙区は全国にわたるためとはいえ、大使館員の準備のたいへんさにも思いを巡らせた。

在外邦人のうち在外選挙人名簿へ登録した有権者は1割程度であるが、その投票方法は3つある。①在外選挙人名簿に登録した国の大使館や領事館などの「在外公館」に出向いて投票する（公選法49条の2第1項1号）、②指定された期日以降に投票先の市区町村選挙管理委員会に「投票用紙」を請求し、記載済の同用紙を所定の方法により郵便で返送して投票する（同項2号）、③一時帰国して投票する（同条3項）方法である。なお、①の方法の投票期間は短く、原則として公示・告示の翌日から投票日の6日前までである。[40]また、②の方法は手続が細かく[41]、まず、任期満了の60日前から投票日の4日前までに同委員会に投票用紙を請求し、記載済の投票用紙は選挙区と比例区とそれぞれ別々の内封筒にいれた上で指定された事項を記入した外封筒に入れて、2つの外封筒をまとめて1つの封書にして同委員会宛てに、投票終了時刻に当該投票所に到着するように郵送する必要がある。③は、投票のためだけに一時帰国するならば、経済的な負担が大きい。

2022年7月の第26回参院選は、在外選挙人名簿の登録者数は約10万人で、上記①、②、③の方法をあわせた投票率は選挙区・比例区ともに約22%であった。[42]同選挙の在外公館投票は234か所で実施されたが、2021年の第49回衆院選では226か所で、投票率は小選挙区・比例区ともに約20%であった。[43] 投票できる在外公館の少なさと投票率の低さの理由の一つは、衆議院の解散日から総選挙の投票日までの期間が18日間と、とても短かったからであろう。同衆院選は、2021年10月14日の衆議院解散にともなう選挙で、解散から5日後の同月19日に公示され、投票日は31日であった。実際、日本からの距離が遠い国の在外公館ではそもそも投票が実施されない、あるいは、投票日が1日間しか設けられていないことも多く、直近の選挙の投票率から推測すると約2％の在外邦人の投票の機会が失われたことになる。また、自宅や職場が大使館の近くにあれば投票に行きやすいが、飛行機や車で何時間もかかる距離の場合もあり、[44] そうすると在外公館での投票は困難である。そのため、まずは在外投票でオンライン投票を試行し、[45] その後に日本の国政選挙や地方選挙に導入することが考えられる。国内では、投票所などの整備に困難がある島嶼地域や限界集落での先行が考えられるだろう。

なお、オンライン投票を導入する場合は当然、サイバー攻撃を防ぐセキュリティなど技術面の対策が必要である。さらに、選挙前に熱狂的な支持者をもつカリスマ的な候補者があらわれたり、選挙期間中に政治スキャンダルが明るみになったり、「炎上」ねらいの発言や、そうではない発言であってもその一部が悪意をもって切り取られてSNSで急速に拡大したりすると、投票方法の気軽さゆえに、投票先が大きく左右されることも考えられる。こうした技術的な困難さや「デジタル・ポピュリズム」への対策など大きな課題がたくさんあり、対応しきれないとして消極的な見解[46]もあるが、導入に向けた検討は必要であろう。

（2）　オンラインによるリモート会議——対面方式とのハイブリッド型の議会運営

冒頭のスコットランド議会のエピソードに戻るが、同議会は、対面とオンラインを併用した議会運営が行われていた。

同委員会は、議事堂内の委員会室とオンラインのハイブリッド型で開催されていた。一人の議員がオンラインで出席し、それ以外の議員は委員会室にて出席していたが、発言順は、以前の対面型のみで行われていた運用と同じ、会派別であった。対面で出席した議員をまとめて行い、オンライン出席議員をまとめて行う、といった運用ではない。

筆者は委員会室の傍聴席にいたが、対面とオンラインの併用は、タイムラグなどまったくなく、円滑に運営されていた。それが可能となるしくみの工夫の詳細は明らかではないが、筆者なりに考えると、議員や大臣などが着席する同じテーブルに技術スタッフも着席し、マイクや画面の切り替えを行っていた。そのため、まるで同じ平場にいるような感覚で、議事が進行したのだと思われる。

また、本会議の表決もオンライン投票であった。表決の際、本会議場のモニターにＰＩＮコードが表示されて、それを議員が自らのスマートフォンに入力して、投票する。まるで大学の大講義の教室で、教員がモニターでアクセスコードを示す方式の、学生アンケートのような光景であった。投票のための画面にアクセスできない議員のために、議場には何人かの技術スタッフがいて、議員をサポートする。機器の不具合で投票できなかった場合は、その場で議長に申し出ることで、その賛否を議長による表決の報告のときに反映させることができる。

現在のスコットランド議会議事堂は２００４年に竣工し、当初から議員は議席での「押しボタン方式」で賛否を投票していた。コロナ禍でのロックダウンを経て「スマートフォン方式」の表決が導入された。こうしたハイブリッド方式は、コロナ禍による制約がなくなった後、議場から離れた選挙区の議員が荒天によって議事堂での議論や表決に参加できない場合や、さまざまな理由で議場に来ることが難しい議員にとって、活動の場が広がるという利点をもたらした。

このように委員会も本会議もハイブリッド型の運営のため、技術スタッフが議員と同じフロアに立っていたり、同じ円卓に隣同士で座っていたりした。日本では、議員のための場所は議員専用で、スタッフは議事堂や会議室にいても、議員が着席する机とは別の、事務局席である。こうした、議員同士やスタッフが同じテーブルを囲むフラットさは、インクルージョンの政治や、議員と有権者の垣根もなくすことにも有益であろう。

(3) 「アバター議員」の誕生——オンライン選挙・リモート議会の発展形

オンラインで選挙も会議も実施できるのであれば、リアルとメタバースを組み合わせて、インターネット上のその人の分身であるアバターで活動する議員もありうるのではないだろうか。近年は、「アバターによる婚活」が、外見などに左右されず、相手の人間性そのものをみてマッチングすることができるとして人気があるという。[47] オンライン選挙・投票ができれば、アバターで立候補し、有権者はその公約に基づいて投票することができる。オンライン併用のハイブリッド型議会が実現すれば、議員の活動をアバターでできる。アバターによる議会活動は、突飛なアイデアのように映るかもしれないが、次のような今日の議員活動や政治活動における支障を解消できる利点もある。

第一に、前述のハイブリッド型会議と同様、自宅から議場までの移動が不要である。島嶼地域の人や障がいや病気で移動が困難な人、ケア責任のある人も、柔軟に議会に参画することができる。

第二に、病気や身体的・精神的な障がいがあって発話に困難がある場合、議員活動がより行いやすくなる[48]。発言が声だけではなく、文字のチャット機能による質問や議論ができれば、政治に直接参画する可能性はさらに高まる。

第三に、サイバー・ハラスメントの可能性は否定できないが、直接的なハラスメントを受けにくい。とくにセクシュアル・ハラスメントは女性の政治参画の推進を阻む深刻な要因の一つであり、2021年の改正政治男女共同参画推進法により、国・自治体はその防止に取り組むことが求められた（9条）。アバターは、その中の人の性別も年齢も公表されないため、ハラスメントに直面する危険性が少なくなるといえよう。「女性は政治に向いていない」、「若者は頼りない」といった属性に基づく「無意識のバイアス」からも解放される。

導入する場合は、候補者の「なりすまし」を防ぐため、候補者として届け出る際に、選挙管理員会がアバターの「中の人」の本人確認を行うことが必要である。こうした候補者の本人確認は、現在の選挙でも厳格に行われており、そのちがいは有権者一般には「アバター候補者」の氏名、住所、年齢、性別などの個人情報は公開されないことである。当選後の議員活動である委員会や本会議では、会議への出席や投票ごとに、今日のオンライン決済と同様の本人確認制度、たとえば、ID・パスワードとともに議員本人のスマートフォンへの認証コードを送るといった「二段階認証」を導入するといった工夫をすれば、なりすましや「フェイク」を防ぐこともできるので、アバター議員の可能性はまったくないとはいえないだろう。

4　おわりに

スコットランド議会の取り組みは、DE&Iを推進する議会運営や議事堂のインフラ設備など参考になるが、日本の国会や二院制のあり方は独自の論点や課題も多い[49]。スコットランド議会は、ウエストミンスターの国レベルの議会とは規模も権限も、議会文化も異なる。たとえば、議事堂内の会議室は、部屋の大小を問わずすべて、廊下側のカベやドアはガラス張りであった。当然、室内にいる議員もモニターに映し出された資料も、部屋の外から見える。議員のさまざまな活動が不透明で閉鎖的な日本の国会では想像できないこうした「透明性」も、議会のDE&I推進に一役買っているように思われた。

DE&Iを推進すると、これまで「合理的」や「当たり前」とされてきたことがらが、意識的・無意識的を問わず、実は少数者への差別・不平等や偏見・抑圧として作用していたことが「見える化」される。IPUが2022年に承認した「キガリ宣言『より強靭かつ平和な世界に向けた変革の推進力としてのジェンダー平等及びジェンダーに配慮した議会』」[50]が鋭く指摘したように、議会のDE&Iの具現は、単に議員の女性割合を増やすだけでは難しく、議会の要職で女性が活躍するエンパワメントの推進が不可欠である。エンパワメントは、力をつけるとともに、権限をわかちあって共有するという意味あいである。

「ガラスの天井」を打破し、多様な議員が衡平に、包摂されて参画する議会は、さまざまな背景をもつ議員が、社会を分断するような対立や短期的な対決ではなく、より幅広く国および地域の課題を見出し、いろいろな角度からの知恵を集めて合意をめざすことができよう。とくに参議院は6年の任期をいかして、中長期的な展望で解決策を検討することができるだろう。２０４０年の政治は制度改革や技術の導入によって、日本国憲法の政治参画の男女平等（14条1項、44条）の実現をはじめ、Ｄ＆Ｉが進み、少数者の権利を尊重しつつ対話を促進する実質的な民主主義が息づく国会になることを期待したい。

【注】

1 https://www.ons.gov.uk/peoplepopulationandcommunity/populationandmigration/populationestimates/bulletins/annualmidyearpopulationestimates/latest

2 弥久保宏「スコットランド議会の権限と構造」議会政治研究53号（２０００年）43頁。

3 https://www.parliament.scot/msps/about-msps/how-msps-are-elected。渡辺樹「スコットランド議会とスコットランド国民党」レファレンス６８１号（２００７年）26–33頁。

4 小原隆治「２０２１年スコットランド議会選挙」自治総研５２２号（２０２２年）26–27頁。

5 IPU, Women in Parliament in 2023 The Year in Review 1 (2023).

6 https://www.gender.go.jp/research/kenkyu/sankakujokyo/statistics/1-1-2.html
7 https://data.ipu.org/age-brackets/
8 前田健太郎『女性のいない民主主義』（岩波新書、2019年）。
9 三浦まり『さらば、男性政治』（岩波新書、2023年）1–37頁。
10 吉川智志「選挙制度と統治のデザイン」駒村圭吾・待鳥聡史編『統治のデザイン』（弘文堂、2020年）97頁。
11 大西祥世「日本国憲法の『二院制』の変質――1年半ごとの国政選挙の影響」議会制民主主義研究1号（2024年）17–28頁。
12 宮沢は「四十名近くになろうとはゆめにも思わなかった」とも述べている（宮沢俊義「婦人代議士」同『銀杏の窓』（廣文館、1948年）40頁）。
13 宮本百合子「春遠し」働く婦人1号（1946年）5頁。進藤久美子『ジェンダーで読む日本政治』（有斐閣、2004年）187頁。
14 「裏から見た連記投票」（毎日新聞、1946年4月16日）。
15 自治大学校『戦後日本史Ⅳ』（1961年）82頁の注1。
16 「一名連記で比例代表制に　都で選挙法の改正を上申」（朝日新聞、1946年5月26日）。
17 「選挙法の改正案　社会党でも提案の準備」（朝日新聞、1946年12月6日）。
18 自治大学校・前掲注（15）97頁。
19 第92回帝国議会衆議院衆議院議員選挙法の一部を改正する法律案に対する修正案外三件委員会会議録1号（1947年3月28日）28–29頁。
20 長島銀蔵（無所属）の質問（第92回帝国議会貴族院衆議院議員選挙法の一部を改正する法律案特別委員会会議録1号（1947年3月31日）2頁。
21 同上。
22 鈴木俊一「中選挙区無制限連記制について」自治研究23巻6号（1947年）4頁。
23 全国選挙管理委員会事務局編『選挙年鑑』（1950年）（自治大学校・前掲注（15）、139頁の注8）。
24 大西祥世「『政治的、経済的又は社会的関係において、差別されない』の保障」立命館法学361号（2015年）8–10頁。

25　各国の制度の詳細は、三浦まり「クオータの取扱説明書」世界946号（2021年）172‒181頁。佐藤令・武岳沙綾「主要国の選挙におけるクオータ制」調査と情報1206号（2022年）1‒12頁。辻村みよ子・齊藤笑美子『ジェンダー平等を実現する法と政治』（花伝社、2023年）。レジャース・セナック（斎藤かぐみ訳）『議員の両性同数』（文庫クセジュ、2023年）。

26　大西祥世「女性取締役を3割超に」共同参画2016年10月号（2016年）5頁。

27　https://www.idea.int/data-tools/data/gender-quotas-database/database

28　内閣府「女性の政策・方針決定過程への参画状況の推移」（2023年）。

29　上田健介「参議院選挙制度と議員定数訴訟の課題」憲法研究5号（2019年）178頁。

30　三浦まり「政治家の性別と名前」世界976号（2023年）203頁。

31　参議院改革協議会「報告書」（2022年）。合区解消策について、新井誠「国会の構成」只野雅人編『統治機構I』（信山社、2023年）133‒137頁。

32　谷口将紀・宍戸常寿『デジタル・デモクラシーがやってくる！』（中央公論新社、2020年）。

33　「改ざん、IT先進国に隙」（日本経済新聞、2020年7月29日）。

34　IPU, World e-Parliament Report 2022 13 (2022).

35　衆議院憲法審査会事務局「『国会におけるオンライン審議の導入』に関する資料」（2022年）。「オンライン国会実現に向け議論」（日本経済新聞、2022年3月24日）。第208回国会参議院憲法審査会会議録2号（2022年4月6日）。植松健一「オンライン議会」法学教室502号（2022年）42‒46頁。河西孝生「オンライン審議に関する検討課題と衆議院における議論」法律時報95巻5号（2023年）6‒9頁。赤坂幸一「憲法問題としてのオンライン国会」法律時報95巻5号（2023年）10‒15頁。

36　「減り続ける投票所と投票時間　投票率の向上に識者『ネット活用』を提案」（読売新聞、2021年10月28日）。

37　「投票時間繰り上げ広がる、全国で37％が午後8時より前に終了…茨城・栃木・島根は9割超」（読売新聞、2022年7月7日）。

38　「台風接近、投票繰り上げ　運搬に支障、離島で相次ぐ」（日本経済新聞、2017年10月19日）。

39　会場の入口に「第25回参議院議員通常選挙　在外公館投票会場」という立て看板が設置されていた。

40　https://www.mofa.go.jp/mofaj/toko/senkyo/vote1.html

41 https://www.mofa.go.jp/mofaj/toko/senkyo/vote2.html

42 https://www.mofa.go.jp/mofaj/press/release/press4_009421.html（在外選挙人の投票方法別（①、②、③）人数の内訳は、執筆時は未公表）

43 https://www.mofa.go.jp/mofaj/press/release/press4_009161.html　選挙区・比例区ともに投票者は、在外投票の有権者数の約20％（約1万9500人）で、投票方法別の割合は①約91・5％、②約4・5％、③約4・0％である（総務省自治行政局選挙部「令和3年10月31日執行　衆議院議員総選挙最高裁判所裁判官国民審査結果調」（2024年）18頁）。

44 「最寄りの大使館まで電車で往復8時間、海外有権者から『ネット投票』実現求める声」（読売新聞、2022年7月6日）。

45 投票環境の向上方策等に関する研究会「報告書」（2018年）7–15頁。フランスのインターネットによる在外投票につき、川西晶大「フランス議会の在外選挙」レファレンス867号（2023年）89–110頁。

46 西田亮介「デジタル・デモクラシーとネット選挙をめぐる最近の動向と課題、展望」行政&情報システム58巻4号（2022年）40–44頁。

47 「アバター婚活は内面重視、シュールな画面と裏腹に盛り上がる会話…リアルに会い『良さ実感』」（読売新聞、2023年9月1日）。「アバターで婚活、対面より高いマッチ率　顔見えないからこそ結べる縁」（朝日新聞、2024年1月7日）。

48 湯淺墾道「民主主義のデジタル化」憲法理論研究会編『次世代の課題と憲法学』（敬文堂、2022年）58頁。

49 大西祥世『参議院と議院内閣制』（信山社、2017年）。同「議院の閉会中審査と憲法」年報政治学2023–1（2023年）95–122頁。同「立法府における男女共同参画の推進」立命館法学409号（2023年）1–41頁。同「法律案の『一括化』と憲法」法学教室522号（2024年）43–49頁。同「日本国憲法の『二院制』の変遷」議会制民主主義研究1号（2024年）17–28頁。

50 https://www.ipu.org/file/15355/download

＊ 本論文は、科研費助成（JP 23K22081）による研究成果の一部である。また、インターネット資料の最終アクセス日は2024年3月8日である。

Ⅱ　デモクラシーと世襲政治家
――その構造と功罪を考える

清水唯一朗

はじめに――日本政治のなかの世襲政治家

1993（平成5）年に自由民主党が分裂し、一度政権を降りてから現在までの30年間、日本政治は他国であれば憲法改正に匹敵する改革に取り組んできたことが知られている[1]。選挙制度、行政機構、財政と中央銀行、司法制度、地方分権と推し進められる改革のなかで積み残されたものが議会制度だ。

そのことを象徴するのが議会から議員の代表として選ばれる首相の出自である。この30年間には15名の首相が在任したが、その3分の2にあたる10名がいわゆる世襲議員である。国会議員の3割超、自民党に至っては4割が該当するとされ、本稿執筆時の第2次岸田改造内閣の閣僚でも20名中11名と半数以上を占める。世襲議員の増加は国政に留まらず、地方政治でも指摘されている。政治家が家職化しているといっても過言ではない。

こうした状況は世界各国と比較しても特異なものだ。日本以外の自由主義国家ではアイルランドに突出して見られる程度とされる。[2] アイルランドが採用していた選挙制度が日本の中選挙区制に類似していたことから、世襲議員は中選挙区単記制の産物であると長らく考えられてきた。しかし、わが国では1994年に選挙制度改革が行われて小選挙区比例代表並立制が導入されたのちも世襲議員は残り、2009年の政権交代に至った総選挙を例外とすれば、その数は増え続けている。

なぜこの国には世襲議員が多いのか。なぜ選挙制度改革後も増え続けているのか。これまでは地盤、カバン、看板のいわゆる3バンが継がれるためと説明されてきたが、現状を踏まえてその構造を問い直す必要があるだろう。[3]

それだけではない。世襲政治家の存在は、一部の支持者の利益が拡大される、新人候補が参入しにくいと常に厳しい批判に晒されているが、同時にその長所も検討されてしかるべきだ。そのメリットとデメリットを比較しつつ、世襲政治家をめぐる政治社会が、制度がどうあるべきかを検討する必要があるだろう。

以上の観点に立ち、本稿では、日本に世襲議員が多い歴史的な制度構造を紐解き、世襲議員によるメリットとデメリットを論じ、その解法を探っていく。

1　なぜ日本では政治家の世襲が多いのか——その歴史的構造

不思議なものだ。日本の近代は、世襲に埋め尽くされることで安定した幕藩体制を否定し、それぞれが夢を持つことで活力のある社会へと変革することを掲げて歩み出した。世襲の打破こそが明治維新の原動力だった[4]。

明治政府は社会変革に向けて奔走し、混乱を巻き起こしながらも前進していった。そうした過程で選び取られたのが立憲主義であり、代議政であった。憲法起草者たちは代議機関を一つとせず、官選の貴族院と民選の衆議院を並立させることでバランスを生み出そうとした。貴族院は華族による世襲を前提とする一方で、衆議院は民意を代表する個人を選ぶことを前提とした。

衆議院議員の選挙区制度は、当初、よく人物を知った上で選ぶべきとの考えから郡を基盤とする小選挙区制（一部、2人区）が採用された[5]。政党組織が発達してくると、地域利益に拘泥しすぎず大局に立てる人物を選べるようにと道府県単位の大選挙区制（市部は独立選挙区）に転じた。大正デモクラシーが展開されて政党政治が現実のものとなると、大政党を組織するために小選挙区制（一部、2、3人区）が採用された。そして護憲運動を経て開かれた戦前の政党内閣期は、小選挙区制下の選挙戦は苛烈すぎ費用がかさみ腐敗を招くとして中選挙区制のもとで進められた。これが戦後直後に一度だけ大選挙区制を挟みながら、実に戦前戦後70年にわたって日本の代議政の基礎制度となった。

この小選挙区制から中選挙区制という制度の順が世襲を定着させる基盤となっていく。一度は大選挙区制の下で票割りを軸とする各党の道府県支部による支配が構築されたが、小選挙区制に戻したことで政治家は再び密接に地域と結びついた。その状態で二度の選挙を行った後の中選挙区制導入である。候補者たちは地縁と利益誘導を材料に選挙戦を展開し、当然にして個人後援会が発達していく。明治期の小選挙区制がその地域における有力者たちの「名誉の分配」として議席をローテーションしたこととは大きく異なり対照的に、特定の政治家が支持を継続的に確保し強化していく体制が築かれていった。

政党政治への道が前提となるなか、従来のように特定地域の名望家ではなく、より広く支持の得られる知名度の高い候補が歓迎された。地方で秀才として令名を馳せ、東京の大学を出た高級官僚やメディア人がその典型である。[6] 長く東京で生活し、地縁の薄くなった彼らを選挙区で支えるのは家族や学校の同窓生たちであった。家業を継がずに東京で暮らすことができた彼らには次男や三男が多く、地元の後援会は長男や年長の親類がまとめるケースが見られる。地域における実際の力関係は後援会が強く、議員が弱いものとなる。

戦後すぐ1946(昭和21)年に行われた第22回衆議院議員総選挙は、既存の選挙地盤を破壊することを目的として大選挙区連記制で実施された。候補者には資格審査を通過することが求められ、公職追放がはじまったことと相まって、前回選挙で選ばれたいわゆる翼賛議員たちは軒並み退けられた。[7]

ところが、この画期的な大選挙区連記制は、革新勢力の伸張を恐れる日本政府とGHQの意向によりわずか1年で中選挙区単記制に戻されてしまった。

翌年、日本国憲法下で初となった第23回総選挙では、中選挙区制に復帰したことと、戦前の議員が公職追放に遭っていたことからその間隙を縫って多くの新人議員が当選した。とりわけ保守政党からは大正期と同様に官僚やメディア出身の人材が多く現れた。中でも耳目を集めたのは、いわゆる吉田学校として知られる、官僚出身の戦後保守政治家たちであった。

一方で、地盤を守るため、公職追放に遭っている者の妻や子、秘書などがいわゆる身代わり候補として登場した。[8] 追放された元議員のなかには解除後に政界に復帰したものもあるが、年齢の問題からそのまま妻や子が続けたケースが目立つ。すなわち、この身代わり候補が日本の議会政治における世襲の出発点となった。国立国会図書館に所蔵される図書・雑誌からデータを取ったNDL NGRAMでも、「世襲」の語はこの選挙の翌年1948年に1万件を超え、戦後最高を記録している。

その次の波は1960年代後半に現れる。このころ、戦後の入れ替えで登場した議員たちが引退期を迎えていた。1967年、第一次佐藤栄作内閣のもとで行われた第31回総選挙まで、中選挙区制の下で20年、9回の総選挙が行われていた。個人後援会は派閥政治の展開と事前運動への規制を受けた1958年の衆議院議員総選挙で全国的に定着したとされる。[9] 高度経済の果実を得るために、子をはじめとする議員の親族に継承してもらうことが支援者にとって合理的であった。[10] 1966年から3年にわたって「世襲」の語は9000件を超えてNDL NGRAMに現れている。

1993年の政治改革の前にも世襲は大きな問題となる。各界に戦後の著名人の子弟が登場するようになり、「二世の時代」と評された。他方、政治の世界では大きな是正措置がされた。小選挙区比例代表並立制の導入である。これは既存の地盤を大きく改編するものであり、公共事業の縮小とも相まって政治家の世襲は抑制されると期待された。

しかし、実際には小選挙区制のもとで世襲議員は増加を続けた。自民党が分裂したこともあって他党でも世襲が増え、それは革新勢力にまで広がった。[11] ２００９年の政権交代前に短命政権が続くと、その首班がいずれも世襲議員であったことから選挙の争点となり、一度、世襲議員は減った。しかし、その後、再び政権争奪が激化したこともあって世襲制限論はうやむやとなり、今日では過去最多数の世襲議員が存在する状況となっている。

2　なぜ政治家の世襲は批判されるのか——その功と罪

世襲は政治の世界だけの傾向ではない。伝統芸能はもちろん、農業、漁業や医師にも世襲は多く、近年では経営分野で事業承継が再評価されている。[12] 二世という視点に立てば、スポーツでも多くみられる。そうしたなか、なぜ政治家の世襲は批判されるのか。

世襲議員を非世襲議員と比較すると、圧倒的な当選率の差に目を惹かれる。現行選挙制度の導入後、衆議院議員選挙での当選率は全体では3割に留まるのに対して、世襲議員では8割を超える。再選率もきわめて高い。[13] 労せずして当選しているという批判が集まるのも頷ける。地盤の継承である。

福元ら（２０１３）によれば、世襲候補者の強さは候補者個人への評価による個人票こそ継承できないものの、政党票に加え、家名に投じられる親族票をも継承できることが選挙における強さの要因であるという。[14]自民党議員のなかでも世襲議員の当選、再選率は高い。[15]彼らが当選しやすいのは地方、非都市圏で比較的個人が豊かな地域であるとされる。[16]個人後援会が強い地域の特徴と一致する。

後援会組織の形成が一朝一夕にはいかないことは、小選挙区制のもとで世襲候補者とそれ以外の候補者の格差をより大きなものにしている。出馬する際に自前の後援会を構築するには億単位の資金が必要とされ、若手議員の通常の活動でも年5000万円はかかるという。[17]先代が育て上げた後援会を持つ世襲候補者に同じ方法で立ち向かおうとしても、壁はきわめて高く、難しい。相手が与党候補であればなおさらである。

地盤を育てることを考えると、資金、いわゆるカバンの問題は避けて通ることができない。現行法ではカバンにあたる政治資金管理団体は非課税で継承できるようになっており、世襲以外のケースでもしばしば問題にされる。2009年には民主党が、2023（令和5）年には立憲民主党が改正案を国会に提出したが、実現には至っていない。[18]その結果、世襲議員とそれ以外の議員の有する資産の差は年々拡大傾向にある。[19]

看板の最たるものは、福元らのいう親族票に象徴される家名である。初立候補の段階から名字が知られていることが有利なことは間違いない。姓が異なる婿や嫁が立候補した場合でも、秘書などが後継した場合以上に先代とのつながりを訴える広報が行われてそのギャップを埋めるだろう。

他方、世襲議員は若くして出馬するため、当選回数に基づいて昇進する自民党のシニオリティルールのなかで有利に働くとされていたが、初当選の年齢は2歳程度若いだけであり、閣僚への就任にも一貫した傾向は見られない[20]。世襲議員であることによって当初得られる看板は、その後、自動的に大きくはならないようだ。

こうした世襲は近代が否定したはずの封建的制度の残滓であり、個人の尊厳と両性の本質的平等を定めた日本国憲法第24条と衝突するといわれる[21]。

より大きな問題は世襲によって新しい人材が現れなくなること、それによって人材が払底することにあるように思われる。中選挙区制時代には、同じ選挙区に一つの政党から複数の候補が立ったため個人後援会に依拠して選挙を戦う必要があった。支援と引き換えに利益を獲得し、再選を確実にしたい支援者たちにとって、政治家が引退するのであればその家族を後継に擁立することが、最も少ないコストで、再選可能性を保ちながら関係性を継続する方法であった。世襲は一部の利益関係をも継承する。

後援会だけでなく、党、いや派閥の側からの要請があったことも知られる。1960年代に二世議員が多く登場することはすでに指摘したが、それを積極的に後押ししたのは田中角栄とされる[22]。当選が確実な新人を次々と擁立し、支援することで、自派の勢力を伸ばすために世襲を勧めるものだ。世襲は派閥の勢力も継承する。

もっとも、世襲候補は少なくとも初めての立候補の際には事実上、派閥を選ぶことができない。その後、所属派閥を変える者も現れてきているが、多くは選挙戦をはじめ各所で派閥の支援を受けて政治活動を行っており、これを容易に変えることはできない。

小選挙区制が採用されて以降、党の側が当選確率の高い世襲を推奨する動きも各地で見られるようになった。そうしたなか、安倍晋三、福田康夫、麻生太郎と3人の世襲議員が相次いで短期間で首相の座を降りたことで世襲批判が吹き荒れ、自民党からも民主党からも世襲制限の声が上がった。この際に導入されたのが都道府県連による候補者の公募であった。

しかし、公募に二世、三世が応募した場合、その先代が強い影響力を及ぼしてきた都道府県連が彼らを落とすことは考えにくい。なにより、小選挙区において再選可能性が高い彼らを選ぶことは都道府県連の利害にも叶う。続く2012年の総選挙に向けて行われた群馬4区、広島4区の公募で世襲候補以外の応募者がなかったことは、彼らの「強さ」が、他の志望者の立候補意欲を押さえてしまっていることを窺わせる[23]。産業構造が変化したにもかかわらず世襲議員の存在によって政治的転換が阻害され[24]、政治と社会の間にねじれが生じている。

なにより、当選可能性が高い世襲候補者に頼っている現状は、党が新しい政治家を育成する役割を果たしていないことを露呈している。中選挙区制時代に見られたように、地方からの叩き上げの政治家で国政を目指す者があっても出馬を阻まれる。かつて、自民党から出馬できない官僚出身者が民主党から出馬する傾向が指摘されたこともあった。自民党一強体制のもと、そうした懸念はより広く持たれている。

出馬する人々が固定化することは、政治に関わる人々も固定化することにつながる。いつも同じ候補が出馬し、同じ支援者が支援しているようでは、政治にかかわる障壁は高いままであり、政治的有効性感覚は低いままに留まる。

学生には、政治のことを知りたければ最寄りの国会議員の事務所に足を運んでみるよう勧めている。しかし、普段はフットワーク軽くＮＰＯなどに出入りする弊キャンパスの意欲的な学生たちも、政党や議院事務所となると途端に逡巡を見せる。理由を聞いてみると、メンバーシップが固まっており、閉鎖的に見えるのだという。人材が固定化し、それが世代を超えて継承されていることは、政治離れの大きな要因となっている。

では、世襲議員の長所は何だろうか。意外に思われるかもしれないが、彼らの経歴は一般的な議員より多様だ。婿に入った候補を中心に官僚出身者が多いという傾向はあるが、それ以外にもサラリーマン、自営業、研究者、芸術家など幅広い。[25] 叩き上げの議員ではまず出てこない経歴が目立つ。

近年では、そうした経歴ののちに先代の議員秘書、大臣秘書などとなるケースが増えている。箔をつける、顔を広げるという目的があることはもちろんだが、それにより政策への理解（in の知識）を深め、政策を実現する方法（of の知識）を体得できることは大きなメリットだろう。

彼らは選挙の不安が少なく、より多くの時間をかけて政策に取り組むことができる。政策形成においても先代からの人脈と知恵を生かすことができる。[26] 加えて、自民党議員のなかではしがらみから比較的自由な位置にあるとされる。実際、党刷新を訴えて袂を分かった新自由クラブも、１９９３年に自民党を割った新生党も、中核は世襲議員たちであった。政策実現と改革への志向は強い。[27]

同時に、再選への不安がないことから当選を重ねるにつれて選挙区に距離を取り、説明責任を軽んじる傾向があるとも指摘される。政治活動量が少ないという分析もある。[28] とりわけ東京で生まれ育った世襲政治家に地元軽視の批判はつきものである。それにもかかわらず、彼らは選出され続ける。

世襲を法的に制限しようという声もあるが、現実には難しい。日本国憲法は第14条で門地による政治的関係において差別されないとし、第22条で職業選択の自由を示し、第44条で議員の資格を法律で定めるに際しても門地などで差別されないことを強調している。世界各国を見ても憲法で政治家の世襲を制限しているのはフィリピンなどわずかとされるが、同国でも２０１１年に提出された世襲制限法案は事実上廃案となっている。

２００９年に自民党と民主党が世襲制限に取り組んだ際も、あくまで党の規定として一定の制限を設けるに留められた。他方、憲法学者にはこれを議論の起点として、主権者である国民の選挙権の実質化を目指し、立候補の自由を論ずる動きがある。[29]

ここまで世襲が批判される構造を論じてきたが、世論調査によれば、世襲議員の立候補制限への態度は、賛成48％、反対45％と拮抗している。[30] 立つ側には自由があり、有権者が彼らを選んでいる。判断の鍵と責任は選ぶ側にある。

3　なぜ政治家の世襲が続くのか——その解法をさぐる

では、なぜ政治家の世襲は続くのか。私たちはどう向き合えばよいのか。

まず後援会と候補者の関係から再検討しよう。如上の議論から明らかなように、政治家の世襲を望むのは第一にその支持者たち、すなわち後援会である。後援会内部のパワーバランスを考慮すれば、新しい人や家が現れて構造変化が起こることは避けたい。加えて、政治家の子弟は幼いころから多くの人と接し、その気持ちを読み解く環境で育つ。そのことによって他者の話をよく聞き、まとめ役に適しているとされる。[31]後援会からすれば無二の存在と言ってよい。

継ぐ、いや、継がされる側の家族から見た場合はどうだろうか。幼少期から政治的な環境のなかで育ち、それを継ぐべき家業と捉える者も多いだろう。また、政治家が継ぐことのできる唯一の家業であると捉える者もあるだろう。先述したように、官僚やメディア出身の政治家は、自らが東京でキャリアを形成している間、地元に残って家業を営む親族や友人があり、彼らの支援によって出馬する。その次の世代になれば、従兄弟たちにはそれぞれの家業があり、自分にはそれがない。親の稼業となった政治に関わり、その位置を継ぐことは自然ともいえよう。その場合、彼らが出馬するのは自由であり、異論は選挙で交わされればよい。

問題は本人の意思に反する場合だろう。先代が継がせる気がなかったのに後援会が押し切ったケースや、[32]本人が継がない意思を表明していたにもかかわらず後援会が拝み倒した例は枚挙に暇がない。[33]それぞれの人生を送っている家族に、あまりに多くの人の人生とエゴに関わる仕事がやってくるのだから、本音で言えば引き受けたくない者の方が多いだろう。耐えられなくなって辞職した者も知られる。[34]

地方政治のシステムを考えた上でも、世襲政治は問題がある。後援会にとって、先代の親族が継いでくれれば紛争は起きにくく組織を維持しやすいが、それは内部にある少壮政治家の意欲を失わせることになる。[35]近世の商家では親族ではなく優秀な番頭を養子に迎えて継がせることで家業を栄えさせたことが知られている。人材を育成するシステムは政党組織の根幹であり、そこが世襲によって揺らがされるべきではない。イギリスで選挙区の地区委員会が候補者を選定している方法は代表的な参考例であろう。[36]

概して選挙に強いとされる世襲候補だが、実は当選可能性に関する評価は研究においても分かれている。[37]公募においても、選挙においても、世襲候補と対照的な候補が立てば、有権者にとっても選択肢が広がる。実際、参議院議員選挙では累代の男性世襲議員が新人の女性候補に敗れる事例が複数見られるようになった。近年は首都圏を中心に地方自治体の首長選挙で同様の結果が陸続している。

看板の問題も、ネット選挙で環境が大幅に改善された。有志団体による公開討論会も広がりを見せており、世襲候補者の実力を見るにはよい機会となっている。供託金や被選挙権年齢の引き下げ、兼職制限の緩和といった、選挙権の自由を求める議論もこうした動向を後押ししている。

もうひとつ指摘しておくべきは選挙区の問題である。世襲に留まらず、議員が引退し、後継者を指名する際に「地盤を譲る」という表現がされてきた。この際、「後援会を譲る」というのであれば関係者以外が云々するものではないが、しばしば「選挙区を譲る」という表現がされる。[38]これでは選挙区を私物化していると見られても止むを得ない。明治の小選挙区制時代から同じ選挙区を世襲してきた家こそなくなったが、大正の小選挙区制、昭和の中選挙区制のときから地盤を継承してきた家はまだ多く存在する。そうした意識があるのも事実だろう。

そうであれば、選挙区そのものに手を加える必要がある。[39]昭和戦前期の中選挙区制は、大正期の小選挙区制をもとに、与党となった護憲三派の議員が選出されている選挙区を3から5の範囲で統合し、野党議員が選出された選挙区を分割することで一票の格差を押さえたものであった。[40] 戦後の大選挙区制がわずか一度の選挙で廃止となったのも、既存政党と政治家の意向が強く働いたものであった。

そうした反省から、1994年の政治改革に際して、区割りは有識者を構成員とする衆議院議員選挙区画定審議会（区割り審）に委ねられることとなり、総人口、さらには日本国民の人口を基準として行われることとなった。[41] 従来、区割り審には行政区画の分割と飛び地を原則行わない、地勢・交通・自然的社会的条件を考慮するといった制約があったが、回を経てアダムズ方式を導入するなど大幅な変更が行われている。この変化は線引き変更の頻繁な都市部、大規模な合併が生じる地方の双方で、継承されてきた地盤の重みを引き下げる効果を持つだろう。

4　おわりに——世襲の時代に逆戻りしないために

ここまで述べてきたとおり、世襲議員をめぐる環境は容易なものではない。それにもかかわらず世襲議員の数は増え、批判が宙を舞っている。政治に対する不信感が高まるほど世襲議員への批判は煽られる。2023年末からの政治資金をめぐる問題は、派閥、ひいては世襲政治家に対する大きな批判として持ち上がっている。野党は前年の臨時国会に、配偶者と3親等以内の親族が政治資金管理団体を継承できないよう制限する政治資金規正法改正案を提出して、改革の意思を示した。地盤とカバンの継承を制限することで、より公平で、活性化した政治社会を築くものと評価できるだろう。

他方、世襲政治家への批判が、そうした特権を持つことに対する意識から、かなりの部分でイメージに依っていることも反省すべき点だろう。実のところ、増えてきたとされる「世襲議員」に明確な定義はなく、メディアにおいてもその基準はバラバラである。これに対し、福元らは同姓で地盤を間断なく引き継いだものを世襲議員とする。[42] 時間が空けば後援会は他の政治家に切り取られていく。まして、異なる選挙区から出ているのであれば、地盤は継いでいない。婚姻などで姓が異なる場合もあるが、おおむね首肯できる定義といえよう。もっとも、生まれ育つ家は選ぶことができない。家名は経歴のひとつと捉えるのが妥当だろう。

批判、検討されるべきは政治家の親族が出馬することではなく、政治社会構造を硬直化させる地盤の継承であることは、ここまでの議論で明らかである。その継承を生み出しているのは、実績で評価せず家柄で評価し、思考停止している有権者の側である。その問い直しがようやく始まっている。

２００９年の際に自民党でも政権公約に盛り込まれたように、与野党を通じてこの問題に関心がある議員は多い。政治家の世襲に歯止めをかけることで、政治家、有権者双方に意識変化をもたらすことが期待される。

かつての研究では、世襲は発展途上国や権威主義国家に多く見られる現象であり、自由主義国家では日本が数少ない例とされていた。しかし、近年、ヨーロッパやアジアでも世襲の傾向が強くなっている。世襲先進国である日本から発するメッセージは、私たちが考える以上に大きい。

【注】

1　待鳥聡史『政治改革再考』新潮社、２０１５年、第一章。

2　Smith, Daniel M. 2018. Dynasties and Democracy: The Inherited Incumbency Advantage in Japan. Stanford University Press, p. 5.

3　日本で世襲議員が生まれる構造を分析した研究には以下のものがある。市川太一『「世襲」代議士の研究』日本経済新聞社、１９９０年。松崎哲久『日本型デモクラシーの逆説明』冬樹社、１９９１年。稲井田茂『世襲議員』講談社、２００９年。上杉隆『世襲議員のからくり』文藝春秋、２００９年。橘木俊詔・参鍋篤司『世襲格差社会』中央公論新社、２０１６年。

日本の世襲議員の特徴を得票状況などから明らかにした分析した研究には以下のものがある。Ishibashi, Michihiro, and Steven R. Reed.（1992）"Second-Generation Diet Members and Democracy in Japan: Hereditary Seats." *Asian Survey* 32: pp. 366-379. 谷口尚子「議席の世襲と地方財政」帝京社会学18号（２００５）91–１１２頁。飯田健・上田路子・松林哲也「世襲議員の実証分析」選挙研究26号2号 (2010) 139―153頁。福元健太郎・中川馨「得票の継承に対する世襲の効果」選挙研究29巻2号（２０１３）１１８–１２８頁。Asako, Yasushi, Iida, Takeshi, Matsubayashi, Tetsuya, and Ueda Michiko.（2015）"Political Dynasties and Democratic Representation in Japan," *Japanese Journal of Political Science*, 16, pp. 5-31.

4　武石智典「後期水戸学における「世襲」」哲学・思想論争39号（２０２１）１–14頁。

5　拙稿「日本の選挙区はどう作られたのか」年報政治学67巻2号（２０１６）13–36頁。明治の小選挙区制のものでも、尾崎行雄など特定の政治家には後援会が生まれ、連続当選を重ねている（高島笙「個人後援会の誕生」日本歴史９０５号（２０２３）46–63頁）。もっとも尾崎や犬養毅が賞賛されることから、明治期からの連続当選は例外的なものであったことがわかる。

6　官僚出身議員については拙著『政党と官僚の近代』藤原書店、２００７年。メディア出身議員については佐藤卓己・河崎吉紀編『近代日本のメディア議員』創元社、２０１８年。

7　増田弘『公職追放』東京大学出版会、１９９６年、７頁。

8　伊藤康子『草の根の婦人参政権運動史』吉川弘文館、２００８年、１５７頁。この点については、拙稿「「日本初の女性議員三九名」はどこへ行ったのか」『法学研究』97巻1号（２０２４）で詳述した。

9　安野修右『競争を否定する選挙法』日本評論社、２０２４年、２１０頁。

10　市川・前掲書２９０頁。

11 飯田・上田・松林・前掲論文、142頁。
12 入山章栄『世界標準の経営理論』ダイヤモンド社、2019年、第14章。
13 橘木・参鍋・前掲書、171頁。
14 福元・中川・前掲論文、120頁。
15 谷口・前掲論文、107頁。
16 同前、100頁。
17 「不況なら減る?「世襲議員」制限　自民にも動き」『産経新聞』2009年6月1日。
18 小黒一正「政治家の質を高めるための選挙改革を」週刊東洋経済6213号（2009）104–106頁。
19 飯田・上田・松林・前掲論文、145頁。
20 同前。
21 西村裕一「残る「家」制度、ずれる意識」『朝日新聞』2023年2月17日。
22 鈴木健二「「二世議員」増殖で強まる政治の世襲化」エコノミスト67巻27号（1989）104–109頁。
23 「滅ぶ世襲、ダメな脱世襲」AERA24巻54号（2012）13頁。
24 Asako, et.al., *op.cit.*, pp. 5-31.
25 松崎・前掲書、146頁。
26 市川・前掲書、279頁。
27 そこに後ろめたさの存在を指摘する論者もある。鈴木・前掲論文、109頁。
28 橘木・参鍋・前掲書、175頁。
29 新井誠「世襲議員の「人権」?」法学セミナー54巻10号（2009）1頁。
30 「「世襲候補」意見割れる」『読売新聞』2009年5月14日。
31 佐藤達也「世襲の現在」思想の科学2巻498号（1990）30–38頁。
32 清宮龍「世襲議員「氾濫」に抗した三人」週刊テーミス22巻12号（2013）88頁。井出一太郎にも同様のエピソードが残る。
33 Hiatt, F. (1988, April 10). A new aristocracy in the land of the rising son; Emerging Japanese elite based on family ties echoes prewar society. *Washington Post*.

34 例えば国土庁、自治省の政務次官を務めた久野統一郎は、衆議院議員を3期務めたところで自分は政治に向いていないとして引退を表明し、10歳年長の参議院議員を後継とした（小林照幸『政治家やめます。』毎日新聞社、2001年）。

35 「目にあまる国会議員の世襲」週刊東洋経済4168号（1979）42頁。

36 稲井田・前掲書、126頁。

37 飯田・上田・松林・前掲論文、141頁。

38 昨年、ある野党議員が引退を表明した際に事実上の後継指名を行ったところ、「選挙区を譲る」という見出しで記事を打った新聞があった。しかし、実際にはそうした発言は行われていない。メディアの側にも後継者指名＝「選挙区を譲る」という認識構図が定着していることがわかる。

39 一票の格差を平等にすることで区割りが硬直化し、世襲の要因となっていると指摘される（福田博『世襲政治家がなぜ生まれるのか？』日経BP社、2009年、72頁）。

40 拙稿「立憲政友会の分裂と政党支持構造の変化」坂本一登・五百旗頭薫編『日本政治史の新地平』吉田書店、2013年。

41 鎌原勇太・和田淳一郎「定数配分と基準人口」選挙研究39巻1号（2023）107-121頁。

42 福元・中川・前掲論文、119頁。なお同論文は操作化の観点から対象を自民党候補にを絞って分析している。

Ⅲ 「シルバーデモクラシー」の虚実

吉田　徹

日本で「シルバーデモクラシー（シルバー民主主義）」という言葉が流通するようになって久しい。朝日新聞や読売新聞をはじめとする全国日刊紙のデータベースでは、２０１０年代に入ってからこの言葉ないし概念が様々な意味合いにおいて用いられるようになったことが確認できる。[1]そこでは「シルバーデモクラシー」とは、一般的に高齢（化）社会において、政治を通じて実現される利益が高齢者層に偏重し、現役ないし若年世代の利益が無視されている状況を懸念もしくは告発される文脈において用いられることが多い。

例えば、『朝日新聞』の社説は以下のように掲げている。「短期志向になりがちな政治の一つの側面を表現するのが、『シルバー民主主義』という言葉だろう。日本では有権者に占める高齢者の割合が高く、しかも、若い世代に比べて投票率が高い。その大きな影響力を、政治の側は気にせざるをえない。結果として、社会保障が高齢者優遇に傾けば、世代間の格差は広がる。長期的には財政を圧迫し、将来世代に禍根を残す」[2]。また『日本経済新聞』の社説は、「日本の年金制度は負担・受益に関する世代間の格差が大きい。高齢層ほど受益超過になり、若い層やこれから生まれてくる世代は負担超過、つまり生涯収支が赤字になる。平成の時代、この格差の是正が政治課題のひとつだった。だが為政者が高齢層の利益をおもんぱかるシルバーデモクラシーが台頭し、改革は阻まれた」と同様に主張している[3]。こうした高齢者偏重社会へのいら立ちの主張は、あるデータサイエンティストをして「高齢者は老害化する前に集団自決、集団切腹みたいなことをすればいい」とまで言わしめるまでに至っている[4]。

こうした状況認識はメディアのみならず、一般有権者にも浸透している。意識調査によれば「今の日本の政治は高齢者を優遇するものになっている」、「高齢者の意見ばかりが政治に反映されている」、「若年層の意見が政治に反映されていない」という意見を是とする有権者は、4割から5割にのぼる[5]。

確かに、高齢化率が現在3割に達し、ピークとなる2065年には約4割にもなると予測される状況にあって、日本の民主主義が高齢者によって占められることは間違いない。しかし、高齢者が多数を占める政治であるという事実と、高齢者の利益が反映される政治であるという意味の間には、大きな隔たりがある。政治学的に言えば、まず、社会の多数派の意向がそのまま政策において反映されるというのは、選挙還元主義的な過度に単純化された民主主義理解であり、次に特定の世代が自身の利益を最優先しているという、極端な推論に基づいた民主主義理解であることに難がある。結論を先取りしていえば、シルバーデモクラシーなる概念が流通するようになったのは、日本における民主主義理解の貧困さと、その貧困さが生み出している民主主義の停滞に起因しているのである。

そこで本稿では、①「シルバーデモクラシー」なる概念がどのような用法で用いられてきたのかを精査するとともに、②それぞれの主張が科学的検証に耐え得るものではないことを確認し、③最後には「世代」が民主政治において持つ意味を提示することにする。[6]

1 「シルバーデモクラシー」論の3類型

そもそも「シルバーデモクラシー」とは如何に定義されるのか。一般的には「高齢者が数の力を背景に投票プロセスを介して政治を支配し、高齢世代に都合の良い仕組みを構築・維持しているため、若者が困窮しているという現状認識」と定義してよいだろう。[7]

このように定義されるシルバーデモクラシーについては、大きく言って3つの立場から非難の対象となっている。以下ではそれぞれの内容をまとめるとともに、それに対する反論を提示してみたい。

(1)「世代間対立言説」

第一の立場は、「世代間対立言説」とでも呼称できるもので、主として日本の財政状況に対する懸念から発せられている。[8] 実際に、日本の社会保障給費は1950年にまだ1260億円だったのが、高齢化とともに2021年には139兆円にまで膨らみ、国の予算の3分の1を占めるようになった。他方で、債務残高はGDP比で258％（2023年度）にものぼっていることから、健全財政化のためには社会保障給付の抑制が不可欠なものの、シルバーデモクラシーであることから、こうした改革が不可能になっているとの認識を示す。社会保障給付の約半分を年金が占めており、シルバーデモクラシーは、将来世代にツケを先送りさせないための財政改革の大きな壁となって立ちはだかることになる。

もっとも、現在のような社会保障制度が導入されたのは、高齢者世代が求めた結末ではないことに留意する必要がある。年金制度に限ってみると、その原型は1942年に発足した労働者年金保険にまで遡ることができるが、1954年に厚生年金保険法が成立し、この時に実質的な賦課方式（現役世代による退職者への仕送り）が始まった。また年金の物価スライド制や老人医療費の無料化などが実現したのは1973年の「福祉元年」のことだった。いうなれば、少子化が予想されず、日本が最も若かった時代、さらに若年層の絶対的投票率も高かった時代に高齢者重視の政策が選択されたのである。この時代の社会保障政策について、政治学者キャンベルによる大部の研究は、時の政策の主体は時の政権にも官僚にも、あるいは利益団体にも求めることはできず、極めて場当たり的に実現――政策過程モデルでいえば「ゴミ缶モデル」に近い――されたことを実証している。[9]

そもそも、日本の社会保障制度は、現役世代よりも、人生後半に退職した者を受益者にするように設計されている。これは日本では雇用を通じた生活保障（『保守主義的レジーム』）が前提となっているためである。[10] 人口動態の推移と社会保障の増額は無関係ではないが、それは高齢者によって政治的に選択されたわけではない。少なくとも、財政赤字抑制のために社会保障給付を切り下げるのであれば、将来的に損をするのは現役世代ということになる。

そもそも、日本の高齢者需給と現役世代への配分格差は、少しずつではあるが、是正されてきている。2015年には年金給付の抑制につながる「マクロ経済スライド」が導入され、2022年からは高齢者の医療負担割合増が実現し（年間所得200万円以上の70歳以上の自己負担額は1割から2割へと引き上げ）、今後も介護サービス利用料、医療窓口負担費、高額医療費などの自己負担増が策定されている。[11] 確かに日本の社会保障制度が高齢者重視であることは変わらないものの、世代別投票率の差がほぼ変わらないにも関わらず、とりわけ安倍政権以降、家族関係支出は増加傾向にある。これは対GDP比で1・0（2012年度）から1・7％（2019年度）と倍増され、5歳以下に対する人口1人当たりの支出は37・4％（対国民1人当たりGDP比）と、他の先進国並みとなってきた。社会保障費（『社会保障四経費』）のうち「子ども・子育て支援」は1・9兆円（2014年度）から3・1兆円（2023年度）と1・6倍となる一方、年金は11・4兆円から13・7兆円、医療は10・9兆円から12・2兆円と、伸びは1・1倍に留まっている。[12] 仮に、高齢者が増加していることが世代別受益へとつながっているのであれば、むしろ現役世代への配分は縮小し、高齢者負担は軽減され続けなければならない。しかし、そうなっていないのは日本が「シルバーデモクラシー」ではないことの証左である。関連して、1960年代から2010年代までの各政党公約と社会保障政策の関連性を精査した谷口は、確かに公約での福祉重視は経済環境に関係なく自民党と民主党の得票増につながるものの、高齢化と福祉政策アピールの将来の効果は必ずしも統計的には有意ではないとしている。[13] つまり、人口動態と政党公約はリンクしているわけではなく、高齢者が増えたからといって政治がこれに敏感に反応しているわけではないのである。

（2）「改革志向言説」

第二の立場は、これらとも関連する「改革志向言説」とでもいえる立場からのものだ。[14] 言うまでもなく、日本の財政赤字は先進国の中でも高水準に達しており、2021年度時点で、財政収支の対GDP比はマイナス5・1％、公的債務残高の対GDP比は257％にものぼっている。2020年度の国の一般会計歳出の35％は社会関係費であり、うち年金給付、介護給費、医療給付費が8割を占め、これが赤字国債増加につながっている。つまり、財政健全化の観点からみれば、こうした高齢化に伴う歳出抑制こそが必須であり、そこから高齢者の受益負担が欠かせないが、高齢者が多数を占めるシルバーデモクラシーこそがこれら改革を妨げているとする立場である。[15]

もっとも、高齢者が人口の多数を占めているという事実と、それゆえに彼／彼女らの利益が尊重されているという主張は腑分けして考えないとならない。財政学者の島澤諭は、実態として高齢者への給付が厚い「シルバーファースト」と、高齢者が自らの利益を実現する「シルバー民主主義」とを区別しなければならないとし、前者は事実だとしても、後者は否定されることを実証している。例えば、1975〜2015年までを期間として、有権者の高齢化進行と高齢者支出増との間に関連性は見られなかった。[16] 高齢者向け支出は、高齢者人口の自然増に伴うもので、それ以上の追加支出が政治的になされているわけではない。

もちろん、財政赤字は深刻な問題である。しかし、改革の必要性が叫ばれながらも、着手されていない政策領域は他にも産業構造改革や労働市場改革まで、多数存在している。その中で、社会保障制度は一般的には劇的な政策転換に馴染まない「粘着性」の高い政策領域であり、ステークホルダー間の緩慢な調整によって漸減的にしか修正され得ないものであることが知られている。[17] 有権者に占める高齢者の割合が多いからといって、それが既得権益として認識され、政策的に選好され、政治によって選択されているわけではないのである。

(3) 「アクティヴィスト言説」

シルバーデモクラシーを告発する第三の類型が、若年層の政治参加、なかでもその投票率向上を促す「アクティヴィスト言説」と名付けられるものだ。[18] これも「世代間対立言説」と類似して、若年層が投票に行かないことで経済的な損を被ったり、あるいは自らに有利なような社会を実現できなかったりすることになると主張する。
こうした主張は、2013年に東北大学の経済学者によってもなされ、試算では20〜49歳の投票率低下と国債額増加に相関関係が見られ、現役世代は年間で13万5000円の負担が生じると試算された。[19]
もっとも、この主張はテレビ普及率と自殺率が相関しているので、テレビを観ることで自殺する人が増えるというような疑似相関であって、自己相関を排除した場合は有意ではないことが証明されている。[20]

この東北大学の研究は、若年層の投票参加の必要性を強調するために提出されたものであり、投票率と経済的誘因とを無理に結び付けようとしたことから生まれた科学的誤謬であると言えよう。

そもそも、「アクティヴィスト言説」が真実味を持つためには、高齢者・中高年と若年者層の目指す社会増や政治意識が異なっていなければならないことを前提とする。高齢者の存在やその高投票率が若年層の政策選好を妨害しているという条件が成立しないとならないからだ。

しかし、各種意識調査を確認する限り、日本での世代間の政治意識は大きく変わらないことがわかっている。総務省「18歳選挙権に関する意識調査」（2016年）によると、18―20歳で「投票に行った気持ち」の理由として「若い人の声を政治に届けたかったから」とするものは25％に過ぎず、最多数（39％）は「国民の義務だから」と回答している。国際意識調査「世界価値観調査（WVS-6）」では、日本の18―29歳のうち29％のみが「高齢者が政治的に大きな影響力を持っている」と回答している。つまり、若年層は日本がシルバーデモクラシーであると必ずしも見なしていない[21]。具体的な政策でみても、世代間で大きな食い違いは認められない。例えば、消費増税についての賛否では、反対する10代は47％、20代は54％である一方、60―70代でも50％と、政策選好にそう大きな違いはみられない[22]。

さらに、政治学者の山田真裕は、2016年参院選事前郵送調査（JESV2016）の回答データを分析して、増税か福祉充実か、財政再建か景気対策か、原子力発電か自然エネルギーか、憲法9条改正か否かといったトレードオフの高い政策について、世代間対立（すなわち賛成と反対の差分）は、さほど大きくないと報告している。[23] 例えば、もっともばらつきがみられる福祉か負担増かという問いについては、70代以上で「増税しても充実」「どちらかといえば増税しても充実」と回答したのは74％、60代では65％だったが、10—20代でも55％、30代では52％となっており、世代間対立を生むまでの差異は見られない。長期トレンドでみても、日本における世代間の選好や価値観は収束傾向にあることも確認されている。[24]

政策選好の土台をなすのは、政治学でいえば一般的に個人優先か国家優先かである。こうしたマクロ的な政治的価値観でも、先のＷＶＳでは、日本の29歳以下と50歳以上のともに46％が「国家」を選択しており、同水準になっている。加齢効果と政治的知識の水準向上によって価値観変動が類似の変遷を辿るのだとしたら、若年層と中高年の政治意識は、何れにしても似通ったものになるとも推測できる。やや意地悪な言い方をすれば、「アクティヴィスト言説」が若年層の政治参加をいくら呼び掛けたところで、それによって異なる政策が選択される可能性は大きくないということになるわけだ。

確かに、アメリカのように、世代によって政策選好や価値観が大きく異なる国は存在する。[25] しかし、そもそも世代のボリューム、ましてや世代ごとの投票率の違いと、実現を期待する政策が整合的であるはず、あるいは整合的でなければならないと考える必然的な根拠はない。少なくとも、アメリカを含む先進12か国を対象とした分析では、出生年（コーホート）による政策選好の違いはあっても、その年齢であれば望むと仮定される政策（高齢者なら福祉、現役世代であれば子育て支援といった）が、そのまま実際に支持されているという証拠は見つかっていない。[26] 有権者の選挙での選好が政策に直結するわけでもなければ、世代による選好が固定的なものであるともする見方は端的に言って間違いなのである。もし有権者の年齢中央値が政策を決めるというのであれば、日本の現役世代支援策は1970年代にもっと充実したものになっていたはずだろう。

こと投票率に注目するならば、よく指摘されるように、日本の若年層の投票率は確かに高いとは言えない。過去10回の衆議院選挙(1993~2021年)での20代の平均投票率は39・4%で、これは最も投票率の高い60代の平均77・1%の半分程度にしか過ぎない。選挙時に、マスメディアが定期的に若年層の投票率を話題にすることで、政治参加に消極的な若年層というイメージも定着するようになった[27]。これは、選挙期間中のマスコミの自主規制・放送法による制約から、選挙での争点や候補者報道に限界が生じることから、耳目を引くトピックとして紹介されるというマスメディア独自の事情も働いていると推察されるが、かなりミスリーディングな観方でもある。なぜなら、選挙制度の相違を超えて先進各国において、世代別にみて若年層の投票率が低いのは共通した現象でもあるからだ。そもそも日本では、若年層の絶対投票率が低いのは全体の投票率が低いことに起因している(同平均60・8%)。2005年の郵政解散(投票率71%に対して20代は58%)、2009年の政権交代選挙(同69%に対して49%)で確認されるように、投票率全体が底上げされる選挙であれば、これに釣られて若年層の投票率も上昇する。つまり、若年層の投票率を上げるためには、まず何よりも投票率全体を底上げしないとならないのであって、彼/彼女らだけの絶対投票率を問題視しても問題は解決しないのである。

2　民主主義における「世代」とは

日本社会の特徴のひとつは、若年世代の自己肯定感や政治的有効性感覚の低さにある。内閣府の国際意識調査においては、政治的関心は他国と比較して低くないものの、「社会現象が変えられるかもしれない」とする若年層（13―29歳）は32％と、他6か国平均（52％＝韓国、アメリカ、イギリス、フランス、ドイツ、スウェーデン）より低く、他方で社会に対する満足度（日本39対他国54％）、自国将来への楽観度（同31対56％）も低い[28]。別の調査では、大学や健康保険の無償化や失業手当受給権に同意する割合も低く、権利や平等に対する意識は高くないことが見てとれる[29]。自分を社会の一員とみなす日本の青年も64％と、25か国平均（74％）を下回っている。世代間連帯にも関心が薄く、上の世代の年金を負担することに同意しない若年層も50％と、アメリカ47％、カナダ44％、ドイツ36％、イギリス34％、スウェーデン33％と、他国と比較して高い。

「シルバーデモクラシー」が真実でないことが明らかになったとして、問うべきはなぜかかる言説が広く流通するようになったのかでなくてはならない。この点、これは日本の若年層が抱く不遇感と無力感が表出したものと解釈できよう。社会変革の展望がなく、そのための政治参加の回路も限定され、財政難にあって日本の企業と家族に頼った社会保障レジームが高齢者向けの財政支出構造に偏重しているのであれば、その原因を高齢社会に求めたくなる心性も大きくなる。

「世代」が何であるかを最初に社会科学的に論じたのは、おそらくカール・マンハイムである。「世代の問題」（1928年）において、マンハイムは特定時期に生まれることで把握される世代（『自然主義的世代』）だけでなく、社会的・歴史的な特定条件によって生まれる世代（『世代的エンテレケイア』）も存在することを強調している。[30] 簡単に言えば、同じ世代でも異なる価値観を持つ者が多数いるにもかかわらず、一つの世代（『世代統一』）として認識されるのは、歴史的文脈に起因する特定の運命に共鳴することで生まれるからだとした。つまり、世代は単なるコーホートではなく、特定時代の特定意識を持った一群としても認識されなければならないという。だとすれば、「シルバーデモクラシー」は、日本の政治経済社会の各領域での「失われた○○年」によって生まれたロストジェネレーション世代が妄想する、マンハイムのいう「虚偽意識」、つまり動態的な現実の認識を妨げる意識として機能する概念として機能しているといえるだろう。そして、彼が言うように、この虚偽意識は「イデオロギー」でもあり、「ユートピア」としても作用するのだ。[31]

マンハイムの議論を広げて、一般的に世代という場合、以下の3つの意味を持ちうる。[32] 一つは、「年齢効果」とでも呼べる、特定の出来事や事件について、年齢による反応が異なることによって把握される世代である。これは、例えば特定争点に対する反応が世代によって異なる場合などが想定される。もう一つは「年代効果」とでも呼べる、ある特定の年齢に達した特定世代が共通して経験することで形成される世代である。進学や就職、結婚や定年といったライフイヴェントがこれに該当する。最後は「世代効果」とでも呼べる、若い世代になればなるほど、時々の社会の論点について敏感に反応する世代である。これは、労働や環境問題への関心の高低などにみることができるだろう。このように考えてみても、一口に「世代」と言っても、その形成のされ方や認識の方法は多様なものが存在しており、よって単に出生年を政治の構成要素とするような還元主義的な観方はむしろ民主主義の多様性、引いてはその可能性を損なう可能性がある。

本稿は、日本の高齢社会にまつわる問題が無視できるものだとするものでは決してない。しかし、高齢者中心の民主主義は、必然的に高齢者重視の民主主義となるとするのは、それ自体が複雑な政策形成過程や政策の経路依存性を無視した、多数派民主主義的な政治理解の「抽象的命題の拡大主義」と言わざるを得ない。[33] もし世代を多角的に認知できるのであれば、単に既存の社会保障レジームからの受益の多寡などを基準とするのではなく、その社会をより多層的で複層的なものとして捉えることが可能になるし、またそのように捉えなければならない。もし世代の問題を「損得」の問題へと還元してしまうならば、北田暁大が指摘するように、「世の中の資源をゼロサムで考えて、『上の世代はいい思いをしたのだから、下の世代にもそのぶんよこせ』と言うのでは、複雑な政治的利害や経済的構図の変容が覆いつくされてしまう」ことになり、場合によっては「シルバーデモクラシー」論の勢いを借りて、福祉水準が全面的に切り下げられることにもなりかねない。[34] 世代間対立は、容易く政治的に利用され得ることにも注意すべきだろう。

民主主義が民主主義である所以は、世代はもちろんのこと、社会的地位やジェンダー、社会的・文化的出自に関係なく、共同体の構成員の一人ひとりが平等な権利を有するとともに、その権利を行使することを保証していることにある。その可能性が追求されるのであれば、もはや世代間の分断ではなく、連帯こそが政治的アジェンダとして浮上することになる。その時になって、初めてシルバーデモクラシー論は後景に追いやられることになるだろう。

【注】

1　全国紙を対象にした場合、朝日新聞では2012年1月28日付（朝刊）、読売新聞では2014年3月14日付（朝刊）が「シルバー民主主義」の初出例となっている。なお、邦語で一早く「シルバーデモクラシー」という言葉を用いたのは政治学者の内田満による著書『シルバー・デモクラシー　高齢社会の政治学』（有斐閣、1986年）である。もっとも、これは高齢者の政治参加を促す意味合いにおいて用いられていた。

2　「（社説）来るべき民主主義　より長い時間軸の政治を」『朝日新聞』2018年1月1日付（朝刊）。

3　「（社説）人口危機の克服に総動員で臨もう」『日本経済新聞』2019年5月1日付（朝刊）。

4　インターネットテレビ局「AbemaTV」（2021年12月17日放送）における成田悠輔氏の発言。全発言は以下の通り。「唯一の解決策ははっきりしていると思っていて、結局、高齢者の集団自決、集団切腹みたいなことしかない。けっこう大真面目で、やっぱり人間って引き際が重要だと思う。別に物理的な切腹だけでなくてもよくて、社会的な切腹でもよくて、過去の功績を使って居座り続ける人がいろいろなレイヤーで多すぎるのがこの国の明らかな問題で、まったくろれつが回っていなかったり、まったく会話にならなかったりするような人たちが社会の重要なポジションをごくごく自然に占めていて、僕たち、それが当然だと思っちゃっているじゃないですか。当然だと思っていることがすごく危機的な状況だと思っていて、消えるべき人に「消えてほしい」と言い続けられるような状況をもっとつくらないといけないんじゃないか」。

5　シノドス国際社会動向研究所報告書「新しい中間層の可視化に向けて（4）」（2023年2月2日）http://synodoslab.jp/pdf/report20230202.pdf（2023年12月30日アクセス）。

6　なお本稿は「ヨーロッパ日本研究協会（EAJS）」2023年研究大会分科会（Pol/IR_03）での報告「Is Japanese democracy as 'silver' as it appears?」を基にしている。企画責任者のGill Steel氏およびコメントを寄せて頂いた会員諸氏に記して感謝したい。

7 島澤諭『シルバー民主主義の政治経済学』日本経済新聞出版社、2017年、31頁。

8 代表例として八代尚宏『シルバー民主主義』中公新書、2016年。

9 ジョン・C・キャンベル『日本政府と高齢化社会』（三浦文夫・坂田周一監訳）、中央法規、1995年。

10 宮本太郎『福祉政治』有斐閣、2008年。

11 「後期高齢者の医療費、窓口負担2割に引き上げ案政府」『日本経済新聞』2023年12月2日（朝刊）。

12 「若年層を圧迫する高い社会保障負担」『日本総研 Viewpoint』No.2023-006。

13 谷口尚子「福祉・財政・民主主義のトリレンマ：日本の政党による福祉公約と有権者の選択に関する分析」日本政治学会2022年度研究大会報告ペーパー。

14 代表例として、城繁幸ほか『世代間格差ってなんだ』PHP新書、2010年。

15 介護保険制度と後期高齢者医療制度が財政負担につながっているとする指摘は、例えば京都総合経済研究所「何が財政赤字拡大の原因か」『Economic Report』2015年6月参照。

16 島澤・前出88頁。

17 Pierson, Paul (ed), *The New Politics of the Welfare State*, Oxford University Press, 2001.

18 代表例として、たかまつなな『政治の絵本』弘文堂、2017年。

19 Itmedia ビジネス online「20〜49歳の投票率1%低下で、年間13万5000円の損？大学教授らが試算」https://www.itmedia.co.jp/makoto/articles/1307/18/news078.html〔2023年12月26日アクセス〕同モデルは吉田浩「年齢別投票率の相違が世代間格差に及ぼす影響」Tohoku Economic Research Group Discussion Paper No.298で展開されている。

20 飯田健「東北大学プレスリリースについての疑問と再分析」http://txpolisci.sakura.ne.jp/replication.pdf〔2023年12月26日アクセス〕。

21 公平を期せば「投票率が高い高齢層寄りの政策が中心となりがちな「シルバー民主主義」だという意見」についての賛否を問うた朝日新聞の世論調査（2023年）では、全体で賛成するのは54%、反対が43%、うち若年層での賛同者は約8割となっている。なお、こうしたシルバーデモクラシー観をもっとも強く抱いているのは30代で、高学歴で高収入層であることも判明している。前掲シノドス国際社会動向研究所報告書「新しい中間層の可視化に向けて（4）」。

22 日本労働組合総連合会「消費税増税に関する調査」（2014年6月）https://www.jtuc-rengo.or.jp/info/chousa/

data/20140624.pdf?65〔２０２４年１月９日アクセス〕。

23 山田真裕「世代と政治」『法律時報』91巻１号。

24 博報堂生活総合研究所『消齢化社会』、集英社インターナショナル、２０２３年。

25 Pew Research Center "The Whys and Hows of Generations Research" https://www.pewresearch.org/politics/2015/09/03/the-whys-and-hows-of-generations-research/〔２０２３年12月30日アクセス〕.

26 Andrew S. Fullerton et al. "Generational Conflict or Methodological Artifact? Reconsidering the Relationship between Age and Policy Attitudes in the U.S., 1984-2008", *Public Opinion Quarterly*, 74（4）2010; Goerres, Achim. and Markus Tepe,"Age-based self-interest, intergenerational solidarity and the welfare state: A comparative analysis of older people's attitudes towards public childcare in 12 OECD countries," *European Journal of Political Research*, 49, 2010.

27 ただし、下記註28の意識調査では、他国と比べて日本の青年の政治への関心が低いとは言えないことに留意。

28 内閣府『我が国と諸外国の若者の意識に関する調査』、２０１９年。

29 Fondapol. *La Jeunesse du Monde*, Fondation pour l'Innovation Politique, 2011. 以下同。調査対象年齢は各国ともに16から29歳。

30 カール・マンハイム（鈴木広訳）「世代の問題」、『マンハイム全集（三）社会学の課題』、潮出版社、１９７６年。

31 同上（高橋徹・徳永恂訳）『イデオロギーとユートピア』、中公クラシックス、２００６年、２０９頁。

32 Tiberj, Vincent, *Les Citoyens qui viennent*. Paris :Puf, 2017.

33 これは２大政党制の必然性についての丸山眞男の言葉である。「政治的判断」同『丸山眞男コレクション』、平凡社ライブラリー、２０１０年、１０９頁。

34 上野千鶴子・北田暁大「世代間対立という罠」『思想地図』ｖｏｌ．２、２００８年、２００頁。

第 4 章
「熟議」「政党」「市民運動」はどこに行くのか

I　抽選制の未来

山口晃人

近年、抽選制に関する議論が世界的に注目を集めている。これらの議論は、ちょうど司法の領域における裁判員制度や陪審員制度のように、立法の領域においても、くじ引きで選ばれた市民が意思決定者として参加することを提唱するものである（Abizadeh 2021, Bouricius 2013, Gastil and Wright 2019, Guerrero 2014, 2021, Landemore2020, ヴァン・レイブルック 2019, 岡﨑 2022, 山口 2020）。

本稿では、こうした抽選制論について、現在の状況を概観するとともに、その将来的な可能性について考える。１では、抽選制の現在として、実際の政治的意思決定の場面で抽選が活用された事例を紹介する。２では、選挙制に対し、抽選制が持つ利点を紹介し、なぜ抽選制が注目を集めているかを明らかにする。３では、抽選制の未来として、２０４０年の世界で抽選制がどのような形で実現可能であるかを考える。

1 抽選制の現在

2024年現在、既存の選挙制議会に匹敵する強力な権限を持った抽選制議会は実現していない。しかしながら、「ミニ・パブリックス（mini-publics）」と総称される、無作為抽出された市民による会議は、政治的な意思決定の場面での存在感を強めている。OECDのデータベースによれば、2024年7月までに700以上のミニ・パブリックスが実施されている。[1] ここでは、こうしたミニ・パブリックスの代表例を紹介する。

(1) 討論型世論調査

最初に紹介したいのは、ジェームズ・フィシュキンらの主導の下で始まった討論型世論調査である(Fishkin 2009=2011, OECD 2023: 67-8)。討論型世論調査は、性別や年齢などを考慮した上で市民を無作為抽出し、議題に関する情報提供を行った上で、選ばれた市民同士で熟議してもらい、熟議前後の選好変容を計測するというものだ。

討論型世論調査は学術的な目的で実施されたものが大半だが、実際の政策変更につながったものもある。例えば、アメリカのテキサス州で実施された再生可能エネルギーに関する討論型世論調査では、再生可能エネルギーについての熟議が行われ、熟議の結果、再生可能エネルギーのために電気料金を値上げすることへの支持が30％ポイント以上上昇した（52％→84％）。そして、その提言を受け、テキサス州では風力発電の導入が進められ、２００７年には「アメリカで最も風車の多い州になった」（ヴァン・レイブルック 2019: 120）。

日本でも、２００９～２０１４年にかけて計7回の実施例がある（Sone 2021: 139-141）。２０１２年7月～8月にかけて実施された「エネルギー・環境の選択肢に関する討論型世論調査」では、２０３０年の原発比率に関して、「ゼロシナリオ」、「15％シナリオ」、「20～25％シナリオ」の３つの選択肢が検討された。熟議の結果、「ゼロシナリオ」の支持率が当初の32・6％から46・7％に上昇した一方、「15％シナリオ」と「20～25％シナリオ」の支持率はほぼ変化しなかった（それぞれ16・8％→15・4％、13・0％→13・0％）。[2] 討論型世論調査の結果を受け、民主党政権はエネルギー政策の転換を進めたが、政権交代により頓挫してしまった。

（2）アイルランド憲法会議・市民議会

次に紹介したいのは、アイルランド憲法会議と市民議会の事例である（Arnold, Farrell and Suiter 2019, Farrell 2018, Harris, Farrell and Suiter 2023: 157-8, 德田 2020）。アイルランド憲法会議は、２０１２年12月から２０１４年３月にかけて実施された。この会議の最大の特徴は、無作為抽出された市民からなる純粋なミニ・パブリックスではなく、市民66人に加え、選挙された政治家33人、そして議長１人を加えた１００

人による混合熟議であったということである。この会議では、大統領任期の短縮、選挙権年齢の引き下げなどの10個のテーマを検討し、提言を行った。

提言の中でも特に注目すべきは、「婚姻の平等」についてである。憲法会議の提言を受けた政府は、2015年5月、憲法第41条第3項に「婚姻は、性別にかかわらず2人の合意に基づいて契約することができる」という条文を追加し、同性婚を可能にするための国民投票を実施した。そして国民投票の結果、賛成多数により憲法改正が実現した（徳田 2020: 78-81）。

もうひとつのアイルランド市民議会は、2016年末から2018年春まで実施された。市民議会は、無作為抽出された市民99人と議長1人の100人で構成された。つまり、憲法会議とは異なり、市民議会は政治家が参加しない純粋なミニ・パブリックスだったのである。市民議会は、人工妊娠中絶、気候変動、高齢化、任期付き議会、国民投票の実施方法について熟議し、提言を行った。提言を受け、政府は2018年に中絶についての国民投票を実施し、賛成多数により憲法改正が行われた（Ibid: 81-6）。

アイルランド憲法会議・市民議会の事例は、無作為抽出された市民を含む会議の提言が基となり、憲法改正にまで至ったという点で注目に値する。

（3） ベルギーのドイツ語圏共同体議会

最後に紹介するのは、ベルギーのドイツ語圏共同体議会のミニ・パブリックスである（Niessen and Reuchamps 2022）。ドイツ語圏共同体は、面積846㎢に約7・7万人が暮らすベルギーの自治体である

(Ibid.: 137)。

２０１９年２月25日、ドイツ語圏共同体議会は、常設の市民評議会（Citizens' Council）を設置することを決めた（Ibid.: 140-1）。市民評議会は、任期１年半の24人の市民評議員からなり、半年ごとに３分の１が交代する（市民評議員は後述する市民議会の経験者から抽選で選ばれる）。市民評議会の主な役割は、年に１〜３回テーマを決めて市民議会（Citizen's Assemblies）を開催することである（Ibid.: 142-5）。市民議会は、16歳以上の外国籍を含む住民から、年齢、性別、地理的出身、社会経済的背景を考慮した層化無作為抽出によって選ばれた25〜50名の市民議員で構成される（Ibid.: 145-6）。市民議会の主な役割は、市民評議会によって定められたテーマについて熟議し、１つ以上の提言を作成すること、そしてその提言について選挙制議会の議員と議論することである（Ibid.: 148）。

ドイツ語圏共同体のミニ・パブリックスの注目すべき点は、それが単発のものではなく、常設の抽選制諮問機関を設置するものであったということだ。２０２４年７月現在、第６期の市民評議会が継続中であり、市民議会は既に５回実施されている[3]。

ドイツ語圏共同体での成功は、ベルギー国内での更なる常設型抽選制諮問機関の導入に繋がった。ベルギーの首都・ブリュッセルにあるブリュッセル地域圏議会とブリュッセルフランス語圏議会でも、常設の抽選制諮問機関が設置されたのである。ただし、これらの議会で設置されたのは、抽選された市民だけで構成されるミニ・パブリックスではなく、アイルランドの憲法会議と同様、選挙制議会の議員と抽選された市民が１：３（地域圏議会の場合、議員15人：市民45人、フランス語圏議会の場合、議員12人：市民

36人）となるように構成された混合熟議の委員会であった（Reuchamps 2020）。他にもベルギーでは、国会に当たる連邦議会でも、混合熟議の委員会を設置する動きがある。[4]ベルギー以外でも、2021年にフランスのパリ市で常設の市民議会が設置されるなど、欧州ではミニ・パブリックスの制度化が進んでいる（OECD 2021: 14-7）。

（4）ミニ・パブリックスの課題

ミニ・パブリックスは諮問機関にとどまるため、その影響力には限界がある。実際、提言が議会や政府によって無視される事例は少なくない。[5]ただし、OECDが収集したデータでは、提言が全く政策に反映されなかったのは11％にとどまり、76％の事例で半分以上の提言が政策に反映され、36％の事例ではすべての提言が政策に反映されたとされる（OECD 2023: 130）。このデータを見ると、ミニ・パブリックスの提言はかなりの程度政策に結びついているように見える。しかしながら、政府当局が自分たちに都合の良い提言だけをつまみ食いしている可能性も否定できない（Ibid.）。

2　抽選制のメリット

1では、政治的意思決定の場面でのミニ・パブリックスの活用が拡大している一方、それには一定の限界があることを指摘した。

こうしたミニ・パブリックスの限界を受け、ミニ・パブリックスに単に諮問的な役割を与えるのではなく、意思決定権限を与えるべきだとする抽選制論が注目を集めている。

抽選制論は大きく分けて2種類ある。ひとつは、選挙制議会を廃止し、抽選制議会を立法府とする「ロトクラシー（lottocracy）」の構想である（Bouricius 2013, Guerrero 2014, 2021, Landemore 2020）。もうひとつは、選挙制議会に加え、抽選制第二院を設置する「選挙制議院＋抽選制議院」の構想である（Abizadeh 2021, Gastil and Wright 2019, 岡﨑 2022, 山口 2020）。つまり、前者は選挙制議会を代替するものとして抽選制議会を、後者は選挙制議院を補完するものとして抽選制議院を提唱している。

抽選制論は、前項で見たミニ・パブリックスをベースにしている。しかしながら、選挙制議会（議院）を代替・補完するという強力な権限を持った抽選制議会（議院）と、諮問機関にすぎないミニ・パブリックスの間には大きな隔たりがあるのも事実である。それでは、なぜ抽選制が注目を集めているのだろうか。本項では、選挙制に対し、抽選制が有するメリットを確認することで、それが注目を集める理由を明らかにしたい。

（1）記述的代表

抽選制が持つ第一の利点は、「記述的代表（descriptive representation）」によって、より全体の利益にかなった政策が実現されることである（Farrell and Stone 2018, 山口 2020: 367-8）。

既存の選挙制議会では、社会的に有利な属性を持つ一部の人々が過大代表される傾向にある（Carne

and Lupu 2023)。例えば、日本の国会では、世襲議員の多さや、議員の性別・年齢の偏りが目立つ。世襲について見てみると、２０２１年衆院選では、立候補者１０５１人のうち、世襲候補は１３１人（12・5%）であり、自民党の候補者に限ると29・5%が世襲だった[6]（議員の世襲に関しては、本巻の清水論文を参照）。国会における女性議員比率も、衆議院で９・７%（２０２１年10月）、参議院で27・４%（２０２２年7月）にとどまり[7]、大きな偏りがあることがわかる。

　また、議会の構成だけでなく、富裕層が意思決定に間接的な影響力を持つという問題もある。政治献金やロビイングなどによって、富裕層は自ら選挙に出馬せずとも、自身が望む政策を実現するように候補者に圧力をかけられる（McCormick 2011: 91）。

　したがって、選挙制議会では、社会的に有利な属性を持つ一部の人々の声が過大代表され、そうした人々の利益ばかりが増進される恐れがある。実際、具体的な因果メカニズムについては議論があるものの、政策決定者は多数派の選好よりも富裕層の選好に一貫して応答的であることが指摘されている[8]。

　抽選制の場合には、こうした偏りは生じにくいと考えられる。第一に、無作為抽出によって一定人数以上の議員が任命される場合、抽選制議会は有権者の「縮図」となることが期待できる。例えば、アメリカの連邦議会が抽選制になれば、議員の半数は女性、13%は黒人、別の13%はヒスパニック、4〜5%は同性愛者、約11%は貧困層から選ばれることになる（Zakaras 2010: 461）。日本の国会で抽選制が導入されれば、世襲議員は姿を消し、議員は男女ほぼ同数となり、年齢構成の偏りも是正されるだろう[9]。第二に、資金提供を通じて富裕層が影響力を持つという問題も、抽選制議会では生じないと考えられる。

なぜなら、政治献金が必要なのは選挙資金等を確保する必要があるからであり、選挙の必要がない抽選制議会の議員に対し、政治献金を認める理由がないからである。

選挙制議会の意思決定において、富裕層の選好が優先される因果メカニズムが明確でないこともあり、抽選制議会であればそれが解消されるとは断言できない。しかしながら、抽選制議会では、あらゆる人々の意見がその人口に占める割合に比例して適切に代表されることで、既存の選挙制議会よりも全体の利益にかなった政策が実現されやすくなる可能性は十分にあると思われる。

(2) 政党からの独立

抽選制の持つ第二の利点は、抽選で選ばれた議員が、他者に縛られることなく、自己の判断のみに基づいて行動できることである。選挙制議会の議員の多くは、選挙で勝利するために、所属政党や利益団体、地元の有権者などに常に配慮しなければならない。そのため、全体の利益になる最善の行動が何かを理解していても、それを実行できないことがある。

それに対し、抽選で選ばれた議員は、選挙を気にする必要がないので、自身が社会にとって最善だと思う行動をとることができる。例えば、抽選制議会では、選挙がない以上、公的な政党が介在する余地はほとんどないだろう。したがって、個々の議員は、各自独立に最善と思う立法を行い、投票すると考えられる。また、選挙制議院＋抽選制議院では、選挙制議院に政党は残るものの、抽選制議院の議員がそれらに縛られることはない。したがって、選挙制議院の提案した法案に是々非々で臨み、選挙制議会の議員よりも適切な意思決定を下すことが期待できる。[10]

3　抽選制の未来

本項では、２０４０年における抽選制の未来予想図を描くことを試みる。（１）では、２０４０年の日本における抽選制の導入状況についての予測を述べ、（２）では地方議会における抽選制の導入方法を検討する。

（1）　抽選制の未来予想図

第一に指摘できるのは、２０４０年時点で、国政レベルで抽選制議会（議院）が導入されている可能性はほぼゼロであるということだ。その主な理由は、国会改革を実現する上でのハードルの高さである。抽選制議会（議院）を実現するには、憲法改正が不可欠である（岡﨑 2022: 76-7）。憲法改正のためには、衆参両院でそれぞれ3分の2以上の賛成、国民投票で過半数の賛成を得る必要がある（日本国憲法第96条）。しかしながら、選挙で選ばれた国会議員が抽選制議会（議院）の導入に積極的に賛成するとは考えにくい。なぜなら、憲法が改正されれば、彼ら自身の地位が危険に晒されるからだ。例えば、参議院を抽選制議院にする憲法改正案が提出されたとする。憲法改正が実現すれば、失業することになる参議院議員が改正案に賛成することはまずありえない。

第二に、国会レベルでの導入は困難だとしても、地方議会レベルでは抽選制議会を実現することは可能かもしれない。吉田（２０２１）が指摘するように、地方議員の「なり手不足」の解消は喫緊の課題である。２０２３年４月の統一地方選挙では、告示された３７３の町村議会選挙のうち、１２３の町村で無投票となり、20の町村では定員割れとなった[11]。少子化による人口減少を考えると、今後も「なり手不足」は悪化する可能性が高い。そうなれば、既存の議会を維持できない自治体も出てくるはずである。実際、高知県大川村では、２０１７年に、議員の「なり手不足」から、村議会を廃止して有権者自らが議案等を審議する町村総会を設けることが検討された（ＮＨＫスペシャル取材班 2020: 143-4）。結局、総会にどのように人を集めるか、連絡・交通手段・採決方法をどうするかといった課題がクリアできず、わずか３か月で検討は中断されたが、大川村の事例は地方議会の危機を端的に表している。

地方議会レベルでの抽選制議会は、既存の国会議員の地位を脅かさない点で、相対的に導入への反発が小さい。「なり手不足」などの課題に鑑みれば、憲法改正のハードルを考慮しても、今後議論が進む可能性はゼロではない。

（２） 地方議会への抽選制の導入

それでは、地方議会への抽選制の導入はどのようになされるべきだろうか。ここでは３つの段階に分けて説明する。

導入の第一段階は、単発のミニ・パブリックスを開催し、その提言を自治体の意思決定に生かすことである。実は、この段階は既に概ねクリアされていると言ってよい。なぜなら、既に一定数の地方自治体で、市民討議会や気候市民会議などの小規模なミニ・パブリックスが実施され、自治体の政策決定に生かされているからだ（伊藤 2021, 三上 2022)。

第二段階は、1（3）で紹介したように、ミニ・パブリックスを常設化することである。ベルギーのドイツ語圏共同体やパリ市議会のように、市民だけの純粋なミニ・パブリックスでも良いし、ブリュッセル地域圏議会のように、市民と政治家が協働する混合熟議でも良いだろう。これらのミニ・パブリックスは、市民に新たな政策を提案させる「提案型」だが、議会が審議している議題について、選ばれた市民が賛否を述べる「拒否型」のミニ・パブリックスを導入することも検討すべきである。例えば、ミニ・パブリックスに年間で1～2つの条例案を拒否する権限を与えることが考えられる。NHKの調査によれば、全国1788の地方議会のうち、2018年の1年間で、行政側の提案を一度でも否決したことがある議会は203議会にとどまる（NHKスペシャル取材班 2020: 38)。停滞した議会審議を再活性化するという観点でも、拒否型のミニ・パブリックスの導入は一考に値すると思われる。

導入の第二段階までであれば、自治体の条例のみで実現することが可能であろう。ミニ・パブリックスの構成（市民のみもしくは政治家と市民の混合)、権限（提案型か拒否型か)、人数、任期、報酬など、検討すべき点は少なくない。しかしながら、このことは決して悪いことではない。様々な自治体がお互いの実践を参考にしながら、地域の事情を考慮した最善のカスタマイズを探ることで、より良い民意反映が可能になるからである。

そして、最後の第三段階は、地方議会への抽選制の導入である。自治体レベルでの抽選制議会の導入であっても、憲法改正が必要であり、実現のハードルは依然として高い。その上で、仮に憲法改正が実現可能であるとしても、いきなり全国一律で抽選制議会を導入することは望ましくない。一口に抽選制議会を導入すると言っても、既存の議会に代えて抽選制議会を導入する「ロトクラシー」、選挙制議会に加え抽選制第二院を設置する「選挙制議院＋抽選制議院」、既存の議会の一部議員を抽選とする「混合制議会」など、様々なやり方がある。また、大規模な改革には相応のリスクもある。したがって、ランダム化比較試験などの因果推論の手法を参考にしつつ、試験的に一定数の自治体で、ロトクラシー、選挙制議院＋抽選制議院、混合制議会をそれぞれ実施し、既存の選挙制議会と比較することが考えられる。比較の結果、抽選制の導入が望ましいと判明して初めて、住民の理解を得つつ、他の自治体へも導入すべきである。

4　おわりに

本稿では、近年注目が高まっている抽選制論について、2024年現在の状況と2040年の未来予想図を示した。

抽選制議会（議院）を導入し、無作為抽出された市民が議員になるという制度構想は、極めて突飛なアイディアに思われるかもしれない。数年ごとの選挙で政治家を選び、選ばれた政治家が法律や条例を作るというのは当然のことであり、それ以外の仕組みを想像するのは困難だろう。しかしながら、それは決して当たり前のものではない。世界的に見れば、選挙制民主主義国は現在でも（数的には）多数派ではない。日本も戦後になるまで女性に参政権はなく、江戸時代までは身分制社会であった。２００９年に開始された裁判員制度が既に当たり前のものとなっているように、抽選制議会も一旦導入されてしまえば、当たり前のものになるかもしれない。

２０４０年は、現在（２０２４年）からわずか16年後であり、それまでに大規模な政治改革が行われる可能性はかなり低いように思われる。しかしながら、政治以外の領域に目を向ければ、16年という期間は途方もない長さである。例えば、Apple社から「iPhone」が発売されたのは２００７年であり、今から16年前（２００８年）にはほとんどの人がスマートフォンを持っていなかった。２００８年当時、現在のスマホ社会の到来を予測できた人はほとんどいなかったはずだ。そう考えると、２０４０年に私たちの社会がどのようなものになっているかを予測するのはきわめて困難であろう。

短期間でテクノロジーが大きく進歩していく現代、政治制度のみが旧態依然としているのは非常に奇妙である。時代に合わせ、政治制度もアップデートしていく必要がある。

謝辞
本稿の草稿については、九州大学の岡﨑晴輝先生のゼミで報告させていただき、岡﨑先生をはじめとする参加者の方々より、様々な観点からの詳細なコメントをいただいた。また、岡﨑先生、鎌田厚志さん、執行浩史さん、小路克明さんからは個別にもコメントをいただいた。記して感謝申し上げる。

【注】

1 https://airtable.com/appP4czQIAUIMy2M3/shrX048tmQLl8yzdc/tblrttW98WGpdnX3Y/viwX5ZutDDGdDMEep?blocks=hide（2024年7月7日最終アクセス）.

2 日本経済新聞2012年8月22日「原発ゼロ支持、参加後47％に増加　討論型世論調査」(https://www.nikkei.com/article/DGXNASGC22005_S2A820C1MM0000/)（2024年7月7日最終アクセス）。

3 https://www.buergerdialog.be（2024年7月7日最終アクセス）.

4 La Chambre adapte son règlement pour mettre en place commissions mixtes et panels citoyens - La DH/Les Sports+ (dhnet.be)（2024年6月3日最終アクセス）.

5 2019年から2020年にかけて行われたフランスの気候市民会議では、マクロン大統領が当初、提言を修正なしに政策に反映させるとしていたにもかかわらず、実際には3つの提言が拒否され、他の提言についても大半が骨抜きにされた (Knops and Vrydagh 2023: 217-8)。また、本文中で述べた通り、日本の「エネルギー・環境の選択肢に関する討論型世論調査」の事例では、政権交代により提言の存在は忘れ去られてしまった。

6 時事ドットコムニュース　2021年10月19日「データで読む衆院選」(https://www.jiji.com/jc/v4?id=20211019shuinsen_data0003)（2024年7月7日最終アクセス）。なお、同記事では、「父母、義父母、祖父母のいずれかが国会議員、または三親等内の親族に国会議員がいて同一選挙区から出馬した候補」を「世襲」と定義している。

7 内閣府男女参画局「男女共同参画白書　令和5年版」124–5頁 (https://www.gender.go.jp/about_danjo/whitepaper/r05/zentai/pdfban.html)（2024年7月7日最終アクセス）。

8 富裕層（所得上位90％）の政策選好が中間層（所得中位50％）と貧困層（所得下位10％）の政策選好と対立する場合、米国政府の採用する政策は専ら富裕層の選好に応答的である (Gilens 2012: Chap.3)。つまり、米国政府は、富裕層の望む政策と多数派の望む政策が対立する場合、富裕層の望む政策を実現している。ドイツ、オランダ、ノルウェー、スウェーデンでも、同様の傾向が確認されている (Mathisen et al. 2024)。

9 クオータ制などとは異なり、性別などの既知の属性だけでなく、人口の何%が熟慮の上で、ある政策を支持するかといった未知の属性についても、抽選制議会であれば比例的に代表することができる（山口 2020: 367-8）。

10 もちろん、抽選制議院において、党派性の影響が全くなくなるわけではない。例えば、自民党支持者の抽選制議院の議員は自民党が賛成する大半の法案に賛成し、共産党支持者の議員は共産党とほぼ同様の投票行動をとるかもしれない。しかしながら、このことによって、抽選制議院の導入メリットがゼロになることはない。なぜなら、一定数の無党派層の議員の投票行動によって、結果は変わりうるし、また特定政党の支持者であっても、熟慮の結果、支持政党と異なる仕方で投票する可能性があるからである。

11 ＮＨＫ政治マガジン「統一地方選挙 町村長町村議選 告示 町村長選は56％で無投票」（https://www.nhk.or.jp/politics/articles/lastweek/98341.html（２０２４年７月７日最終アクセス））を参照。

【参考文献】

Abizadeh, A.（2021）. 'Representation, Bicameralism, Political Equality, and Sortition: Reconstituting the Second Chamber as a Randomly Selected Assembly.' *Perspectives on Politics*, 19（3）: 791-806.

Arnold, T., Farrell D. M., & Suiter, J.（2019）. 'Lessons from a Hybrid Sortition Chamber: The 2012-14 Irish Constitutional Convention.' In J. Gastil & E. O. Wright（eds.）. *Legislature by Lot: An Alternative Design for Deliberative Governance*. London: Verso.

Bouricius, T.（2013）. 'Democracy Through Multi-Body Sortition: Athenian Lessons for the Modern Day.' *Journal of Public Deliberation*, 9（1）: 1-19.

Carnes, N. and Lupu, N.（2023）. 'The Economic Backgrounds of Politicians.' *Annual Review of Political Science*, 26（1）: 253-70.

Farrell, D. M.（2018）. 'What Happens after a Citizens' Assembly?' https://politicalreform.ie/2018/07/18/what-happens-after-a-citizens-assembly/

Farrell, D. M. and Stone, P.（2018）. 'Sortition and Mini-Publics: A Different Kind of Representation.' In Rohrschneider, R. and Thomassen, J.（eds.）, *The Oxford Handbook of Political Representation in Liberal Democracies*. Oxford University Press.

Fishkin, J.（2009）. *When the People Speak: Deliberative Democracy and Public Consultation*. Oxford University Press（曽根泰教監訳・岩城貴子訳（２０１１）『人々の声が響き合うとき――熟議空間と民主主義』早川書房）.

Gastil, J. and Wright, E. O.（eds.）（2019）. *Legislature by Lot: Transformative Designs for Deliberative Governance*. Verso.

Gilens, M.（2012）. *Affluence and Influence: Economic Inequality and Political Power in America*. Princeton University Press.
Guerrero, A. A.（2014）. 'Against Elections: The Lottocratic Alternative.' *Philosophy & Public Affairs*, 42（2）: 135-78.
Guerrero, A. A.（2021）. 'The Epistemic Pathologies of Elections and the Epistemic Promise of Lottocracy.' In Edenberg, E. and Hannon, M.（eds.）, *Political Epistemology*. Oxford University Press.
Harris, C. Farrell, D. M. and Suiter, J.（2023）. 'Mixed-member Deliberative Forums: Citizens' Assemblies Bringing Together Elected Officials and Citizens.' In Reuchamps, M., Vrydagh, J. and Welp, Y.（eds.）, *De Gruyter Handbook of Citizens' Assemblies*. De Gruyter.
Knops, L. and Vrydagh, J.（2023）. 'Between Hopes and Systemic Unsustainability: An Analysis of Citizens Assemblies' Potential on Climate Change.' In Reuchamps, M., Vrydagh, J. and Welp, Y.（eds.）, *De Gruyter Handbook of Citizens' Assemblies*. De Gruyter.
Landemore, H.（2020）. *Open Democracy: Reinventing Popular Rule for the Twenty-First Century*. Princeton University Press.
Mathisen, R. et al.（2024）. 'Unequal Responsiveness and Government Partisanship in Northwest Europe.' In Lupu, N. and Pontusson, J.（eds.）, *Unequal Democracies: Public Policy, Responsiveness, and Redistribution in an Era of Rising Economic Inequality*. Cambridge University Press.
Niessen, C. and Reuchamps, M.（2022）. "Institutionalising Citizen Deliberation in Parliament: The Permanent Citizens' Dialogue in the German-speaking Community of Belgium," *Parliamentary Affairs*, 75（1）: 135-53.
OECD.（2021）. *Eight Ways to Institutionalise Deliberative Democracy*. OECD Public Governance Policy Papers.
Reuchamps, M.（2020）. Belgium's Experiment in Permanent Forms of Deliberative Democracy. Constitution Net, 17 January 2020, https://constitutionnet.org/news/belgiums-experiment-permanent-forms-deliberative-democracy
Sone, Y.（2021）. "Democracy and Deliberative Polling in Policymaking in Japan," In He, B., Breen M. and Fishkin J.（eds.）, *Deliberative Democracy in Asia*. Routledge.
ＯＥＣＤ（２０２３）日本ミニ・パブリックス研究フォーラム訳『世界に学ぶミニ・パブリックス――くじ引きと熟議による民主主義のつくりかた』学芸出版社。
ヴァン・レイブルック、D.（２０１９）、岡﨑晴輝・D.ヴァンオーヴェルベーク訳『選挙制を疑う』法政大学出版局。
伊藤伸（２０２１）『あなたも当たるかもしれない、「くじ引き民主主義」の時代へ――「自分ごと化会議」のすすめ』朝陽会。
ＮＨＫスペシャル取材班（２０２０）『地方議員は必要か――3万2千人の大アンケート』文藝春秋。
徳田太郎（２０２０）「アイルランドの憲法改正における熟議と直接投票（上）」『法學志林』１１８（３）57-89頁。
岡﨑晴輝（２０２２）「選挙制・任命制・抽選制」瀧川裕英編『くじ引きしませんか？――民主政からサバイバルまで』信山社

61−108頁。

三上直之（2022）『気候民主主義——次世代の政治の動かし方』岩波書店。

山口晃人（2020）「ロトクラシー——籤に基づく代表制民主主義の検討」『政治思想研究』20：359−92頁。

吉田徹（2021）『くじ引き民主主義——政治にイノヴェーションを起こす』光文社。

Ⅱ　政党の黄昏と政党論の夜明け

倉持麟太郎

はじめに——政党を論ずる意味と無意味

近時、「政党」への風当たりが強い。政権担当政党の特定宗教団体との密接な関係や、「裏金」「キックバック」問題などに表象される政治の私物化、他方でここまで腐敗した与党を前にして支持率を「下げる」野党。まだ風が当たっていればよい方で、世論調査で「支持政党なし」が約50％に近い数字を更新し続ける現状は、むしろ政治的に「無風＝ニヒリズム」という病理がこの社会を覆い、無自覚的な現状維持という名のゆるやかな衰退のスパイラルそのものである。

筆者はとりわけ２０２４年の日本政治においては基本的に政党不要論者である。イシューごとにローメイカーである政治家がチームを形成し、党派を超えて問題解決を目指すのがベストであろう。社会問題の解決とは全く無関係で不毛でしかない与野党の日程闘争とそれに伴うパフォーマンスもなくなるはずだ。しかし、それでもなお政党の存在意義は存在するのか、あえて政党不要論者の筆者がその可能性を検討してみようと考えたのが本稿である。

一方で、現状、日本国憲法下の憲政において最も重要なプレイヤーが「政党」であることはおそらく誰しもが同意するところであろう。しかし、ご承知のとおり日本国憲法には「政党」の二文字が存在しない。統治の基本法であり、権力の担い手に「憲法尊重擁護義務」を課す日本国憲法が政党について沈黙しているのは、よく考えれば不思議なことである。特に、戦前や冷戦期に政党を中心とした代議制民主主義に失敗した諸国家が憲法で政党について規定していることからすれば、なおさら不思議ではないか。

とはいえ、近代化以降大日本帝国憲法下から、超然内閣のような考え方も存在したものの、一貫して政党は我国の代議制民主主義の主たるプレイヤーとしてその役割を与えられ、政党法制も少なくない発展をとげてきた。我が国における政党のあるべき姿に対するまなざし、最高裁は、憲法に関する政党の余白について、以下のような説明をしてきた。

「……憲法は政党について規定するところがなく、これに特別の地位を与えてはいないのであるが、①憲法の定める議会制民主主義は政党を無視しては到底その円滑な運用を期待することはできないのであるから、②憲法は、政党の存在を当然に予定しているものというべきであり、③政党は議会制民主主義を支える不可欠の要素なのである。そして同時に、④政党は国民の政治意思を形成する最も有力な媒体であるから、⑤政党のあり方いかんは、国民としての重大な関心事でなければならない。」

（八幡製鉄事件判決・最大判昭和45・6・24、傍点及び丸中数字は筆者加筆）

しかし、果たして上記最高裁判決の①から⑤の政党をめぐる言説は、２０２４年現在、素直に「そうですね」と受け入れられるものであろうか。すなわち①現在、一部の新興宗教との強い結びつきやいわゆる〝裏金〟問題を挙げるまでもなく、政党が永田町を中心に自身の「飯のタネ」と保身を最優先にした生態系を築き上げているがゆえに、我々の意思は議会に届かないどころか（政治的スキャンダルがなくとも）国民の社会生活を支える様々な政策論議はほぼすべて停滞しており、政党は議会制民主主義の円滑な運用を阻害している。②③そうすると、現在の政党の在り方は憲法が予定しているとする議会制民主主義の潤滑油としての政党の姿なのか極めて疑わしい。④令和４年度の内閣府「社会意識に関する世論調査」によれば、国民の71・４％が「自分の意見が政治に反映されていない」としていることからも明らかなとおり、価値観が多様化する社会において政党は広い社会的基盤を失い、自己保存に資する「上顧客」向けの意見集約しか行わない結果、もはや国民の政治意思形成の「媒介」足り得ていない。[1]⑤一方で我々国民は日常を何とか生き抜くことに追われ、生活の向上にも役に立たない政党の在り方に関心がある国民など、ごく一部である。政権の支持率の低下と同時に野党第一党の支持率も落ちる現象と政党支持率で常にトップを独走する「支持する政党はなし」がそれを物語っている。

政党の堕落と国民の政治的ニヒリズムというゆるやかな共犯関係はますます自民党の一強状態を強固なものとしている。これは、ただの筆者の肌感覚ではない。たとえば、ダートマス大学の堀内勇作のコンジョイント分析によれば、[2] ある政策パッケージを架空のA党やB党のものとして政党名を表示せずに提示した場合、人々は政策を精査し、各政策ごとに支持や不支持の評価を下す。次に、それらを政策の中身に関係なく（たとえば、集団的自衛権には「反対」といった現自民党の政策とも真反対のものに対しても）「自民党の政策である」と表示した途端に、政党名を表示していなかったときよりもそれぞれの政策への支持率が上がるのというのだ。それが共産党の政策であったとしても、「自民党」の政策であると看板を付け替えただけで当該政策の支持率は跳ね上がるのだ。つまり、国民意識としても政策本位で投票先を選択してなどおらず、むしろ「自民党かどうか」という極めて属人的ならぬ属〝党〟的な理由で政治選択を行っているということになる。そうなると、極端にいえば現在この国には政党として自民党さえ存在すればよいという「身もふたもない」民意が顕在化したのであり、安倍長期政権を経た後の真の「一強」状態を見れば、少なくとも国民は意識・無意識／作為・不作為によって現状を追認し続けていると診断してよさそうである。後に詳述するが、この構造において、他の政党の自民党のオルタナティブとしての存在意義はほぼないどころか、近い将来その存在すら危うい「消滅可能性政党」といってもよいかもしれない。

　ここまで政党の現状と未来にある種の否定的・絶望的な診断を下しながら、なお政党の意義と将来像について憲法を通して論ずる意味はあるのだろうか。

逆説的だが、希望はある。

すなわち、宍戸常寿が指摘するように、憲法学とこれに関する憲法テクストが政党論として扱ってきたのは「政党の憲法上の地位をめぐる議論や、政党に関する実定法制度の概説にすぎ」ず、政党をめぐる生態系の現状と既成事実を所与のものとして論じられすぎてきたキライがある。[3] 今一度、政党について憲法規範というテクストによるレントゲン診断を行ってみたい。

1 政党の公的側面と私的側面

憲法論として政党を眺めたとき、その二側面に目がいく。ひとつは、私的な「結社」であるという私的側面（憲法21条1項、以下「結社モデル」という）であり、いまひとつは、先の最高裁判例でも言及のあるとおり、代議制民主主義において民意を国政に反映させると同時に政権獲得のための政治ゲームを勝ち抜き、与党＝内閣として権力そのものを構成するという公的側面（以下、「統治権力モデル」という）である。これまでの標準的な憲法学や政治学における政党の定義によると、「共通の理念・政策を掲げその実現のために政権ないし政治権力の獲得および維持を目指して活動する自主的かつ継続的な組織体」[4]といった定義や、「政治に関する何らかの利益を確保するために形成され、自らが政治権力の行使に直接たずさわることで、その目的を達成しようとする集団」[5]との定義がなされてきた。これらの説明も、先の二側面に照らすと、権力獲得という目的をベースとした公的側面が強調されていることが理解できるだろう。憲法の基本書などを開いても、政党は「人権」ではなく「統治」の項目に記載されている場合がほとんどで、この意味で憲法学も、政党の統治権力としての側面を一義的にその分析対象としてきた。

本稿の結論から言えば、今までの政党をめぐる議論は、政党の公的側面に比重が置かれすぎ、また、比重が置かれていたにもかかわらず公的側面の非常に表層的な一部のみが強調され適切な規律がなされていない一方で、私的側面の豊かな議論が置き去りにされていたのではないか、というものである。そして、この政党の私的側面に光を照射することこそ、令和の日本政治における政党の生存戦略がある、という仮説を展開したい。本来、選挙を通じて統治権力そのものたらんとする公的側面を強調するのであれば、政党の憲法的編入を含め公的規律を真正面から論じるべきであるにもかかわらず、公的規律のフェーズでは結社の自律性などを理由に党内民主主義などの政党規律の議論にブレーキをかけてきた。一方で、多様な情報と価値観の波に飲まれかける孤独な群衆を前に「結社」（憲法21条1項）としての政党の意義や可能性の側面に光を当てる豊かな議論はされてこなかったと言ってよい。本稿では、政党の公的側面における規律ではなく、「結社」としての私的側面を再定位することに力点を置きたいと考えている。より具体的に言えば、他の人権の手段的価値しか与えられてこなかった「結社の自由」の「親交の自由」「交際の自由」という本質まで立ち戻り、ここから生まれる個人の自己決定には還元されない「関係性」をより豊かにするための結社としての政党を構想する。政党の結社的機能の特化によって、現代社会において同一地平線を生きるにもかかわらず「違う世界／日常」を生きてしまっている分断された孤独な群衆の紐帯となり、近代憲法学における「強い個人」と「弱い個人」の調停も企図するという戦略である。

2 政党の国家化という皮肉と必然

政党の公的側面にばかりスポットライトが当たってきたのかを論ずる前提として、政党が「国家化」していく過程を簡単に振り返りたい。1980年後半にリクルート事件に象徴される「政治とカネ」にまつわるスキャンダルが立て続けに起きたことによる政治不信を払しょくするため、1990年代前半は政治改革の機運が高まり、制度改変に結実した。「政治とカネ」問題は端的に選挙に金がかかりすぎることに原因があるとされた。当時採用されていた大選挙区単記投票制（＝中選挙区制）では同一選挙区で同一政党の候補者が複数立候補するため、それぞれの差異化は候補者「個人」ごとになされることとなる（「個人本位」の選挙システム）。具体的には「同一政党の他の候補者に勝つために、①個人後援会の創設・拡大、②（同士討ちを避けるための）政党内における票の割振り、③（党内競争に勝利するための）「派閥」の存在意義の増大、および、④個別議員と個別の特殊利益との結合（地元選挙区や利益団体への便宜供与など）という現象が顕著になった」とされる。[6] これらの弊害を是正するため、1990年の選挙制度及び政政治資金制度の改革についての答申を踏まえた形で、政党助成法及び政治資金規正法の制定や、現在の小選挙区比例代表並立制の採用により「政党本位」の政治・選挙システムに移行したのである。個人本位から政党本位に移行したことで民意の反映や政治とカネなどの問題が解決したかといえば、そうではないことが2024年を生きる誰しもが承認しうるところであろう。[7] これは、人々の価値観が多様化・細分化し、社会構造が変化したことによって、人々の選好や利害関係を「包摂」していた政党の包摂性が失われたことに端を発する。すなわち、政党は、人々が日常を送る家族、地域、会社、などの各場面で、それぞれの共同体内におけるコミュニティ（中間団体？）を形成することによって、少なからず「民意」の集約機能と、政党それ自体の社会的基盤（人とカネ）を構築してきた。しかし、現在、政党にあらゆるリソースを直接・間接に提供していた社会的基盤が弱体化したことで党員数や寄付金額が著しく減少した。[8] その減少分の補塡を国家財政からの補助などに求めているのが現状である。トーマス・ヴェスティングによれば、「価値の多様化した現代社会にあって、諸価値を伝統的な政党や政治団体だけでカバーすることは次第に困難になっており、このように政党の社会的基盤が失われつつあるからこそ、政党の国家化現象が生じた」とするが、[9] 本来国家と緊張関係にすらある政党が、弱体化した結果国家からの癒着や援助なしには存続できないという皮肉な状況を指して「政党の国家化」（＝市民社会との近接性の喪失）という語は、非常にアイロニカルであるとともに、現状の的確な描写である。

それでは政党の国家化のデメリットはいかなるものか。前掲論文で赤坂は2点挙げる。ひとつは、日本型の議会内多数派＝与党が内閣を形成するという権力融合型の議院内閣制を前提とすると、ルールメイキングも多数派政党によってなされることになるから、「政党の国家化」の中身も、いわば自分たちで決めることができるという利益相反関係にある。こうした政治的多数派による恣意的な「国家化」が行われることにより、時の多数派政党にとって有利な形での競争ルール設計がされる危険がある。次に、多数党だけでなく、存在する政党が国家化すればするほど（実は野党の方が社会的＝財政的基盤がぜい弱なため、国家化するという指摘もある）、既存政党に有利な形での国家化が行われるというリスクが考えられる。つまり、政治資金や政党助成ルールなどにおいて既存政党しか満たさない要件等を設けることで新規参入ハードルを上げることによって、脆弱化した基盤を補填する国家的リソースを独占しようというインセンティブが働く。これにより、「政党助成等の国家資源にアクセスしうる政党を国家が公認し、この国家化された政党が――新進政党・萌芽政党の犠牲において――市民社会で優位に政治活動を遂行する場合には、政党間の公平な競争構造が失われ、政治過程の開放性が損なわれる」ことの危険性を指摘する。これらをもって、赤坂は、社会と国家との「導管」を〝伝統的〟政党に担わせるのは「限界」と診断する。[10] 皮肉にも、政治腐敗・不信からの脱却を掲げ、選挙システムを中心とした政党システムを「人から政党へ」と移行したのと同時に生じた社会の多様化と個人のアトム化による中間団体の衰退という異なる事情が重なり、政党が従前どおり存続していくには国家に依存せねばならない事態が生じた。既存政党同士が自分たちの生息する「なわばり」の内側のみを見てその生態系を維持・死守する強いインセンティブ及びそれを明文・不文のルールに取り込み続けた蓄積と、その内向に働く引力を外から規律する手段をもたない我が日本政治は、本来、国家よりも市民との近接性が要求された政党が国家なる磁力に引き寄せられていくのをそれを凌駕する強い磁力で引き戻すリソースや市民運動などの蓄積も持ち合わせてこなかった。次項では一般論として政党の機能不全を引き起こす世界的趨勢を理解しつつ、日本の戦後民主主義を良くも悪くも一手に引き受けた自民党の内部制度が日本型民主主義及び政党論の貧困を生んだことを喧噪したい。

3 自民党による事前審査制について

政治学者の大山礼子は、海外との比較政治学の文脈で、野党の国会審議を通じた政策形成能力・影響力の強弱についての研究を紹介している。[11] たとえばGarritzmannの研究が呈示する8つの指標に基づいて日本の委員会制度を検討すると、委員会そのものの強さを測る4要素（委員会数、委員会の規模、省庁別編成か否か、委員会を補佐する人的資源）は、それも野党の政策形成への寄与を促す設計になっているという。そのほかも、法律の明文上のルールだけからすれば、「国会では、野党の政策決定への寄与を可能にするための条件が十分に整備されているように思われる」と結論付けている。しかし、1995年から2014年までの統計では、ねじれ国会の時期を除き内閣提出法案の成立率は95・5％であり、そのうち国会審議の過程で修正が加えられた法案の比率（修正率）は、わずか8・0％である。同修正率は、議院内閣制下の議会中最下位のグループであり、比較研究においても、国会の明文システムと現実との乖離が顕著な「最も変則的な（anomalous）」例だという。このような明文と現実の齟齬がなぜ生じているのであろうか。答えは、与党自民党における「事前審査制」の存在である。

事前審査制とは「内閣が国会に予算・法案等を提出するにあたり、閣議決定前に自民党が審査する手続」である。[12] 法的にも自民党党則にも明文の根拠はないが、「自民党の了承がない限り閣議決定できない慣習が成立して」いる。具体的に、自民党が政策を議案として国家に提出する場合、政務調査会に置かれる部会で行われる。[13] 各部会から提出された政策案は、政調会に設置されている政調審議会で審議決定される（同党則45条1項）。ここでポイントとなる総務会が登場する。党則45条5項によれば、「政調審議会において決定した政策に関する事項は、速やかに総務会に報告しその決定を経なければならない」とする。火曜日が定例とされる政調審議会で決定した政策は直後の同日11時開催の総務会、木曜の場合は翌金曜の総務会にかけられる。[14] 総務会に了承されると、「党内手続きを経た」ことになり、法案は閣議にかけられ閣議決定を経たのち国会に提出される。[15] 総務会の了承を受けて、自民党所属国会議員は党議拘束をかけられ、「自らの信条に反した法案でも国会では「採決マシーン」に徹するほかない」状態となる。[16] ここで、党議拘束に反する行動により「党議にそむく行為」とみなされれば、党規律規約に基づいて処分というサンクションを与えられることにより、党議拘束の実効性は担保されている。[17]

当たり前のように読んでしまうかもしれないが、このシステムは明らかにおかしい。本来、曲がりなりにも「権力分立」を前提としている日本国憲法下の議院内閣制で、議会と独立した内閣（行政権のトップ機関）が起案した法案を、なぜ議会に帰属する一与党（立法機関）の事前審査がなければ閣議決定すらできないのであろうか。権力融合ですらなく、行政立法の権力一致・一体である。もはやこのような事前審査制が存在することは自明のものとされているが、「唯一の立法機関」であり「国権の最高機関」である国会（憲法41条）の機能及び権能、議院内閣制を前提とした権力分立など、憲法の基本書だけでなく初等中等教育の社会科の教科書にも書かれる日本国憲法上の大原則と真向から対立し、さらにそれらの統治の基本原則を無力化する制度が、なぜもここまで公然と大手を振って憲政の実務のど真ん中を歩いているのであろうか。[18]

4　自民党総務会と日本国憲法

自民党総務会による事前審査制が定着した制度的・機能的理由はすでに先行研究によりいくつかの確かな理由が提示されている。まずもって、安倍政権などの長期政権の〝印象〟からすればしっくりこない面もあるかもしれないが、法案審議に関しては内閣が「弱い」ことである。内閣は、自ら法案を提出した場合、原則的に内閣自ら提出法案を議院の承諾なくして修正することはできないし、一院通過後は、修正不可能である（国会法59条）。[19] 内閣が国会審議の議事運営にタッチする権限を有せず、法案提出後は法案の生殺与奪を与党議員に委ねざるを得ないことから、事前に与党議員からの承認を取り付けておくインセンティブが働き、法案の閣議決定が与党総務会の承認にかからしめられたのである。要はリスク回避のための合理的な根回し術である。次に、審議時間の制約も事前審査制システム構築の理由に挙げられる。国会の常会は１５０日の会期があり、会期不継続の原則により会期末に成立しなかった法案は廃案となるため、内閣にとって成立させる必要性の高い法案は与党議員全員の自動的な賛成を取り付けておくインセンティブが働く。そのほか様々な分析は加えられているものの、いずれにせよ与党＝内閣が一体化することで与党＝内閣の実現したい政策や法案を協働して通過させるシステムが事前審査制であり、党議拘束をかける以上、野党の修正提案などが受け入れられるかどうかは理論的には皆無（道徳的に、温情的に、人間関係的に、などはありうるかもしれないが、それは法的な観点からの普遍的分析の俎上には乗らない性質のものである）なのであり、国会審議や野党の存在意義を限りなくゼロに近いところまで滅却するシステムとして厳然と、かつ強固に今なお立法過程を支配している。この事前審査制の存在によって、国会審議の充実は完全なまでに形骸化し、野党も修正要求が受け入れられることが構造的に不可能であるがゆえに日程闘争（２０２４年通常国会でのフィリバスターなどの旧態依然とした時間稼ぎ手法など）や、政府提案に声高に批判することでしか存在感を示せなくなってしまった。政党が代表者の集団であり、国民意思を集約し、統治権力の座を獲得しそれを実現する「器」だとすれば、このような構図と制度運営の中で野党には民意実現の機会はアプリオリに存在しない。したがって、現状のシステムにおいて正当の公的側面＝統治権力的側面からは野党は自民党に対抗することは不可能である。

5　自民党——近代化の「夢」の引継ぎ

自民党総務会による事前審査制のシステムとしての機能をここまで見たが、筆者は、それとはまた別の文脈で事前審査制が背負うノスタルジックな役割があると考えている。それは、自民党が意識的・無意識的に背負う、近代化以降の連続性の担保である。自民党総務会は、定員が25名〜40名までの変遷がありつつ、選任手続に特徴がある。たとえば自民党結党当初の選任手続は①党所属の衆議院議員による公選②党所属の参議院議員による公選③総裁による指名であった（党則27条）。その後も細かい変更はあるものの、総務選任の特徴を概して言えば、「衆議院の総務は地方単位で選ばれること、および、それとは別枠で総裁指名枠が設けられていること」[20]に集約される。大変興味深いことに、この選任方法は、明治憲法下1903年12月の立憲政友会党大会で採択された政友会協議委員の選任方法に由来しているというのだ。同〝伝統〟が戦後も自由党系政党に継承され、自民党もこれを採用したということである。

立憲政友会誕生の経緯に少しだけ時計の針を戻してみよう。当時、明治憲法には政党政治を前提とした規定はなく、前述のとおり超然内閣を説くものも少なからずいた。結果的に、政府と軍部が強力だった明治憲法下において、議院内閣制を是として、これの前提たる政党政治の形成を目指す勢力は、議会が一致団結して政府&軍部に対峙するという構造を企図した。これを受けて成立したのが、政党が大合同して政権を獲得した大隈板垣の隈板内閣であったが、内部対立によりわずか4か月で本会議を迎えることなく瓦解してしまう。この政府vs議会という構図に代わる構想として、政府（行政）と議会（立法）を横断する政党を立ち上げるという構想が目指された。このとき横断のパートナーと目されたのは伊藤博文とその幕僚たちである。全国の商工業者、メディア関係者に広く呼び掛けることで、官僚、政治家、地主、実業家などを網羅した横断型政党の樹立が進められ、ここに結実したのが立憲政友会だ。[21]理論的には議会と政府の緊張関係がありながら、その政府を支持する巨大与党の樹立を目指し、誕生したのが立憲政友会なのである。この立憲政友会誕生のプロセスは、明治憲法下で制限された立法権がいかにして「代表者」たる地位を獲得するかという〝志〟のようなものの結晶であった。その政友会における事前審査制[22]の運用は、間違いなく現在までその遺伝子が継承されている。しかし、このときに代表たらんとして結実した帰結だけが日本国憲法下においても統治の効率性向上のための便宜として〝魂なき仏〟状態で統治コスト削減のためのスキルとして残ってしまったのが現在の議院内閣制における政府と自民党の関係である。

さて、戦後自民党(及び内閣)が、日本国憲法下の内閣の権限の弱さを背景とした法案の審議プロセスでの摩擦の回避と政策実現の効率化のために事前審査制と党議拘束を内実とした総務会統治を行ってきたこと、そしてその総務会が組織的アイデンティティにおいて立憲政友会の遺伝子の系譜に存在していることは、陰謀論などには収れんされない物語と受け止めざるを得ない。すなわち、日本型統治と政党の関係を論じる上で、いや、より直截的には自民党が自ら負っている日本近代化以降、わが国が追い求め続けてきた未完の「夢」の完遂者としての自負という文脈において何らかの必然性があるのではないかと考えてしまう。意図してか無意識かは別として、統治の弁法としてとにもかくにも「対立」を解消することによって統治コストを下げるという近代日本政治の遺伝子があるのではないか。そしてこの遺伝子は、権力担当者が対立を経験すればするほど、巧みに「育つ」ものであったことは間違いない。[23]与党は修正などおよそ応じない前提で、野党は予算委員会等の場を利用して最大限批判的姿勢を「アピール」するだけの場に堕している。そこに法案の中身についての与野党間の充実したコミュニケーションは存在しない。以上みてきたとおり、自民党は、事前審査制により、国会審議の内実と野党の存在意義を完全に無力化してきた。よって、政党の公的側面は、自民党が独占しており公的側面から政党論を刷新する可能性はほぼない、ということを論証したつもりである。[24]

6　戦前の記憶？

我が国の近代化の過程においては、周知のとおり列強からの外圧等に対する可及的速やかな統一国家建設が求められた。統治における精神的・価値的支柱としての天皇制と、強力な中央集権体制樹立の要請から統治実務担当者として政府&軍部という強大な統治権力が形成されていった。近代化初期、政党政治への評価の低さはもちろん、議会の影響力は相対的に弱かったところから、政党政治を前提とした議院内閣制的政治への志向や「代表者」としての自覚のあいまって、政府―軍部という岩盤権力に対抗するための政府―議会を横断的に連結させ「一大勢力としてまとまる」といういわば「統治スキル」を作り上げていった。そのために政党を大合同させた大隈と板垣の隈板内閣がわずか4か月で挫折すると、政府と議会を横断する政党の立ち上げを企図する。新たなパートナーは伊藤博文とその幕僚であった。全国の商工業者、メディア関係者などを中心に、官僚、政治家、地主、実業家などを網羅的に抱え込んだ「横断型政党」の樹立を目指したのである。ここに誕生したのが立憲政友会であった。[25]先に、政党の統治権力モデルを自民党が独占した革新的システムとして事前審査制に触れた際にも述べたが、事前審査制をつかさどる自民党総務会の構成モデルは立憲政友会のそれである。各種業界団体を巻き込み、

「政友会の機能は政府・議会・実業界を横断し、国民と接続する点にあった」[26]のであれば、まさに現代の自民党の政党像そのものではないか。時間的紆余曲折はかなり端折るが、このような統治戦略とそのスキルが紆余曲折を辿りつつも現代の自民一強に収れんされていき（裏を返せば自民党以外が無力化し、およそ健全な政党政治が機能不全に陥った）、そのプロセスの根幹に立憲政友会に本籍地を持つ自民党総務会の事前審査制が鎮座したことは象徴的である。すなわち、同システムが統治〝技術〟としてだけではなく、明治憲法以降、すなわち近代化以降の日本型統治の連続性もそのアイデンティティに纏った自民党による統治の核心を支えていたことは、「こじつけ」や「考えすぎ」では片づけられない日本的統治の予定調和に思えてならない。そして、政党の公的側面＝統治権力の側面を中心とした今までの政党論の表紙をめくると存在するのが、この自民党による揺るぎない統治スキルなのであって、ここまで自身の政策実現にとって合理的な方法論を確立している中で自民党を利する制度や慣行をあえて自ら変更するインセンティブはゼロだとすれば、自民党と同じ土俵で正面突破することはほぼ不可能である。一方で（逆にいえば？）、現在の自民党に連なる政党論と全く別次元の政党論の地平を切り開くことが出来れば、明治以降の日本型統治とは異なる市民と国家の統治に関するストーリーを生み出すことにもつながる可能性がある。なぜなら、近代化以降の政党の統治権力モデルは、ここまでみたとおり、明治期から戦後を経て自民党によって完成型を見ているからである。ここからは、政党のもう一方のモデル、すなわち結社モデルの検討を通じて、政党論における「蟻の一穴」を考えてみることとしよう。カギとなるのは、憲法21条1項、結社の自由である。

7 「結社」としての政党——唯一の希望？

日本国憲法21条は、1項で「集会、結社及び言論、出版その他一切の表現の自由は、これを保障する」と規定する。また、結社とは、「多数人が集会と同じく政治、経済、宗教、芸術、学術ないし社交など、さまざまな共通の目的をもって、継続的に結合すること」とされる[27]。そのうち、憲法21条1項の結社の自由によって結合した「政党」とは、「政治上の信念、意見等を共通にする者が任意に結成する政治結社」（共産党袴田事件判決）であり、「その主義・政策を実現するため、政権の獲得を目指すもの」であるとされる[28]。一方で、教会やギルドなどのいわゆる中間団体からの「個人」の解放をテーゼとする近代立憲主義を前提とした憲法学にとって、当該個人を閉じ込めてきた中間団体を基礎づけうる結社の自由は手放しに受容できない警戒すべき対象でもあるという背反性を孕んでいる。すなわち、近代立憲主義における「個人（individual）」の析出は、自分の帰属やアイデンティティに縛られず、真っ白なキャンパスにあなたの自由意思によってあなたの考える「善き生」を描けることを可能にする企てであった。それまで、個々人のキャンパスには中間団体を中心として生まれながらに背負った関係性が描いた絵が描かれており、個々人の生の営みと設計は、すでに手渡されたときにキャンパスに描かれた絵に縛られながらその続きを描くに過ぎないものだった。だからこそ、憲法学において結社の自由はその他の権利行使のための手段的役割（宗教的結社などという用法）や、「法人の人権論」にいわば「封じ込め」戦略をとられていた。それにより、憲法学の標準的教科書などを手に取ってみても、結社の自由について「結社」という字面から感得できる日本語的意味を越えた規範的含意についてのメッセージを受け取ることは難しいというのが、これまでの「結社の自由」をめぐる憲法論の貧困であろう。しかし、その近代立憲主義が析出した「個人」が織りなすリベラルな社会は、今や「分断」や「格差」が叫ばれ、SNSやアルゴリズムの隆盛によってスマホに移る情報は自分の選好によってのみ構成された"Daily me"（日刊「わたし」）を「世界」であると信じ込むしかないバラバラの「孤独な群衆」が彷徨う社会となってしまった。人々リアルとバーチャルの横断により、言葉の上だけでなく、まさに「別の世界」を生きている。そんな現代社会こそ、結社の自由が真に保障する価値に光があたるべきなのではないだろうか。ここで、今だからこそ結社の自由を「関係性」の観点から再定位する試みを行っているのが、岡田順太である。[29]
岡田は、上記のリベラルな近代社会と結社的価値観の緊張関係を指摘し、「個人単位での問題解決に意識を傾注させるあまり、関係性において問題解決をするという視点が忘れられてしまっている」との点に危惧感を示しつつ「自由意思や任意の選択を基本構造とする幸福追求だけでは把握しきれない関係性の豊かさの重要性や財産・能力・関係性という各財のバランスが不可欠である」として、財としての関係性を現代のリベラルな社会を生きる孤独な群衆に対する紐帯たらんとするプロジェクトを提唱する。結社の自由についても「結社の自由は、もっぱら他の人権を実現するための道具・手段として認識されてきたきらいがあり、結社の自由独自の憲法的な意義が十分に評価されていなかったと思われる。それは、人間の「関係性」を法学的に十分消化できていないことの表れであり、憲法が想定する人間像がモナド（単子）的な存在であるかのような誤解の要因となっているからではないだろうか」として、憲法学が想定していた個人像と結社の自由との調停をはかろうとするのである。近代立憲主義が過剰に追い求めすぎてきた「自己決定」権には還元し得ない関係性独自の憲法的価値の存在に光を照射しようとする試みであり、岡田の表現を借りれば、結社の自由の名のもとに「個人勘定（単位）主義」の自覚と克服が企図されている。

それでは、ここに結社の自由が有する固有の意義は何かといえば、他者との「交際」「親交」であり、それらの関係性自体に人格的利益がある。関係性には「個人の有する人権に還元し得ない法的利益が存在する。〝We〟の響きには、〝You and I〟を超えた「何か」がある」との主張は、民主主義の主語たる「私たち（we）」をどれだけ広く包摂できるかが民主主義の豊かさと強さを決めるという民主主義の本質論とも接合する。

8　弱い個人と社会関係資本

結社の自由を論じる際の「難しさ」としていわゆる近代的「個人」概念との緊張関係があることを指摘した。先に見た岡田の議論で興味深いのは、この「個人」概念を関係性との掛け算で分け入って整理している点である（表）。すなわち、まず①古典的な自律した強い個人（国家からの自由）、次に、③その理念系の対極にいる生身の「孤独な弱い個人」（国家による自由）との整理を行う。その上で、②近代立憲主義を前提とする憲法が想定する結社の自由の主体としての「「結社」する強い個人」と、④それに

関係性の考慮	な　し	あ　り
強い個人 （近代的）	①　自律した強い個人 （国家からの自由）	②　「結社」する強い個人
弱い個人 （現代的）	④　孤独な弱い個人 （国家による自由）	④　「協同」する弱い個人？

表　４つの個人像

（出典：岡田順太『関係性の憲法理論―現代市民社会と結社の自由』（白鵬大学法政策研究所叢書 6）「3「自律した個人」像の拡張」p.61 表Ⅲ -1 より引用）

対置された「弱い個人」による「協同」としての結社する個人が存在する。④の個人は、「関係性の中において共助的に生活がなしうる」とされる。[30] ここに④の個人が本稿のターゲットである。「孤独な群衆」の構成員であり、分断されよりどころのない個人である。この「「協同」する弱い個人」が連帯するきっかけをつくる紐帯として、結社の自由に白羽の矢がたつのである。さらに興味深いのは、岡田が弱い個人の「協同」と結社の自由の文脈において、「社会関係資本」と憲法学の融合を図ろうとする点である。社会関係資本とは、経済的資本や人的資本と区別された、個人間の関係性やネットワークそれ自体を資本とするものであり、この資本の活用が人間関係を豊かにするものと考えられている。社会関係資本についての代表的論者であるロバート・D・パットナムによれば「信頼や規範、ネットワークといった、協働的活動を促進することによって社会の効率性を高めうる社会組織の諸特性」と定義される。パットナムの社会関係資本論に特徴的なのは、社会関係資本の豊かさが民主主義の豊かさも規定するという点である。ここまでみてきたとおり、現代社会において、我々はリベラルな社会の想定とは真逆の「弱い個人」の行き場に苦慮している中で、結社の自由を弱い個人の「協同」として再定位する可能性を模索すべきである。そのうえで、本稿は、ともすれば中間団体と決別した近代立憲主義＝憲法学が忌避する諸個人の「関係性」にむしろ積極的に価値を見出さんとする社会関係資本論と「交際」「親交」の自由たる結社の自由との有機的接合に、逆説的にも現代社会が抱える諸問題を打開する可能性を見出そうとするものである。

9　政党の私的側面――ファンダム？　社会関係資本？

さて、ここで本稿の本題である政党論に議論を引き戻していこう。

先にも述べた通り、「結社」としての政党の私的側面を再定位し、国家と市民社会との距離において国家に近づきすぎた政党を市民社会の方にググっと引きずり戻す作業が必要である。

では、私的側面としての「結社の自由」とはなんだったのか。少なくとも、「精神的事由」のカテゴリーで当該自由が保障されているとすれば、それは雑駁に言って「社会の役に立つ」という道具的な理解では足りないはずで、私たちがたまたま生まれ落ちたこの社会で全く異質な他者との関係性の中でもなおそれぞれが自分らしく生きることをよりよく保障するからこそ認められている自由であるはずである。近代立憲主義が中間団体から個人を解放する営みであったとすれば、近代立憲主義に本籍地を置く憲法学が個人が解放されたはずの中間団体に基礎づけを与え得る結社の自由の扱いに苦慮し、「法人の人権」論にいわば「封じ込め」戦略をとったことは理解しうる。一方で、結社の自由が現代社会において果たしうる重要な役割についての豊かな憲法議論がなかったことと、政党の結社的側面がおざなりにされてきたことはそれなりの連関関係があるように思われる。ここからは、孤独な群衆がのっぺらぼうのようにリアルとバーチャル空間をさまよう現代社会において「親交の自由」「交際の自由」という結社の自由のもつコミュニケーション機能を政党の結社的機能として最大化する方策を模索してみよう。

10 孤独な群衆2024

現代社会における結社の自由の意義と政党論の接合に関して、宇野重規が展開する「ファンダム＝推し活」と結社に関する議論は本稿に示唆を与えるものである。[31]

宇野は、現代社会において劣勢にみえる民主主義を議論する前提として、トクヴィルを召喚する。トクヴィルは、自身の家族や職場などフランスでとらわれていたしがらみから逃れるために渡ったアメリカで民主主義がアップデートしていく様々な契機をみた。「自分たちの地域のことは自分たちで解決する」ための技術としてのタウンシップと、さらに広く人々の「自発的結社」たる“association”（アソシエーション）である。ポイントは、当時行き詰っていた民主主義を打開する要素にトクヴィルが「結社」的なものを見出していたことである。トクヴィルが「私はアメリカの中にアメリカを超えるものを見たことを認める」というとき、[32]そこには現代に通ずる、民主主義のプレイヤーたる孤独な「弱い」生身の個人が放置され分解されずに連帯していくノウハウをみたのである。トクヴィルがアメリカにわたった1830年代は、郵便、火力、印刷などの技術によって、社会と個人の関係が劇的に変わり始めた時代であった。印刷は一部の知識人や「権威」が情報へのアクセス権限を独占していただけであったことを晒し、また、個々人が一人で思想することも可能にした。郵便がこれらの情報の送受信をより簡易にしたことにより、人々のコミュニケーションについてのコストを下げた。火力は、闘いを独占していた貴族の「勇気や力量」はもはや問題ではなくなり、戦闘の主体とスタイルを貴族のそれ以外に解放した。これらが何をもたらしたかといえば、「平等化」である。トクヴィルはこの平等化を人々が皆で「そうすべき」と考えて一致団結してオセロの駒をひっくり返したように社会変革が起こったのではなく、技術開発などとあいまってなし崩し的に平等化がなされたというように平等化を「趨勢」ととらえていた。宇野は、この状態を現代のデジタル社会の「趨勢」と重ね合わせるのである。SNSやAI・アルゴリズムなどのデジタル化によって我々の情報環境はもちろん、思想や価値観の選択や浸透などの人格形成にも変革を及ぼしている。国政選挙や国民投票などの市民の意思形成や主権にもデジタル技術は介入し、安全保障の主戦場はサイバースペースにおける「認知戦」で、制すべきは制空権ではなく「制脳権」とされる時代が到来している。これらの技術は小国／大国や個人間の差異を間違いなく「平等化」しているし、この現状はもう巻き戻せない「趨勢」である。そしてまた、平等化が近代化にあたって生み出した孤独で不安な「個人」の問題と並走していることも見逃してはならない。ソーシャルメディアの発達によって個々人の情報や価値の送受信はより自由になり、あらゆる情報にアクセスできるようになったことによって、逆に人々は「自分が取り残されているのではないか」という「FOMO（Fear of Missing Out）」なる感覚に苛まれるようになってしまった。リベラルな価値観によっていわゆる地域や共同体にあった中間団体的コミュニティが弱体化したことは、我々が「うっとうしい」と感じていたあらゆるしがらみから解放してくれたと同時に、個々人のよりどころまで解体してしまったのである。我々個人をめぐる重要なパラドクスは、個人主義や自律の概念は、その実個々人一人では自己完結せず、他者や外部との関係性を必要とするという点だ。トクヴィルは、この時代の「趨勢」によって生まれた孤独な個人の連帯のスキルをアメリカのassociationにみた。宇野は孤独な個人×アソシエーションなる処方箋というトクヴィル流の方程式の現代社会への応用可能性を論ずる。

宇野の議論が興味深いのは、トクヴィルの結社的アソシエーションの可能性を、現代の「ファンダム（=推し活）」に接合する点である。これは一体どういうことなのか。

11　ファンダム（推し活）と結社、政党？

ファンダムとは、「特定のアイドルやアニメ、ゲーム、映画などを熱心に応援するファンの集合体」の英語での呼称である。日本ではいわゆる「推し活」と言った方がなじみ深いかもしれない。宇野前掲著において若林は、今や日本人の相当数が何らかの形で「ファンダム=推し活」に携わっているという[33]。ここに、ファンダムが興味深いのは、「ファンがもはや一次的にコンテンツを消費するだけにとどまらず、自ら開設動画を作ったり、絵や小説や音源を二次創作したり、外国コンテンツであれば他国語字幕をつけたり、ファン同士でお金を持ち寄って応援広告を街中に掲出したり」して「ファン同士のコミュニティが成長し、かなりの規模の経済圏が生まれつつある」点である。ここでのポイントはファンダムにおける秩序形成が完全なる自発的に「好き勝手に」行われているもので、「相互的な贈与に近い感覚」つまり「金のためにやってんじゃない」との矜持であろう。[34] また、贈与＝ギブアンドテイクは「一人でできることには限界がある」との善き有限性への自覚がある。「推し」を通じた不特定多数のつながりは、「推し」への想い以外に「何ができるか」など求められない。つまり、ありのままの自分がそこにいるだけで参加者であり、それでも自分にできることを持ち寄る＝シェアすることによって成立しているのである。このとき、人々は自然と能動的な参加者となっている。これはまさに前出の岡田の①〜④の個人像における④協同する弱い個人そのものである。お互いが授け合いながら学び合っていく空間、宇野がこの空間に孤独な群衆の止まり木となる「結社」の可能性を見るのは、本稿の「結社モデル」への期待と軌を一にしている。[35]

結論としては、宇野の政党とファンダムとの試論的結合も、今後の発展を待つほかないが、「ファンダムに見られる排他性や独善性をできる限り薄め、むしろそこにあるメンバーの無償の贈与や自発的協力の側面を強化していきたい」という宇野の「結論」[36] は、民主主義の潜在能力と可能性に〝賭ける〟宇野がファンダム的な自生的秩序と「結社＝association」的「関係性」に希望を求め現代民主主義と孤独な群衆が迷い込んだ迷路から抜け出すカギが「結社」概念の再生にあることを示したことにほかならない。

12 結社の自由としての政党

我々は、2020年2月からのいわゆる「コロナ禍」を経て、日常的にあたりまえに行っていた他者とのコミュニケーションの重要さと儚さを知った。飲食店が時短要請などによって軒並み営業自粛を余儀なくされたとき、人が集まるイベントの開催ができなくなったとき、あらゆる場で「黙食」やソーシャルディスタンスを強いられたとき、何らかの目的を持つと持たざるとを問わず、「人と集まる」ことが我々の自律的な生を形成する上での不可欠な役割を再確認させた。それは政治的・宗教的目的や、何らかの価値の共有を必ずしも必要としない。個人主義的憲法観からすれば、結社の自由の原風景にあるのは、このような、一人一人のよりどころとしての「場」を形成する自由を保障する結社の自由である。行きつけの店でいつもの人と顔を合わせる、定期的に開催されるイベントやコンサートでいつもの顔ぶれを見て安心する、逆に、初めて隣同士になった人と会話がはずむ、または、違和感を持つ。これらすべてが、結社の自由が保障する「関係性」の萌芽である。このとき、その場に足を運ぶ人は、何ら強制を受けていない。自発的・自生的にその結社的「場」に足を運び、自由な離脱可能性も保障されている。この要素が、先に見た宇野の指摘するファンダムの可能性と交差するのではないだろうか。「自立とは依存先を増やすことである」、との言葉にも表れているとおり、我々「個人（individual）」が強い個人でいられるとすれば、それは、逆説的にも、多層的多重的な依存先が存在するからである。

岡田によれば、結社の自由には「アトム化された個人を結びつけるのは、歴史や伝統に裏付けられた

「家族」や「地域社会」ではなく、個々人が置かれた関係性にこそある」のであり、この他者との関係性を「結社の自由」の文脈で取り入れた具体的帰結（プラットフォーム＝「場」）の一つとして、政党をとらえ直すことはできないだろうか。結社の自由に関する哲学の貧困は、そのまま政党における結社的側面（私的側面）の哲学の貧困に直結するのであって、むしろ、ここには冒頭に触れたブルーオーシャンが広がっている。少子化、家族関係、孤独・孤立対策、地域社会、個々人の働き方などの、目下数十年前から明らかであった高い壁に衝突炎上寸前の政策群もすべて「関係性」によって包摂可能な論点である。人は一人では生きていけない、人々が「I」でも「I＆you」でもなく「We」となれる政党論が必要である。

ここで忘れてはならないのは、先に触れた社会的資本は結社が増えれば増加するという関係にはない。その結社的存在を媒介に相互の信頼などが醸成されていかなければ、社会的資本は増加しない。社会関係資本にエッセンシャルな要素として、①社会的信頼、②互酬性（reciprocity）の規範、③ネットワーク、が挙げられ、格差・分断社会に至るのはこれらの喪失ないし減少による「紐帯意識の磨耗」を指摘する。これを裏返せば、関係性の一般規定である結社の自由に本籍地をもつ政党がこの①②③の機能を担っていくことこそが、政党の私的側面の充実化であるといえる。

格差・分断社会の本質は、この世界を生きる個々人が共有すべき価値観が極めて希薄化している点である。より具体的にいえば、所得や教育といった自身の先天的・後天的環境に現在のＳＮＳ・ＡＩデジタル化社会を掛け合わせたときに、文字通り「見ている世界が違う」状態になっているのである。個々人がアクセスしている（と信じている）情報や価値観が知らず知らずのうちにサンスティンのいう“daily me”（日刊「わたし」）化していることによって、たとえば自民党支持者と立憲民主党支持者と政治に無関心な層で、株や投資などで生活している高所得層と非正規やギグワークで生活を成り立たせている層で、それぞれ接している情報や価値観が全く違うのである。そうなれば、その各層の人々は同じ日本国、東京、渋谷に生活していても、全く違う世界を生きてしまうことが現実に可能になるし、起こっているのである。この格差・分断の処方箋となるのが「関係性」であり、これを規範化した「結社」であり、結社的要素をアプリオリに有する「政党」に期待できないか、というのが本稿の狙いである。個々人で見ている世界、生きている日常が全く違うのであれば、政党がそれぞれの世界や日常の同時上映媒体のような機能を発揮すべきである。はたして全国規模の大組織を有し、党内に多様な価値観を抱えるとわれている自民党とはいえ、政権維持や集票活動といった現状維持のための生態系の死守が最優先となれば、このような「結社」的関係性構築を主たる活動とすることはおよそ期待できない。したがって、（自民党が突然そのような結社的側面に舵を切るというありえないことが起きない限り）他の政党にそれを期待するしかないし、そこに活路があるのではないか。「関係性」の契機を提供し、別の世界に生きてしまっている人々の精神がそれぞれの「共感」に向くことを目指すとすれば、おのずと政策の方向性も定まるはずである。前著『リベラルの敵はリベラルにあり』（ちくま新書）で筆者は強い個人と弱い個人、また、それらと共同体との調停をいかにして行うかを逡巡したが、本稿は前著における問への一定の答えである。それを政党に担わせるというアクロバティックな回答へと帰結したわけだが、本稿を執筆するうちに、今後の（とりわけ自民党以外の）政党が存在意義を有するとすれば、本稿における戦略しかないというのが現時点での結論である。憲法は「強い個人」だけではなく「交際する個人」「親交する個人」も同時に描いているはずであり、「結社」はその憲法発現として規定されているのである。無意味に見えるが自発的・自生的に関係を取り結ぶときに人が論理を超えて感じる豊かさのようなものを生起する存在に「政党」がなれるのか、ここに政党の未来がかかっている、という抽象的ではあるが、確信に満ちた直感を、焦土化した政党論への乾坤の一滴としたい。

【注】

1　言論NPO2019年の「日本の政治・民主主義に関する世論調査」では、政治家を自分たちの代表だと思うかを尋ねたところ、「代表だと思わない」という見方が45％となり、「代表だと思う」（41・5％）という見方を上回った。その理由として最も多いのは「政治家が有権者を意識するのは、選挙の時だけだから」が37・8％で最多であった。以下、「国会で真面目な議論が行われず、何をしているのか分からないから」（19・8％）、「政治家や政党をそもそも信頼していないから」（18・2％）の順である。また、「政党や政治家に日本が直面する課題の解決を期待できない」と考えている人は70・9％と7割を超える。

2　堀内勇作『マーケティング視点の政治学　なぜ自民党は勝ち続けるのか』（日経ビジネスオンライン、2021年、https://business.nikkei.com/atcl/NBD/19/00150/121700013/）。

3　宍戸常寿「政党制から考える日本国憲法」『日本国憲法のアイデンティティ』（日本評論社、2020年、88頁）。

4　芦部信喜『憲法学Ⅲ　人権各論⑴〔増補版〕』（有斐閣、2000年、528頁）。

5　待鳥聡史『政党システムと政党組織』（東京大学出版会、2015年、2頁）。

6　赤坂幸一「政党本位・再考」『憲法研究第5号』（2019年、51頁）。

7 この点、本稿ではいわゆる「裏金」問題として近時問題が顕在化した政党・派閥をめぐる規律については論じないが、日本国憲法下での政党の議論は公的側面＝統治権力的側面を中心に展開されてきたのであれば、本来政党を憲法上真正面から承認し、公的規律の議論がなされるべきであった。しかし、公的規律については「公的介入」として憲法21条を根拠に慎重にすべきであるという理由で低調であった一方で、その公的介入の防衛線として持ち出した憲法21条に基礎づけた政党の「私的結社」としての意義について豊かな議論は行われてこなかったという矛盾・倒錯感は否めない。なお、1992年連邦憲法裁判所判決（Bverf-GE85, 264）は、政党への一般補助につき「自由に形成された社会に根差した結社という政党の性格を損なわない範囲であれば、一般補助も合憲」と、その条件として①交付額が党の自己資金額を超えない（相対的上限）②交付総額が過去数年の平均額を上回らない③得票、党費および（平均的所得者を前提とした規模での）寄附を配分基準の要素とする、との3条件を付した。現在、日本の制度ではこのドイツの合憲基準を全く満たせていないことは付言しておくべきであろう。

8 岩崎正洋は、政党「衰退」の要因として、「有権者と政党の関係」「政党組織」「政党の機能」の3点における環境変化を挙げる（岩崎正洋『政党システム』日本経済評論社、2020年、162-163頁）。また、水島治郎は、元々日本社会で政治的な情報を提供してきたのは中間団体であり、我々は中間団体を通じて政治的なイシューに触れ、ある種の党派性を獲得していたとする（水島治郎「中間団体の衰退とメディアの変容」水島治郎編『ポピュリズムという挑戦』岩波書店、2020年、26-53頁）。これによると、たとえば加入率トップの自治会町内会への加入状況は1989年の67・8%から2018年には24・8%まで下落し、その代わりにトップに君臨するのが「なんの団体にも加入していない」という人（44・3%）である。中間団体が政党の社会的盤にとっての重要なリソースであることからすれば、本文中にみた政党と中間団体がともに衰退している相関は興味深いし、政党支持アンケートで「支持政党なし」がトップであることとも見事に連関しているといえよう。

9 赤坂・前掲注（7）54頁。

10 赤坂・前掲注（7）55頁。

11 大山礼子「対抗権力としての野党の役割—国会の制度から考える—」『統治と対抗権力』（日本評論社、2023年、37頁）。

12 奥健太郎・河野康子編『自民党政治の源流』（吉田書店、2015年）。同書は、「戦前来の伝統を受け継ぎながら、自民党結党とともに創出され、60年経った今日でさえ慣行として引き継がれている」事前審査制に光を当てることによって、情緒的に戦前と戦後の横断や断絶を奨励・否定することなく、「戦後」だけではないより幅のある時間軸の中での政党理解を狙った大変意義深い研究業績であろう（同書20-28頁）。

13 「政務調査会の議を経なければならない」（自民党党則42条2項）。

14 西川伸一「自民党総務会の研究――そのしくみと機能への接近」『政経研究』第53巻第2号（2016年、305頁）なお、この総務会での法案説明は政調審議会にその法案を提出した部会長であり、衆議院当選3回の若手議員が就き、「説明の巧拙で総務を務める古手の議員からの評価が決まる。そのチャンスを活かして政治的階梯を昇ろうと、彼らは「説明語句の一語一句を吟味」してみずからの力量をアピールする」という。このような競争自体は、決して否定すべきものではないように思われる。

15 何回でも強調するが、内閣提出法案を緊張関係にあるはずの国会という機関の多数派政党の党内組織の了承がなければ「閣議決定」ができないのである。内閣の権限が与党内部署にかからしめられていることの異常さを再確認したい。なお、政調審議会で決定された法案も、総務会での了承がなければ「慣例的に」閣議には上げられない。

16 西川・前掲注（14）324頁。

17 なお、総務会は「全会一致」が伝統であったが、いわゆる小泉純一郎首相のもとでの郵政民営化法案の採決でその伝統が崩壊する。同法案に反対票を投じて離党を余儀なくされた野田聖子議員が、同法案の総務会で異例の「挙手による多数決採決」が行われた総務会採決について、野田自身が2012年総務会長就任時のブログでこう書いている。「賛成派からも多数が動員されて、多くの人たちが参加していました。そして採決になったときのこと。忘れもしません。まだ多くの意見が出ていたのに、当時の久間章生総務会長が議論を打ち切って採決を強行。怒号の飛び交うなか、総務会のメンバーでもない人たちが「賛成」と手を挙げて、「賛成多数」とされて法案は総務会を通ったことになりました（略）党をまとめる役目の総務会長としては、あのときはああするしかなかったのかもしれません。でも、正当な手続きだったのか？／そう思って、長らく総務会を担当する自民党の事務方に聞いてみました。すると、「たとえば少数でも総務会長が『多数』といえば、多数となる」のだそうです。」と回顧している。不文のルールの脆弱さとともに、この程度のルールが国政の核心を左右していることに眩暈がする思いである。

18 そのことを理解しながら法案の修正に応じないことで憤慨するポーズをとる野党も「茶番」でしかないことがよくわかるであろう。

19 大山・前掲注（11）によれば、法案の「提出者である内閣自身による修正に制限を設けているのはおそらく日本の国会だけである」とのことである（46頁）。

20　西川・前掲注（14）3－6頁。

21　清水唯一郎『国家、政党、国民　重心なきトライアングルの政治史』（アステイオンCCC出版、2019年、14頁）。

22　奥・前掲注（12）第1章35頁以下。

23　まだ客観的な比較研究は行っていないが、2015年のいわゆる安保法制の審議以降、永田町での重要法案の国会審議を間近でみた経験からすると、安保法制の審議以降、明らかに政府答弁は格段に形式的になり審議時間も短時間化したものという印象が強い。盤石だった安倍政権もスキャンダル以外で政権支持率が30％を切ったことが当時以外には珍しかったことからすれば、「真面目に審議を受けて立つ」ことのあらゆる意味でのコストを痛いほど理解し、以後はそのコストとリスクを回避するために、国会審議を形骸化させるという方向に一気に舵を切ったということになるのではないか。

24　ここに公的側面において自民党に代わりうる政党が存在しないという意味は、野党に力がないということではなく、野党も自民党が形成してきたビジネスモデルの中でしか政党運営の生態系を維持できなくなっているという現状も意味している。すなわち、ここで縷々論じた事前審査制は民主党政権で消滅しかけたものの、結局国会運営が立ち行かなくなり政権末期にほぼ復活させたという事実が物語っているとおり、結局は野党も自民党のレールの延長線上でしか統治にコミットできない。そして現在さらに深刻なのが、政治改革の部分で論じた通り、野党も含めた既存政党が自身に有利な競争ルールを設定することで新規参入を阻むと同時に、野党は自分たちの現在地を死守する（飯を食う）ための生存戦略を積極的にとることによって、取り急ぎ自民1強を前提としたうえで自分たちの明日の議席が確保できればよいという行動原理に従ってしまっている点である。かつて民主党政権で蓮舫議員が事業仕分けにおいて「2位じゃだめなんですか？」と喝破した印象的なフレーズが、現在の野党の2位を死守する姿勢とオーバーラップしているのは笑えない皮肉である。

25　清水・前掲注（21）19頁。

26　清水・前掲注（21）19頁。

27　芦部信喜『憲法』第3版（岩波書店、2002年、199頁）。また、渡辺康行・宍戸常寿・松本和彦・工藤達朗『憲法Ｉ　基本権』（日本評論社、2016年）などの標準的基本書においても同種の説明がなされている（274頁）。

28　渡邊康行ほか・前掲注（27）（278頁）。本稿では、政党の主たる機能としての政権獲得を必要条件としないため、必ずしもこの定義に与するものではない。

29　岡田順太『関係性の憲法理論　現代市民社会と結社の自由』（丸善プラネット、2015年）。

30　岡田・前掲注（29）61頁。

31　宇野重規（聞き手：若林恵）『実験の民主主義　トクヴィルの思想からデジタル、ファンダムへ』（中公新書、2023年）。

32　トクヴィル『アメリカのデモクラシー第一巻（上）』（岩波文庫、2023年）、宇野重規『トクヴィル』（講談社学術文庫、2022年、27頁）。

33　宇野・前掲書注（31）における若林発言部分によれば、Z世代の約80％が「推し活をしている」（SHIBUYA109エンタメ）／50〜84歳の女性の35・2％「推し」がいる（メルカリ）／18〜39歳の約80％「推し活を通してポジティブな変化があった」とのことであり、これはトクヴィルのいう「趨勢」なのではないかと指摘する。だからこそ、この推し活＝ファンダムを梃子に、アトム化した社会の連帯戦略を企図するのである（145頁）。

34　興味深いのは、ファンカルチャーにおける独特の「自発性」である。岡部大介は「産業主義的な価値や効率化にも価値を認める世界では、遊びのなかにも「ために」が顔をのぞかせる。「生活や仕事のなかに遊びの要素を取り入れよう」、または「趣味を持とう」、「いろいろなことに興味を持ってみよう」という謳い文句が、ライフスタイルの向上のために有益であるかのように暗黒面から現前する。何かのための（中略）という発想は、共愉的に見えながら、操作的な道具として消費される可能性がある」と指摘する（岡部大介『ファンカルチャーのデザイン』共立出版、2021年、174頁）。この「ために」思考は、近代立憲主義の「個人」たる資格を得るために持つべきに求められる様々なふるまい（政治には関心を持ち毎回適切な候補者に投票すべきである、といった）とパラレルに考えられるだろう。

35　宇野・前掲注（31）。「「あなたは何を知っているのか？」と聞くのではなくて、「あなたに何ができるのか？」と聞いて「こういうことできるよ」と応答してみんなで力を合わせる経験が日常的にできる。そういった参加のチャンネルをどう開発できるか」という発想や「あらかじめ存在している「民意」なんていうものは存在しない。だから、みんな自分の力の及ぶ範囲内で何らかの実験をして、それに何の意味があるかについては、あとから考えればいい」（187頁）との発想は、まさに政党の「結社モデル」の在り方を帰納的に再定位するヒントを提供する。

36　宇野・前掲注（31）297頁

III 身体と民主政
——その未来

佐藤 信

1 身体を単位とする民主政

しばしば美化して語られる古代ギリシアの民主政では、統治に参与できるのは住民の一握りに過ぎなかった。奴隷とその家族が、そして女性が、その他未成年者や市民権を剥奪された者たちが「市民」の枠からこぼれ落ちた。要件を満たす住民たちも、「市民」となるためには、区民会の場に実際に身を運び、査問を受ける必要があった[1]。そして、ひとたび市民となった者たちはみな同じだけの義務と権利を与えられた。民主政は具体的な身体を単位として構成されたのである。

民主政は、直接民主制を基礎とした古代ギリシアから、間接民主制を中心とするものへと大きな変化を遂げてきたが、具体的な身体を単位とすることについて変わることはない。絶対君主や寡頭的な権力者から権力を奪うという民主化の営為は、それぞれの人間が同じ身体を持つ者である以上同じだけ参与して然るべきという観念に支えられていた。それ故、民主化に棹さそうとする者たちには、既存の権力者の身体をその他の身体と区別して表象する契機《インセンティブ》が存在した。栄養が慢性的に不足する時代においては統治者と被統治者に実際に体格差は存在したとはいえ、図像や物語を通して統治者は実際以上に精悍に豪胆に華麗に描かれ語られた。明治日本を例にとっても、ごく初期を除けば明治天皇が被統治者の目に触れることは避けられる一方、まるで西洋人のような骨格の御真影が流布されていち早く西洋化・近代化した君主像を提供した。

現代のほとんどの民主政もまた身体を単位としていることは、選挙における「一人一票の原則（One Person, One Vote）」によって端的に示されている。同じだけの身体を持つ有権者は同じだけの統治参与の権利を持つというこの原則は、一票の格差をめぐってどれだけ厳格に適用するか差はあるにせよ、選挙を機軸とする現代民主政では広く認められている。

とはいえ、身体を単位とする民主政は――神の信託を受けた偉大な君主が統治するという君主政がそうであったように――擬制《フィクション》に過ぎない。この平等主義に基づく選挙においてさえ、票を投じるためにかかるコストは人によって大きく異なるうえ（投票コストの問題）、投票したところでそれが同じだけ反映されるとは限らない（一票の格差の問題）。まして選挙以外の政治参加においては、政治家になるにも、官僚になるにも、はたまたデモに出かけるにも、カネや時間やケアといった政治資源が不可欠である。

圧倒的な資金力や熱烈な運動があれば、通常の政治過程を迂回《バイパス》して政策を変更することも時として可能である。誤解しないで欲しいのだが、こういった擬制とずれた実態にこそ、わたしたちの身体性はより強く刻印されているのである。たとえば、体調や障害は投票やデモへのコストを著しく左右する。身体を単位とするということは、個々の身体の個性を捨象することを意味しており、そこにおいてわたしたちの民主政は擬制《フィクショナル》的なのである。2

2 二段階の擬制

個性を捨象して身体を数えることの原理的意味はどこにあるのだろうか。体重や筋肉量で測るわけにはいかないとしても、(智力を近似する手段として) 知能指数 (ＩＱ) を以て、もしくは (政治体への貢献度を近似する手段として) 納税額を以て、各個の統治参与の分け前を決めてはいけないのだろうか。

民主政はなぜ身体を単位とするのか。それは、１つの受精卵から発生した人間の身体 (これを肉体と呼ぼう) は、①それが単一の意思に基づき一定程度統御・統制されて行動すること、②それが皮膚によって区切られ他者と混じり合わないことが期待されるからである。このことから、身体と主体とが一対一対応すると想定できる (一対一対応の擬制)。換言すれば身体を数えることで主体を数えることができるのである。身体に紐づけられた主体は一般的に個人と呼ばれる。この前提に立って、一定の類型《カテゴリー》に適う身体 (＝主体) に対して同じ質量の政府への入力を認めるのが (政治的平等の擬制)、現在広くみられる民主政の構想である。

ここで「一定の類型」とは国籍・人種・性別・年齢など、能力や自認などと無関係に公的権力によって行われる腑分けを指す。婦人参政権運動の当時、女性は自らだけで判断できないとか、流されやすいとかいった批判があったことを想起したい。入力を認める身体を斉一化するために「一定の類型」が適用されたのである。「一定の類型」の設定は各政府によって異なり、基本的には政治的平等の擬制に関わるものだが、その拡大はごく一般に一対一対応の擬制を揺るがしやすい。たとえば年少者を――親に子ども分の票数を与えるドメイン投票などの手段で――類型に含めようとする場合、親など保護者の圧倒的影響力の下にあって独立した判断を下し得ない者を主体として認められるかが問題となる。

これら2つの擬制は、近代日本において唱えられた家長選挙論を想起すると分かりやすい。家長選挙論は、各イエを政治社会の構成要素とみなし、一定の類型（世帯納税額など）に適うイエに一票を与える（政治的平等の擬制）。その際、何を数えるかというとイエを代表する家長の身体を数えるのである（一対一対応の擬制）。[3] 個人を構成要素とみなす社会からみれば、なぜ家長が家族のメンバーを代表できるのか、なぜ人数の違う家族が同じ一票に数えられてしまうのか、2つの擬制性がよく理解されるだろう。国際機構において各構成国家の代表が人口や軍事力や経済力に関係なく一票を与えられる場合を想起してもよい。

ここではさらに進んで、そのままではかなり納得するのが難しい「政治的平等の擬制」が、「一対一対応の擬制」を嚙ませている――家長選挙や国際機構において実際に投票するのはイエや国家を代表する一人の人間なのである——ことでまだしも納得可能なものになっていることに注目して欲しい。この2つの擬制は「一対一対応の擬制」を前提に「政治的平等の擬制」が成立する二段階の構造になっているのである。

年少者の取扱いを除けば「一定の類型」がほとんど定まった現代民主政にあって、擬制と実際との齟齬は主として「政治的平等の擬制」に関して生じている。先に挙げた選挙やそれ以外の政治参加における不平等の問題がそうである。平等の擬制を敢えて破って、有能な者に複数の票を与えようという議論は古来から多いし、少子高齢社会においては声の小さい若年層に過大な票を与えようという構想も提起されている。政治決定に伴う利害《ステイク》によって入力の量を変える比例原則（proportionality principle）を適用しようという構想もまた個々の身体を単位とした「政治的平等の擬制」を変更しようとするものである。[4]ただし、本稿では「政治的平等の擬制」の前提をなす「一対一対応の擬制」に敢えて注目して、これからそれが揺らぐ事態が生じかねないと問題提起したい。

3　身体の変容——その可能性

新技術と民主主義に関する議論は世上に溢れている。その多くはＡＩや虚構報道《フェイク・ニュース》などに注目して民主政の性能《パフォーマンス》の観点から民主政の価値を再論している。しかし、ここでは民主政を支える「一対一対応の擬制」の動揺、端的にいえば皮膚の消失という観点から、ポスト・ヒューマン論に注目する。ポスト・ヒューマン論とは、これまで等号で結ばれてきた肉体から離れて変容する身体（body）に関する議論である。現代民主政が前提としてきた身体（＝肉体）と主体の一対一対応という観点からみたとき、この身体変容（の可能性）には２つの側面が存在する。２つの側面は深く絡み合っているのだが、ここでは腑分けして検討してみたい。

（１）肉体のなかに複数の主体が現れる

第一に、１つの肉体から統合されない複数の意思表出を観察することが容易になり、肉体のなかに複数の主体が見いだされるようになる。このことは典型的に仮想現実（ＶＲ）《ヴァーチャル・リアリティ》空間上のアヴァターをめぐって議論されている。仮想現実空間においてはそれぞれの肉体を離れて別の身体（＝化身《アヴァター》）を持つことが可能であり、新たな身体に合わせて振る舞い、その身体に合わせた主体を認識できるようになる。仮想現実空間は複数存在しうるし、それぞれの仮想現実空間においては現実世界において１つの肉体しか持たない者が複数の化身を持つことも可能である。ここで化身は仮面《ペルソナ》と同視されるべきではない。真なる個人がいてそれが仮面を被って演技をするというのではなく、新たな身体を持つことで新たな思想や選好を持つようになると考えるからである[5]。従って、これら複数の化身が表出する複数の意思は、複数の主体を容易に想定させ、それを１つの真の身体なるもの——要するに肉体——に統合して理解することを困難にする。

もっとも１つの肉体のなかに複数の統合しえない主体を見ることができるという見方は、仮想現実空間の出現前から生じていた。会社と家庭と、さらには地域社会で、別人格を持つ人間は、人口流動と職住分離が進むうちに増えていたはずである。現代日本においては多くの若者がＳＮＳで複数の別の顔を持ったアカウントを運用している。あるアカウントでは趣味の野球に熱狂して非政治化しつつ、あるアカウントでは議員への誹謗中傷を行い、あるアカウントでは学問的に真摯な若者であったりする。こうした個人（individual）のなかにいる複数の人格を「分人（dividual）」と呼ぶ議論がある。その理解は論者によって異なるが、小説家・平野啓一郎に至っては「個性とは、分人の構成比率」と述べるほど分人を規定的な要素とみている[6]。この点については後ほど敷衍して議論することになる。

(2) 個人が、その身体が、肉体を超えていく

これに対して、身体の拡張もまた広く議論されている。今や人間に、第三の眼や第六の指、第三・第四の手を加えることすら実用化されつつある。もっとも、身体機能の拡張という観点からみると、車いすや補聴器を用いる障碍者たちは従前から「サイボーグ」として身体を再構築してきた[7]。ここでは、既存の個人が、与えられた肉体を飛び出した身体を持つ。こうした身体の拡張はさらに進んで、肉体の（物理的）縮小をも伴うことがある。ＡＬＳ（筋萎縮性側索硬化症）を患うピーター・スコット＝モーガン（Peter Scott-Morgan）は、自らの肉体を媒介せずとも３ＤのＣＧによって活動することが可能な身体を手に入れ、自らサイボーグ「ピーター２・０」になったと語る[8]。身体機能をロボットや人工知能（ＡＩ）に譲り渡していくうち、その拡張された身体の前に肉体の意味は限りなく小さくなっていく。

拡張された身体が肉体の概念を少し超えるくらいであれば、身体を肉体と類比することで身体と主体との一対一対応を維持することが可能だろう。ところが、「ピーター2・0」が目指すように具体的な肉体がどんどんと消えていき、人工知能の生成した3DCGと変わらなくなったとしたら、もはや肉体を数えることは困難だ。外形的に肉体のかたちをとっていたとしても、脳を他の肉体に乗せ換えるようなことが可能になったとしたら、1つの個人が複数の肉体を持つことすら可能になったとしたら、そこで肉体を数えることにどういう意味があるだろう。現行の技術でも、他者の感覚を転写することで、本人の自己認識に介入することは可能である。[9] そこで肉体と主体との一対一対応などどうして信じることができるだろうか。

4　分人民主主義とその限界

1つの肉体のなかに複数の主体を見出すことができるという問題（(1)）、すなわち「分人」の問題に対しては、「分人民主主義（Divicracy = dividual democracy）」が提唱されてきた。[10] 具体的には、「一人一票の原則」には則りながら、その一票を個人のなかの分人比率に従って分割して投票する制度が提案されている。[11]

分人民主主義は一見すると画期的だが、実は具体的な肉体に回帰することで「一対一対応の擬制」を保とうとする構想である。さまざまなかたちで――ときにさまざまな身体を媒介して――観察される複数の主体を重視する一方で、それはあくまで１つの肉体に収まった個人から「分」かれたものに過ぎないと捉えているからである。２０１８年の映画「レディ・プレイヤー１（Ready Player One）」（原作は２０１１年）では、仮想現実のゲーム世界で自由を謳歌し、（ゲーム世界でも現実世界でも力を持つ）既存権力を崩壊させようとした主人公たちに対して、既存権力が具体的な肉体を特定して攻撃する。わたしたち個人が詰まるところ物理的な肉体を基底としていることを重視する点は民主政体への入力過程にも通有する。従って分人民主政においては、票を分割して投票するにしても、投票所に肉体を運ぶようなかたちで、その肉体を特定する作業が不可欠になるのである。

このような分人民主主義は２つの欠点《デメリット》を抱えている。

第一に、肉体より化身がより現実味《リアリティ》を持つ世界線で、それぞれの主体を持つ（ように外形的にはみえる）化身という身体より、肉体をもって政治的単位を数えることは説得力を持つだろうか。ある者が１つの身体で１つの主体を生きているのに対して、ある者が複数の化身を用いて、多様な経済活動（とそれに基づく納税）や社会貢献を行っているとき、身体ではなく肉体をカウントすることにはどのような正当性があるだろうか。ここで、１つの個人には24時間３６５日という時間的限界があるから複数の化身を使っても活動量は肉体ごとにさほど変わらないとか、１つの個人は複数の化身を都合のよいように組み合わせて利用するのではないかとか、そういった批判は当たらない。１つの肉体を前提とする現在の民主政であっても、活動量が違っても肉体をカウントしているのだし、特定の集団が複数の肉体を都合のよいように組み合わせて利用することはある（指示に従って転居して投票する場合を想起してもよい）からである。

第二に、選挙においては秘密投票を通じて1票を分割して分人の意思を表出できるが、顕在化自体が価値を持つ選挙外の政治参加では同じことができない。[12] デモを例にとって考えてみよう。肉体を路上に持ち出して抗議活動を行ったとすれば、他者は参加者の分人ではなくてその全体(個人)の意思表明と捉えるだろうから、これを分人としての意思表明とみなすことはできない。他方、ネット上などで抗議活動をすれば、参加した化身を一つ一つの身体としてカウントしてしまうので、それぞれが個人のなかでどれだけの比率を占める分人であるのか分からない。

かくして分人民主主義は、これら2つの欠点を引き受けながら、肉体と主体の「一対一対応の擬制」を敢えて維持するための一つの仕掛けに過ぎない。実のところ、「分人」の政治システムへの表出を票の分割ではなく確率によって表現するものと考えれば、現行の投票制度でも分人民主主義が実現していると捉えることはできる。[13] 問題の核心は肉体と主体が一対一対応しているとみることができるかにあるのだ。

5　肉体を希薄化させることはできるのか?

このように肉体に主体を一対一対応させる構想は、しかし、個人が肉体を乗り越えていく問題((2))、端的には1つの主体が複数の肉体を持つようになった場合に主体の特定に失敗する。そこで考えられる対処法は以下のようなものになる。

A　肉体によって政治的単位を数える「一対一対応の擬制」を維持する

擬制は擬制であるから、現実と離れれば離れるほど説得力を失うが、それでも現実に即している必要はない。たとえば、ある個人が複数の肉体を用いて複数の票を投じることができるとすれば、それは民主政の正当性に疑いをかけるけれども、しかしその中身が何物であれ、外形的に物理的な肉体が投票することだけをカウントすることは可能である。

筆者自身もこれまで、情報化が進み、具体的な肉体接触の機会が減ったとしても、であるからこそ政治に関わる＝他者と触れ合うことで、他者との境界が明確化され、肉体と一対一対応する個人が特定されていくという民主政の回路を重視してきた。[14] 本稿の枠組みに位置付ければ、肉体を基盤とする擬制の上に民主政を運用するうちに、身体が特定され、擬制が実態を伴っていくという動態的な民主政構想であった。

B　肉体とは別の身体を数えることで「一対一対応の擬制」を維持し、場合によって「政治的平等の擬制」を変更する

とはいえ、身体が拡張された未来で肉体をカウントするとはいっても、脳を数えるのか、肉片を数えるのか――それらが人工的に培養されたものでないのかの判定を含め――そう簡単ではないだろう。そこで、政治的単位特定の手段として肉体に期待されていた①単一の意思に基づき一定程度統御・統制されて行動すること、②他者と混じり合わないことという機能が失われている状況下で、肉体を数えるこ

とに正当性はあるだろうか。

そこで外形的にこれら2つの条件を備えて社会活動を行っている身体を数えることも考えられる。確認しておくが、ここで身体は見慣れた人の形をとっている必要はない。確認手段もないので、人工知能によって動くロボットだろうとカウントされることがあるかもしれない。ただ、利点もあって、このように活動に則って身体をカウントすることにすれば、分人民主主義が所詮個人を分けたものとしてしか化身を評価できなかったのに対して、仮想現実空間などにおける化身も主体としてカウントすることができる（こちらが分人を単位とする本質的な意味での「分人民主主義」ではなかろうか）。

この方向性は「ステイクホルダー・デモクラシー（stakeholder democracy）」の構想と適合的である。ステイクホルダー・デモクラシーは「一定の類型」を利害関係者《ステイクホルダー》によって定義することを特徴とするが、松尾隆佑も指摘するように、個別の決定ごとに「一定の類型」を設定できるこの構想は分人の声を反映させることに向いている。[15]

ただし、この立場を採る場合、「個性はあっても肉体は肉体だ」と抗弁できた肉体の場合とちがって、身体の質量にあまりに偏差が大きく、「政治的平等の擬制」を維持するのが困難になるかもしれない。とはいえ、すでに前に触れた通り、ステイクホルダー・デモクラシーの一部の論者は各々の利害に従って政治的影響力を増減させることも主張しているから、これはステイクホルダー・デモクラシーの立場を採ることで解決を図ることができるように思われる。

C　政治的単位を数えることをあきらめる

とはいえ、こうして人間かどうか確定もできない身体を入力主体として数えることにも抵抗があるかもしれない。やはり肉体を離れて主体を数えること自体、困難なのではないか。そうして「一対一対応の擬制」が崩壊すると、たちどころに「政治的平等の擬制」も成り立たず、現行の民主政の存立基盤が脅かされることになる。そこでは肉体や身体を媒介させず、民主主義を成立させる別の回路が求められることになろう。

現状、これに最も適合的な構想は「監視民主政《モニタリング・デモクラシー》（monitoring democracy）」である。監視民主政は、多様な手段で民主的統制をかけることで、個々の政策、政策体系、ひいては政体そのものを人々の選好に寄り添ったものとし、それによって民主的正統性を維持しようと考える。そこでは民意の入力の最重要局面は、政策主体や政策の創設ではなく、それらの修正に置かれる。ジョン・キーン（John Keane）は以下のように述べる。

「モニタリング・デモクラシーの時代には、かつては社会全体を引き裂いた選挙権闘争はその中心性を失った。投票文化の拡大とともに、そして選挙で選ばれたのではない代表者が多くの相異なる文脈で増えるにつれて、新たな課題が表面化し始める。代表デモクラシーの時代を苦しめた例のおなじみの問題——誰に、いつ投票資格を与えるのか——が、今なお簡単に答えの出ない問題と絡まり合っていっそう複雑化したのだ——つまり、人々はどこの投票権を得、どの代表者を通じて誰のために投票するのか？[16]」

このように監視民主政では政治的単位を特定することの重要性が低下するから、肉体の希薄化のなかで民主政を維持するのに適合する構想といえる。他方、この監視民主政は本当に人びとに依っているか——換言すれば正統性（legitimacy）——を確認する手段が薄弱なので、性能——換言すれば正当性（rightness）——によってその善悪を判断するほかない。民主政を支える擬制はほぼ姿を失って、その性能だけが民主政を支えることになるのである。職場における民主政においては、従業員が他の職場に移ることが——国家間移動と比べれば——容易であり、株主など利害関係者が業績を求めるから、このような民主政構想が採用されやすいことは想像に容易い。他方、国家におけるこの種の議論は政治体制間の性能を比較する「民主主義の危機」論と接続する。

6　政体——身体関係と民主政の未来

これまでの議論は、あらゆる共同体が継続的に政策決定を行う体制（＝政体）を持ち、それを民主的に運用しようとするとき、一般的に適用可能なものであった。しかし、従来の民主政に関する議論が対象としてきた国家とそれ以外には、身体との関係についても差異があり、採ることが望ましい民主政も異なっていることは十分に考えられる。最後にこの点を検討しておきたい。

国家以外の共同体のなかでも、構成員《ユーザー》に対して時に国家を超えるほどの権力を持つプラットフォーマーに、民主的な運営を求める向きがある。その要請の根拠の一つにプラットフォーマーが提供するインターネット上のプラットフォームの物理的性格が挙げられる。というのも、民主的な権利（democratic right）はその構成員が退出（exit）しづらいときにより強く要請されるという論がある。[17] 国家であれ地域共同体であれ、その領域から肉体を物理的に持ち出すことができるかどうかは、倫理的にも実践的にも、当該部分社会においてその声（voice）を政策に反映させることに影響するというわけである。そこでプラットフォームのように特定の領域を持たない部分社会を考えてみると、領域と肉体とが結びつく従来の部分社会とは異なり、物理的な移動によってあからさまに退出したり、それによって他のプラットフォームに乗り換えたりすることができない。同様にその場に居ながらに退出可能でありながら領域性を持つ会社などの共同体と比較すると、プラットフォーマーに会社などの共同体以上に民主的な運営を求めることは理に適っている。ただし、同時に考慮すべきは、プラットフォーム上におけるような部分社会が領域性、すなわち物理性を失うことは、物理的な身体（＝肉体）の重要性もまた割り引かれるということだ。

このことはより具体的に、政体がどのように身体を把握するかというかたちで顕在化する。その政体内で肉体を単位とする擬制を生き永らえさせようとすれば、身体が実際に肉体から逸脱しているかだけではなく、政体がどれだけその逸脱を把握できるかの信憑性が重要な役割を果たす。肉体を主体とみなす民主政は肉体を自ら特定する政府を前提としていた。たとえば日本の場合には、日本人として出生した国民は――国家資格を持つ医師・助産師の五感による証明を介することが多いが――地方自治体にその肉体を登録され、教育や納税や給付などの行政サーヴィスを通じてその肉体が生命体としてかたちを保っているかを確認している。国内での投票の場合には国家や地方政府の選挙管理委員会に選ばれた立会人が肉体を目視で確認する。地方・国家いずれの政府も自ら肉体を特定し、それに則って肉体を単位とする民主政を運営しているわけである。同じことは、具体的な空間に結びつけられ、日々構成員全員が顔を合わせているような、小さな共同体が民主的な運営をする場合も同じである。

ところが、自ら肉体を特定する手段を持たない共同体でこの擬制に同等の頑健な信憑性を持たせることは難しい。このことは共同体が大規模になればなるほど昂進される。インターネット上の多くのプラットフォームは構成員に肉体を求めていない。構成員の身体（化身）はメールアドレスや電話番号といった個人情報に紐づけられているに過ぎない。肉体の証明を求める場合であっても、政府が発行する書類に頼り、肉体を特定する具体的な手段を有していない。[18] この問題はなにもプラットフォーマーにのみ生じるわけでなく、国家であろうと在外投票の場合には生じる。日本は在外邦人の郵便投票を認めているが、在留を開始したのちにはその肉体を確認する手段がないので、その肉体の実在を疑うことも可能ではあるのだ。そう考えれば、在外投票を認めない国家があることも故のあることではある。こう考えてくれれば、領域性を持たず、肉体を特定する手段を持たない政体において、肉体を単位とする民主政を実現することが難しいことが了解されよう。

かくして、毎日のように顔を合わせる狭いコミュニティや、行政サーヴィスの提供などを通じて個人を特定している政府においては肉体を単位とする民主政（A）の擬制を維持できる可能性が高い一方、肉体の把握を得意とせず、しかもグローバルに展開するなど領域性を持たない政体においては、「ステイクホルダー・デモクラシー」など身体を単位とする民主政（B）や、「監視民主政」など肉体・身体を単位としない民主政（C）を採用する蓋然性がより高まることが想定される。過去の、そして現在の民主政がそうであるように、未来の民主政もまた複数の構想が組み合わさったものになるであろう。

既存の民主政論は、政治を営む身体が不変であることを前提としてきた。しかし、人間は変わるし政治も変わる。身体の変容がどのようなものになりうるのか、またその影響が政体によってどのように異なるのか注意深い観察が求められるし、電子投票やプラットフォームの民主的運営に関する議論も、また新たな国家を超える政体に関する構想も、このような深みをもって行われることが望まれよう。そのことは翻って、現今の民主政に生きる人が自らの肉体の重要性を再確認することでもあるはずだ。

【注】

1 橋場弦『古代ギリシアの民主政』（岩波書店、2022年）154-155頁。
2 佐藤信「政治と民意の間を「熱意」は埋められるか」中央公論130巻1号（2016年）参照。
3 晩年の板垣退助はこれを「戸主選挙法」と呼びながら、「最もよく代議政体の精神に合し、輿論政治と信任政治の意義を全ふし、最もよく我邦の国情に適合せる選挙法」と評価した。板垣退助『立国の大本』（忠誠堂、1919年）参照。
4 Harry Brighouse & Marc Fleurbaey, "Democracy and Proportionality," *The Journal of Political Philosophy*. Vol. 18, No. 2, 2010.
5 もっとも政治体制を成立せしめる擬制という本稿の観点からいえば、身体の背後にどのような主体があるかということは副次的な問題に過ぎない。それぞれの身体にそれぞれの主体があると外形的に観察される限りにおいて、それに基づいた制度を構築することは可能だからである。

6 平野啓一郎『私とは何か』（講談社、2012年）90頁。
7 キム・チョヨプ&キム・ウォニョン『サイボーグになる』（岩波書店、2022年、原書は2021年）。
8 ピーター・スコット・モーガン『NEO HUMAN（Peter 2.0）』（東洋経済新報社、2021年、原書は2021年）。
9 玉城絵美『BODY SHARING』（大和書房、2022年）。暦本純一『妄想する頭　思考する手』（祥伝社、2021年）も参照。
10 鈴木健『なめらかな社会とその敵』（筑摩書房、2022年、初版は2012年）205頁。
11 鈴木はさらに進んで、投票（委任）した先がさらに委任していくことができるという「伝播委任」という構想を提示しているが、本稿の主眼とは異なるのでこれには触れない。
12 もっとも請願など署名活動であれば、分割による重みづけをすることは可能であろう。
13 実例を用いて説明すれば以下のようなことになる。ある個人の3分の2の「分人A」が選好αを、3分の1を占める「分人B」が選好βを持つとする。その場合、票を分割する場合には3分の2の票をα、3分の1の票をβに適うように投じることになる。ただ、このような分人比率を持つ人間は票を分割しなくとも3分の2の確立で選好αを、3分の1の確率で選好βに適う投票をするだろうと考えれば、票の分割などしなくても各分人の選好は反映されているとみなすことができるのである。
14 佐藤信『60年代のリアル』（ミネルヴァ書房、2011年）。もっともここでの議論は身体が肉体から逃げられないことを主張しており、近い将来について筆者は猶そう考えているが、本稿はその先の変容可能性を論じるものである。
15 松尾隆佑『ポスト政治の政治理論』（法政大学出版局、2019年）39-40頁。
16 ジョン・キーン『デモクラシーの生と死』（下）（みすず書房、2013年、原書は2009年）239頁。もっともキーンは監視の一類型としての選挙においてはステイクホルダー・デモクラシーの立場を採っており（同397-398頁）、身体を政治的単位とすることを否定しているわけではない。
17 Richard J. Arneson, “Democratic rights at national and workplace levels,” David Copp, Jean Hampton & John E. Roemer (eds.), *The Idea of Democracy*. Cambridge University Press, 1993.
18 この点、プラットフォーマーが生体情報を取得する腕時計型の端末などを構成員本人が用いるように求めることがあったとすれば、プラットフォーマーが肉体を特定することが可能になるだろう。

Ⅳ　2040年の国民投票
――成功しているアイルランドの国民投票プロセスが直面する将来の課題

デイビッド・ケニー／横大道聡　訳

1937年に制定されたアイルランド憲法は、1947年に制定された日本国憲法と同様に、国民投票によってのみ改正することができる。[1]しかし、日本とは異なりアイルランドは、この国民投票を何度も実施して、憲法を何度も改正してきた。アイルランドの国民投票の経験を検証することは有益である。国民投票を研究している政治学者は、国民投票プロセスに非常に懐疑的な傾向がある。[2]国民投票はエリート支配的で、悪用されるおそれがあり、有権者が真の意味での熟議に参加することはないと考えているのである。最近、非常に注目された国民投票――その最たるものがブレクジット――でのネガティブな経験が、このような見方をさらに強めている。[3]しかし、アイルランドはそのような主張に対する反例となる。アイルランドの国民投票の経験は極めてポジティブなものであり、国民投票が陥りやすいと言われる危険性の多く、あるいはすべてを回避してきたし、国民投票のプロセスはアイルランドの有権者の間で非常に好評である。

しかし、2040年という未来を見据えてみると、アイルランドの国民投票プロセスは安全とは言い難い。その成功の継続が保証されているわけではないし、新たな脅威とリスクにも直面している。本稿ではまず、アイルランドの国民投票プロセスの概要と、それが今日までどのように用いられてきたのかを説明する。第二に、アイルランドの国民投票が実際に有する注目すべき特徴について概説する。その特徴には、賛否の分かれる注目度の高い社会問題を解決するための国民投票の活用、国民投票に対する人々の熱意、強力な公式のルールがない中で国民投票プロセスを成功に導いてきた「国民投票文化」などが含まれる。第三に、アイルランドの国民投票プロセスが今後直面する課題について考察する。そこには、偽情報や有権者操作の規制と、これに対処するために最近制定された法律、そしてアイルランド統一に関する極めて重要な国民投票――アイルランドの将来を左右するものであり、適切に実施されなければならない国民投票――の見通しが含まれる。

1　アイルランドの国民投票プロセス

まず、アイルランドの国民投票プロセスに関する背景情報と、それがこの85年間にどのように発展してきたのかを説明しよう。アイルランド憲法は、1937年にアイルランド人による国民投票によって承認された。[4] この憲法は、1922年に制定された旧憲法に代わるものである。旧憲法は、新憲法制定までの15年の間になされたいくつかの改正によって解体されてきた。新憲法を旧憲法のように、安易な改正によって解体させないことが重要だと考えられたため、国民投票によって承認されなければ憲法を改正できないという厳格な改正規定が導入された。[5] 当時、アイルランド政府を率いていたエイモン・デ・ヴァレラは、「憲法を通じて明確で輝いていることがあるとすれば、それは、国民こそが支配者（master）であるという事実だ」[6] と述べ、国民投票が憲法にとっていかに重要であるかを強調した。

アイルランド憲法の改正手続によると、すべての憲法改正は、上下院の単純多数決で可決され（ただし上院の決定は、実際には、国民によって選出された下院によって覆される可能性がある）[7]、その後に国民投票で国民に問う必要がある。投票日当日の50％＋1票の単純多数により、その改正が承認される。投票率に下限はなく、多数票が有権者全体の過半数を占める必要もない。したがって、アイルランドの憲法改正手続は日本国憲法96条の改正手続と類似してはいるものの、議会の特別多数の可決が要求されないため、日本よりも改正は容易である。

このプロセスのもと、理論的には、議会が憲法改正法案（訳者注：アイルランド憲法46条2項により、憲法の改正提案は法律案として提出される）を起草する責任を負う。なぜなら、議会は憲法改正法案の文言を変えることで、発議内容を変えることができるからである。しかし現実には、このようなことは起こらず、執行府が憲法改正法案を作成し、議会にそれを提出する。そして執行府は通常、議会の過半数の票を握っているため、憲法改正法案は執行府の望むかたちで可決される。[8] つまり、実際には執行府が憲法改正法案をコントロールしているのである。ただし、市民社会の関係者や、最近では市民会議（citizen's assemblies）が、執行府の発議内容を形成するうえで影響力を持つようになっている。

日本の憲法改正手続とは異なり、アイルランドの憲法改正手続は頻繁に利用されてきた。現在までに30の憲法改正法案が国民投票で可決されている。他に11の改正法案が発議されたが否決されており、合計で41回の憲法改正の国民投票が行われている。同じ日に2つ、あるいは3つの異なる国民投票が行われたこともある。この41回の国民投票は、アイルランド憲法の85年の歴史の中で均等に分布して行われてきたわけではなく、その大半は１９９０年以降に行われた。最初の投票が行われた１９５９年まで国民投票は実施されず、またこのときの国民投票は可決されなかった。１９６８年にも2回の国民投票が行われたが、いずれも否決された。初めて国民投票による憲法改正が行われたのは１９７２年である。１９７０年代には5回、１９８０年代には4回、１９９０年代には10回、２０００年代には8回、２０１０年代には11回の国民投票が行われた。２０２０年代にはまだ一度も行われていない（いくつかの計画があったが、さまざまな理由で延期されている）〔本章末の〔訳者による追記〕を参照〕。このように、ここ数十年で憲法改正の割合や提案される改正法案の数は増加している。[9] これは、憲法に反映させるべき社会の変化を反映しているというのが大勢の見方であり、国民投票プロセスに対する一般的な好意と信頼の結果でもあろう。憲法があまりにも頻繁に改正されているとか、極めて不適切な方法で改正されたなどと指摘する者はほとんど存在しない。

アイルランドにおいては、いかなる憲法改正法案も提案できる。アイルランドの裁判所は、国民の憲法改正権の範囲に限界はないと明言している。適切な手続を踏んで国民投票で憲法改正法案が可決されれば、裁判所は「基本構造」の理論に反するとして、あるいは憲法の根本的な価値に反するとして、憲法改正を無効とすることなどは決してない。アイルランドには「違憲の憲法改正」なるものは存在しないのである。[10]

提案される憲法改正法案では1つの問題や1つのトピックのみが扱われる。この意味で、各憲法改正法案は相互に独立している。しかし、これはあくまで慣習であって、厳密なルールではない。（可決は難しいかもしれないが）一度に多くの問題を扱う「抱き合わせ（omnibus）」の憲法改正法案が提案される可能性もある。[11] アイルランドの上院議会であるシーナド（Seanad）の廃止が提案されたときのように、憲法のなかの1つの要素を改正する提案に、多くの条文の改正が必要になることもある。このときには、改正を要する多くの条文がすべて1つの憲法改正法案にまとめられて提案された（ただし、国民投票を通過しなかったため、アイルランドはまだ上下両院を保持している）。[12]

これまでに提案された憲法改正法案の性質をよりよく理解するために、41回の国民投票を次のように分類できる。[13]

- 政治改革に関連する15回の国民投票
- 社会問題および／または憲法上の権利に関連する16回の国民投票
- 欧州連合（EU）やアイルランドが加盟するその他の国際機関への権限付与に関連する10回の国民

投票

また、いくつかの問題は繰り返しの投票の対象となっていることも注目に値する。離婚の規制は3回、妊娠中絶の規制は6回、選挙制度の変更は2回、国民投票にかけられている。さらに、ニース条約とリスボン条約という2つのEU条約は、二度投票され、一度目は国民によって否決されたが、二度目に可決されている。

2　アイルランドの国民投票プロセスの注目すべき特徴

本項では、アイルランドの国民投票プロセスのうち、いくつかの興味深い注目すべき特徴について論じる。その特徴とは、重要な社会問題の解決に利用されていること、一般的に支持されていること、市民参加によって提案内容の形成が行われていること、そして、正式な規制が緩く、それが強固な国民投票文化によって補われていることである。

(1)　重要な社会変革のための国民投票

アイルランドの国民投票の特筆すべき珍しい特徴は、深刻かつ複雑な社会問題を解決するために国民投票が用いられていることである。[14] 国民投票はこの種の問題解決には特に不向きであると言われることが多いため、このことは注目に値する。国民投票はこの種の問題についての分裂を助長し、問題の永続的な解決にはつながらないなどと言われることがあるが、アイルランドではそのようなことは経験していない。国民を二分するほど大きな分裂が見られた問題であっても、国民投票によってその解決に成功させてきた。憲法で禁止されていた離婚は、僅差の投票（辛うじて得た50％以上の賛成票）により〔1995年に〕合法化された。2015年には同性婚が、国民投票によって62％の賛成票を得て合法化された。[15] 2018年には、これまた憲法によって禁止されていた妊娠中絶が、国民投票によって合法化されたが、66％以上が賛成であった。[16] これらの国民投票はいずれも、20世紀のアイルランドで支配的であり、明らかに憲法の諸側面に影響を与えたカトリックの信仰上の道徳と密接に結びついた問題に関係していた。アイルランド社会が変化し、敬虔な宗教色が薄れるにつれ、憲法もそれを反映して変化したのである。大きな論争であったにもかかわらず、国民投票の結果はすぐに（反対派にさえも）受け入れられ、アイルランド社会における問題を非常に満足のいくかたちで解決した。[17] 特に2015年と2018年の国民投票は、アイルランド社会に変革をもたらし、現代のアイルランドの政治的アイデンティティを形成する極めて重要な瞬間であったと高く評価されている。

（2）国民投票に対する国民の熱意

これに関連して、アイルランドでは国民投票は非常に好評があり、尊重されている。第一に、前述したように国民投票は、しばしば「敗者の同意」と呼ばれるもの、すなわち、政治的な闘争に敗れた人々からの同意や受諾をもたらしているように見受けられる。主要な国民投票であっても、敗れた側はその結果を全面的に受け入れる傾向がある。２０１８年の妊娠中絶に関する国民投票と並行して実施された大規模な出口調査では、賛成票を投じた有権者の72％、反対票を投じた有権者の62％が、国民投票の結果がどうであれ、それを受け入れると回答した。アイルランドで中絶問題がいかに物議を醸してきたのかを考えれば、この結果は驚くべきことである。第二に、このプロセスが有権者に非常に好まれていることである。同じ出口調査によれば、妊娠中絶に関する国民投票に参加した有権者の74％が、この問題を国民投票で解決することは公平だと感じており、不公平だと感じたのはわずか８％であった。同じサンプルのうち、72％が「重要な問題は常に国民投票で決めるべきだ」と答え、反対はわずか８％だった[18]。これらの数字は、アイルランドの有権者が国民投票のプロセスを非常に信頼し、尊重していることを示している。彼らは国民投票を正統で、決定的で、公平なものだとみているのである。

(3) 提案内容の形成への市民参加

前述したように、国民投票にかける憲法改正法案の作成は、現実には、執行府とその法律顧問の手に委ねられている。つまり、エリート支配である。エリート政治家（と法律顧問）が、憲法にどのような文章が盛り込むのかをコントロールしているのだ。このようなエリート支配は、国民投票に懐疑的な人々から、国民投票の民主的性格を損わせ、エリートによる統治の道具になると批判されることが少なくない。しかしアイルランドには、このようなエリート支配を相殺する２つの手段がある。第一に、利益団体からの圧力が、執行府による憲法改正法案の文言の選択に影響を与えることが多い[19]。とりわけ権利や社会問題が絡む場合、憲法改正法案は市民団体から大きな影響を受けることが多く、それによりエリート支配の度合いが限定される。

第二に、そしてより重要なのは、2010年代にアイルランドが市民会議を実験的に導入したことである。市民会議は、国民投票で何を提案すべきかを決定するために、市民が問題について説明を受けたうえで討論するという熟議の場である[20]。その提案には拘束力はなく、実際に何を提案するのかを決める政治的エリートによって調整を受ける。市民会議は当初、同性婚や妊娠中絶のような物議を醸す社会問題に関する憲法改正法案について、執行府が政治的な援護を得るための手段として利用されていた。決定された憲法改正法案が国民に受け入れられなかった場合、執行府は市民会議を非難して、政治的な悪影響を回避しようとすることができるからだ[21]。しかし、市民会議は大きな影響力を持つようになった。同性婚や妊娠中絶を含む主要な国民投票案の内容を大きく形成してきたのである。現在、市民会議は広く利用されており、執行府はその勧告に従うか、従わない場合にはその正当な理由を提示する必要性を感じているだろう。このようなプロセスによって、憲法改正法案の策定に、以前にはみられなかったレベルで市民が関与するようになり、このプロセスにおけるエリート支配の程度が低下したのである。もっとも、実際にどのような憲法改正法案を提案するかは、依然として執行府がコントロールしているのであるが。

（４） 緩やかな規制と活発な文化

アイルランドの国民投票プロセスの驚くべき特徴は、ごく最近まで国民投票運動の実施方法に関するルールや規制が比較的緩やかであったにもかかわらず、非常にうまく機能していることである。アイルランドの国民投票運動がうまく機能しているのは、正式なルールよりも「国民投票文化」の賜物であると私は考えている。

３で後述する最近の改革が行われるまで、アイルランドには国民投票運動を規制する法律がほとんどなかった。[22] 運動資金に関する限られた規制があった程度である。裁判所が〔判例によって〕定めたルールとして、執行府は、国民投票運動において、賛否の一方だけを宣伝するために国費を支出することはできないというものがある。[23] 国民投票運動に寄付できる金額には厳しい制限があり、外国からの寄付は全面的に禁止されている。また、運動団体による寄付の透明性と開示も義務付けられている。しかし、国民投票運動への支出総額に対する制限がないのは、異例のことである。また、国民投票運動に対する政府からの公的資金援助もない。例えば、英国とは異なり、公式に指定され公金が支出される「選挙運動指導者（lead campaigner）」は存在しない。アイルランドでは、政党や市民団体が自ら資金を提供して、運動を展開することに任されているのである。

最近まで、国民投票運動を規制する常設機関は設置されていなかった。個々の国民投票運動を監督するために、上級判事（senior judge）〔訳者注：上級裁判所の判事のこと。上級裁判所とは、高等法院、最高裁判所、そして２０１４年に設立された両者の中間の控訴院を指す。〕を委員長とする国民投票委員会（Referendum

Commission）が設置され、終了後に解散していた。国民投票委員会は、国民投票の日付やテーマを宣伝するなど、有権者に基本的な情報を提供し、国民投票への意識を向上させることを主たる活動としていた。しかし、国民投票運動を規制したり、そこで主張された内容の真偽をチェックしたりすることはなく、改正法案の意味に関して争われている事項について公式に意見を公表することもなかった（ただし、委員長を務める個々の判事がそのような事項についてコメントすることはあった）。一時期は、国民投票に対する賛成意見と反対意見についての実質的な情報を公表していたが、この情報が混乱を招き、有権者にうまく伝わりにくいことが判明したため、変更された。[24] 国民投票委員会は最小限の組織体であり、国民投票運動に対する規制効果も非常に小さかったのである。国民投票運動の内容に関するその他の制限もほとんどなかった。政治的な話題に関するテレビ・ラジオ広告の禁止と、公的資金から助成を受けるメディアではバランスの取れた討論を行うことを義務づけるという判例による規制はあるが、[25] それ以外には、発言内容や配信内容に関する規制はなく、ソーシャルメディアによる運動・広告に関する規制はまったく存在しなかった。要するに、選挙運動の規制は厳密ではなかったのである。

国民投票運動の規制がこれほど緩い中で、アイルランドの国民投票運動がおおむね良好であったというのは驚くべきことである。誤情報や外国からの影響、悪意ある運動家、政府による運動支配、ミスリードされた有権者、といった大きな懸念は存在してこなかった。これは、アイルランドが国民投票運動を規律するために、私が「国民投票文化」と呼んでいるものを発展させてきたからだと考えられる。[26] 国民投票文化とは、国民投票を公正かつ効果的に行うための規範と慣行の総体のことをいい、それは経験を積み重ねながら時間をかけて醸成され、国民投票における行動に対する人々の期待の一部となる。この文化からの逸脱は抵抗を受け、運動が公正かつ効果的に運営される助力となる。

国民投票文化については、別稿で詳しく論じたので、ここでは、この文化を形成していると思われる慣習のほんの一例を挙げるにとどめる。これらは網羅的なものではない。

- 政党は責任ある行動をとり、国民投票運動を公正に行う傾向がある。
- 主要な国民投票では、市民社会のグループが最も重要な運動主体となることが多い。政治家は当該グループを率いるのではなく支援する。それにより、政治的支配を避けることができる。
- 有権者は曖昧な憲法改正法案や提案には懐疑的であり、十分な説明ができない提案には反対票を投じる傾向がある。
- 国民投票に関する情報の規制がないため、メディアやソーシャルメディアは、さまざまな自主規制を行ってきた。
- メディアは討論においてバランスを重視し、論争的な主張については厳密な事実確認を行う傾向がある。
- これは、関連分野の専門家の尊重と組み合わさっており、疑義が示されている国民投票運動の内容とは異なる専門家の見解を促進する。
- 2018年の妊娠中絶の国民投票の際、ソーシャルメディア広告が規制されておらず、悪用される可能性があるという懸念が提起されたため、フェイスブックとグーグルは、ソーシャルメディア広告を制限するという自主規制を行った。[27]

これらはすべて、アイルランドの国民投票運動に対する規制が比較的緩やかであるにもかかわらず、国民投票運動がうまく機能するのに役立っている非公式の文化的慣行であると考えられる。これらの文化的慣行のおかげで、アイルランドは国民投票に付きまとう様々な難題の餌食にならずに済んでいるのである。

3　2040年に向けて——アイルランドにおける国民投票の未来

本項では、アイルランドが将来直面する国民投票の課題について考えてみたい。私たちは、2040年の段階でも、アイルランドの国民投票プロセスについてこれほどポジティブに考えることができるだろうか。国民投票をめぐる文化は依然として強固で、そのプロセスを擁護しているだろうか。それとも、国民投票に付きまとう危険のいくつかに屈しているだろうか。ここで論じた課題は、決してアイルランド特有のものではない。すべての国民投票のプロセスにとってのリスクであり、過去に成功を収めた国にも当てはまる。日本が将来、憲法改正を検討する場合に、憲法改正のための国民投票が正統かつ公正であると広く認識される方法で首尾よく実施されることを期待して、アイルランドを参考にするかもしれない。しかし同時に、将来日本が国民投票を実施した場合に、どのようなリスクや危険が待ち受けているのかを知るために、アイルランドを参考にすることもできるだろう。

(1) 対処が難しい問題

アイルランドの国民投票が直面するリスクのひとつは、非常に難しい問題についての国民投票が近く実施される可能性があることである。それは、十分な情報に基づいた適切な国民投票運動を展開するうえでの課題となりうる。憲法の変更が複雑であるという事情は非常に重要となる。憲法秩序の大きな転換を伴う憲法改正を議論し、それを有権者に説明するのは困難だからである。アイルランドでは現在、そのような憲法改正法案がいくつか検討されている(最も困難であろうアイルランド統一問題については後述)。2024年に国民投票が実施する予定であったが延期されているのが、住宅への権利(right to housing)の導入であるが、これは憲法上の財産権のバランスを再調整し、現在のアイルランドの憲法秩序では認められていない、主要な社会的・経済的な権利を導入することになる。[28] 視野を広げると、野党の政治家、市民団体、アイルランド人権平等委員会は、憲法のなかにより多くの社会的・経済的権利を追加するよう求めている。[29] 市民会議は最近、健康的な環境に対する権利(right to a healthy environment)を憲法に加えるよう勧告した。[30] これらは、アイルランド憲法の観点からはやや急進的な提案であり、アイルランド憲法と司法審査の範囲を抜本的に変えるかもしれない。それを説明し、国民投票で議論するのは至難の業である。このような議論は、かつてないほどアイルランドの国民投票プロセスにストレスを与える可能性がある。

また、人々が憲法の中に権利や条項を追加しようとするのに急ぎすぎるというリスクもあると考えられる。国民投票プロセスが誇る人気と注目度の高さは、あらゆる社会運動やキャンペーンが憲法改正を求めることに帰着しうる。そこでは、憲法改正がこれらの運動の目標を達成するための最適な方法なのかどうか、あるいは政治的資源を費やす最善の方法であるかどうかは考慮されない[31]。憲法改正を求めることで、より現実的で通常の政治的解決策から目をそらし、議会を通じて解決した方がよいような賛否のある社会的テーマについて、国民投票を過剰に利用するという結果になるかもしれないのである。

(2) ポピュリストによる国民投票の掌握または悪用、そして文化の保護

特に国民投票に関する政治学の文献において、国民投票が悪用される危険性についての懸念が定期的に示されている。権威主義的なポピュリズムに対する懸念が世界中で興隆している中、悪意ある指導者が国民投票を悪用して民主主義を侵食し、権威主義的支配を強化し、人権を否定するといったおそれである。こうした懸念は、アイルランドでも議論されている[32]。アイルランドでは民主主義が侵食される兆候は見られず、極端な政治も行われていないため——例えば、極右グループに対する懸念はあるが、選挙においてそのようなグループは成功を収めていない——、現時点では予見可能なリスクとは言えないが、これが将来変わる可能性は当然ある。もしそうなれば、国民投票のプロセスは脆弱な場になりかねない。将来、権威主義的な指導者が国民投票のプロセス、そしてその正統性や人気を利用して、民主的

な制度やプロセスを侵食し、自身の支配を強固なものにしようとするかもしれない。そのような指導者は、この目的を達成するために偽情報や情報操作を用いることに、ほとんど抵抗感を示さないだろう。

アイルランドの国民投票は、これまでのところ問題なく実施されてきたが、理論的に見て疑問や疑念の余地のある用いられ方がされたこともある。EU条約が国民投票で否決されたにもかかわらず、その後すぐに再び国民投票にかけられたという事実は、正統とは言えない戦術と見られてもおかしくない（もっとも、とりわけ最初の国民投票にやる気がなかったり、情報が不足していたりした場合には、私はそのように考えないが）。同様に、アイルランドのいくつかの国民投票は、最高裁の判決を覆すものや、覆そうとするもの、あるいはその影響を変えようとしてなされたものもある。[33] これは、司法権と司法による憲法規範の保護に対する攻撃と見られてもおかしくはない。アイルランドではそうした問題を引き起こすものではなかったが、悪意を持った者の手にかかれば、このような戦術は確かに悪用される可能性があろう。

最後に、国民投票はアイルランド憲法のいかなる部分であれ変えることができ、しかも1回の国民投票で多くを変えることもできる。憲法改正が責任を持って行われる場合は問題ないが、権威主義的な指導者によって悪用される可能性がある。国民投票のプロセスにおいて、アイルランドが警戒しなければならないのはこうした点である。警戒を怠れば、国民投票への熱意が、邪悪な目的の追求のために利用されかねないのである。

関連して、アイルランドの国民投票プロセスは、強固な国民投票文化にかなりの程度依存している。これが将来的にリスクになる可能性がある。この問題は、文化は変化する可能性があり、それも悪い方向に変化する可能性があるということであり、国民投票文化がプレッシャーを受けた場合、そのうちの有益な要素を維持することが難しくなるかもしれないということである。[34] 20年後、アイルランドの国民投票が今のところ保持している美徳を失っている可能性は十分にある。アイルランドを成功に導いた文化を維持し、そして新たな課題に対応できるよう成長させるためには、警戒と配慮が必要である。こうした脅威は今のところ理論上のものにとどまるが、いつ現実化してもおかしくはない。文化は力強いが、脆くもある。アイルランドは国民投票文化に依存しているからこそ、国民投票プロセスも脆弱になるかもしれないのである。

(3) 新たな規制――偽情報と海外からの干渉のコントロール

前述したように、アイルランドにはつい最近まで偽情報に関するルールがなく、国民投票運動もほとんど無規制のまま放置されていた。これは非常に現実的なリスクであった。外国からの干渉、オンライン・プラットフォームやソーシャルメディアの操作、偽情報の拡散は、あらゆる選挙プロセスにおいてますます大きな懸念事項となっているが、とりわけ国民投票は偽情報の影響を受けやすいと考えられる。2018年の妊娠中絶の国民投票で広く合意されたことは、アイルランドがまったく規制を持たないことは賢明とは言えず、ソーシャルメディア企業による自主規制がなければ、その運動のなかで深刻な外国からの干渉や誤情報・偽情報キャンペーンが行われたかもしれない、ということである。これを受けて、アイルランドは国民投票運動についてより強力な公式ルールを作り始め、当該運動を監視・保護する専門の監視機関を設置した。新たに制定された2022年選挙改革法により設置された選挙委員会(Election Commission)には、選挙制度に関する多くの機能が与えられたが、その中で国民投票を規制する新たな役割も与えられたのである。初代委員長に著名な元最高裁判所判事〔訳者注：マリー・ベイカー(Marie Baker)氏のこと。正式な退官は2024年4月だが、アイルランドでは自分が担当する事件はすべて定年の70歳になる日までに終結させなければならないため(定年までに判決が出ないと再審理しなければならないため)、本稿執筆時点では、事実上引退している状況にあった〕を迎えたこの常設委員会は、透明性を向上させ、海外からの干渉のリスクを減らし、偽情報に取り組むために、選挙と国民投票の際のオンライン政治広告の規制を所掌することになった。

同法はまず、グーグルやソーシャルメディア企業などのオンライン・プラットフォームに対して、自社のプラットフォーム上での政治広告を強調表示する義務、広告主の身元と広告内容の正確性に関する法的宣誓を広告主から得る義務、そして広告が何回閲覧されたか、誰が費用を支払ったか、広告にいくら費やされたか、個人データを使ってマイクロターゲティングされたかどうかなど、広告の詳細をユーザーに知らせる透明性通知を広告に表示するという新たな義務を課した[35]。アイルランドに居住していない者がこのような広告を購入することにも、厳しい制限が加えられている[36]。

第二に、同法は選挙委員会に対し、選挙や国民投票における誤情報・偽情報、操作的・真偽不明な行動を監視・除去し、当該プロセスのインテグリティと公平性を広く保護する責任を与えている[37]。同法は、オンライン・プラットフォームがそのような情報や行動を把握した場合、選挙委員会に通知し、潜在的なリスクを監視することを義務付けている。そして選挙委員会は、発生した問題を調査し、是正を図ることができる。同法は、偽情報・誤情報を、虚偽、有害、欺瞞的なものと定義している。また、「操作的又は真偽不明の行動」には、複雑な定義が与えられているが、それは国民投票や選挙に影響を与えるために人々が行う可能性のある多様な活動を捉えようとするためである。その定義には、以下が含まれる。

次のような戦術、技術及び手順。

（a）オンライン・プラットフォームが提供するサービス又は機能を欺瞞的に利用すること。これには、特定のコンテンツの到達範囲又は一般大衆の支持状況を人為的に増幅することを目的としたユーザーの行為が含まれる、

（b）そのプラットフォームの他のユーザーが閲覧できる情報に影響を与える可能性があるもの。

（c）その性質及び性格、文脈又はその他の関連する状況により、虚偽又は誤解を招くようなオンライン選挙情報の流布、公表又は流通の増加をもたらすことを意図しているとの推論を生じさせるもの。

（d）公衆に害を及ぼす可能性があるもの。[38]

選挙委員会は広範な調査権限を有し、これらの規定に違反したと考える者を刑事訴追することができき

る。これらの条項はまだ施行されていないが、次回の国民投票や選挙までに施行されることが期待されている。

オンライン広告、誤情報、外国からの干渉に対する懸念を真摯に受け止めるのならば、これらの規定は多くの点で歓迎すべきものである。しかし、いくつかの懸念もある。第1に、これらの規定の一部は、法令遵守を怠ったオンライン・サービス・プロバイダに刑事責任を負わせるものであるが、それがデジタル商取引に関するEU法に違反する可能性があるかどうかが明らかでない[39]。これらの規定の施行は遅れており、アイルランドはEU法に準拠していることをEUに説得しようとしている最中である。

第二に、これらの規定がどの程度機能するかは定かではない。これは、その実施にあたって、全く新しい組織である選挙委員会がどれだけうまく職務を行うのかによって決定的に左右される[40]。選挙委員会が直面する課題は重大で、多くの作業を必要とする。欺瞞的な政治手法は巧妙かつ複雑であるため、それを特定し除去するのは容易ではない。選挙委員会がそれに成功するためには、オンライン・プラットフォームからの多大な支援が必要である。また、悪質な広告の実践に関する一般からの報告にも頼る必要があるかもしれない。これらの規定がうまく機能し、他国が追随するモデルとなる未来を展望するのはたやすい。しかし、これらの規定がうまく機能せず、委員会がこれらの規定を効果的に適用できない未来も、同様に容易に想像できる。規制が機能しない場合、状況は規制を試みる前よりも悪化する可能性がある。規制が明らかに効果的でないと見なされれば、悪意ある者による国民投票への介入が促進されるかもしれないからだ。ソーシャルメディア広告に関する公式な規制が存在しなかった時代には、ソーシャルメディア企業は自己規制の一種を行っていたが[41]、公式の規制体制ができた今、悪意ある者や問題のある広告と闘うために、その規制体制に頼ることになる。その規制体制が実際に問題に取り組むのに苦労するようなものであれば、ソーシャルメディア企業が自主規制をする可能性は低い。私たちは、この新しい規制が有効であることを願うことしかできないが、それが保証されているとは言い難いのである。

（4） 2040年までのアイルランド統一を問う国民投票？

現在、定期的に議論されている大きな問題のひとつは、2040年までにアイルランドが、1922年のアイルランド独立以来英国の一部にとどまっているアイルランド島の一部地域である北アイルランドとの統合を問う国民投票を実施する可能性である。20世紀にはテロリストによる暴力と国家による弾圧の場であったが、1998年のベルファスト合意（グッドフライデー合意）によって和平プロセスが成立した。この合意は、新たな和平を確認し、対立するグループ間の「権力分有」を通じて北アイルランドの限定的な自治を行うメカニズムを創設した。重要なことに、この合意はまた、アイルランド島の2つの地域が統一されるためのメカニズムも規定した。アイルランド島の北部と南部で実施される2つの異なる国民投票で同時に表明された、両地域の人々の過半数の同意が得られた場合に、アイルランド島統一がなされるというメカニズムである[42]。

1998年の合意後、これらの国民投票は当面起こりそうになかった。誰もその可能性について議論することはなかった。しかし、2016年のブレグジット投票と、英国のEU離脱が難航した後、北アイルランドが英国に留まり続けることに厳しい課題が突き付けられた。北アイルランドはEU〔加盟国であるアイルランド〕と陸路で国境を接しているため、それを考慮した経済と貿易の特別措置の対象とならざるを得なくなったからである。北アイルランドの状況は非常に厳しくなっており、このまま状況が改善されなければ、英国に留まるよりも統一アイルランドのほうが北アイルランドの将来にとって望ましいと考え始める可能性がある。このため、「国境投票」として知られる南北統一のための国民投票の議論は、現在、ごく普通に行われるようになっているが、投票が目前に迫っているというわけではない。ベルファスト合意の下、北アイルランドの人々の過半数が賛成票を投じる可能性が高まった時点で投票を実施しなければならないとされているからである。最新の世論調査によれば、まだそのような状況にはないが、ブレグジットが北アイルランドにさらなる困難をもたらし、統一（そしてそれに伴うEU再加盟）が唯一の実行可能な選択肢となった場合、この状況は一気に変わる可能性がある。そのような投票が2040年以前あるいは前後に行われる可能性は、十分にあると考えられる。

統一投票は、アイルランドの歴史上、最も重要な国民投票であろう。それには、アイルランドがこれまで経験したことのないような困難が待ち受けている。[43] アイルランドや英国の外部から、悪意のある者が国民投票運動に介入するリスクは大きい。投票結果に対して既得権益を持つ多くの人々が、運動資金を提供するかもしれない。アイルランドと北アイルランドでは、これらすべての事項をめぐるルールが異なっており、その調整は難航を極めるだろう。北アイルランドにはアイルランドほど国民投票の経験がなく、国民投票文化も有していない。これらの国民投票運動において誤情報や不適切な行為が行われたと主張された場合、投票から生まれるかもしれない新しい統一アイルランドの正統性に重大な影響を及ぼす可能性がある。あるいは、失敗に終わった投票において不適切な行為が疑われた場合、北アイルランドの平和が不安定化する可能性もある。２０４０年にアイルランドで国民投票を計画するとき、私たちはアイルランドの未来と北アイルランドの平和と安定を守るために、非常に現実的な方法で試行錯誤している。そこで賭けられるものの大きさは計り知れない。

4　結論

アイルランドは、公正で、誠実で、有権者の真の参加を可能にする国民投票プロセスを発展させてきたという点で、非常に幸運であった。さらに幸運なことに、国民投票の危険性に対してある程度耐性があり、それらの危険を回避する手段を発展させてきたと思われるプロセスを有している。こうした理由から、国民投票プロセスは、アイルランド国民から非常に尊重され、高く評価されている。しかし、将来に目を向けるとき、この成功が今後も続くという保証がないことを決して忘れてはならない。アイルランドのこれまでの成功を当然のことと考えるべきではなく、２０４０年以降もこの成功を維持するために、慎重な取組みが求められる。

【注】

1 アイルランド憲法46条。

2 例えば、以下を参照。Larry Diamond, 'Facing Up to the Democratic Recession'（2015）26 Journal of Democracy 141; Simone Chambers, Constitutional Referendums and Deliberative Democracy in Matthew Mendelsohn & Andrew Parkin, *Referendum Democracy: Citizens, Elites and Deliberation in Referendum Campaigns*（Palgrave, 2001）231; Kenneth Rogoff, 'Britain's Democratic Failure'（June 24, 2016）Project Syndicate, available at https://www.project-syndicate.org/commentary/brexit-democratic-failure-for-uk-by-kenneth-rogoff-2016-06; Kristi Lowe and Kelsi Suter, 'The trouble with referendums', Politico, July 6th 2016, available at https://www.politico.eu/article/brexit-direct-democracy-trouble-with-referendums-eu-leave/

3 カタルーニャ独立の住民投票（２０１７年）やクリミアの地位に関する住民投票（２０２２年）も、過去10年以内に実施されたものだが、いずれも広く批判されている。２０２３年実施のオーストラリアの「ボイス（Voice）」についての国民投票――アボリジニとトレス海峡諸島民のための代表機関（であるボイス）を提案したが、非常に激しい国民投票運動のなかで否決された――も、いずれこのリストに追加されるだろう。

4 国民投票の結果は接戦で、憲法の採択に賛成した有権者の割合は約56％であった。これはおそらく、憲法の内容に対する賛否と共に、当時のアイルランドの政治的分裂を物語っている。すなわち憲法は、二大政党のひとつであるフィアナ・フォイル（共和党）が起草したもので、もう一方の政党（フィナ・ゲール：統一アイルランド党）の見解はほとんど反映されなかったのである。アイルランド憲法の起源に関しては、参照、Gerard Hogan, *The Origins of the Irish Constitution 1928-1941*（RIA, 2012）; Donal Coffey, *Drafting the Irish Constitution 1935-1937*（Palgrave Macmillan, 2018）.

5 参照、Laura Cahillane, *Drafting the Free State Constitution*（Manchester University Press, 2016）.

6 Dáil Debates, Vol. 67 No. 1, 11 May 1937. アイルランド議会の下院（Dáil）での討論。

7 アイルランド憲法第46条を参照。覆されたのは一度だけである。上院（Seanad）が下院の選挙制度改革案に反対票を投じたが、下院がこれを覆した〔訳者注：アイルランド憲法23条1項。1は、「この条の規定が適用される法律案が、次項に定める特定期間内に上院により否決された場合……、下院が、特定期間が経過した日から１８０日以内に、国民議会の両院により可決されたものとみなす旨を決議するときは、その法律案はその決議が可決された日に、国民議会の両院により可決されたとみなされるものとする。」と規定するが、本条にいう「この条の規定が適用される法律案」には憲法改正法案も含まれる〕。

8 この現象一般については、参照、David Kenny and Conor Casey, The Resilience of Executive Dominance in Westminster Systems: Ireland 2016-2019（2021）Public Law（April）335.

9 参照、Oran Doyle, *The Irish Constitution: A Contextual Analysis*（Hart, 2018）201.

10 同書195–196頁と、最高裁判決を参照。*Re Article 26 and the Regulation of Information (Service Outside the State for the Termination of Pregnancies) Bill* 1995 [1995] 1 IR 1.

11 1941年の第2次憲法改正法律は、憲法を制定して初期運用を経た後に行われた「抱き合わせ」の憲法改正法案であったが、国民投票を経ることなく通常立法として可決された。というのは、憲法施行後数年間は、憲法のうまく機能していない部分の改正を簡易な手続に行うことが認められていたからである〔訳者注：経過規定であり、すでに憲法典から削除されたアイルランド憲法50条1項は、最初の大統領就任後3年以内に行う憲法改正は、議会だけで可能であると規定していた〕。

12 第32次憲法改正法案を参照。

13 この大まかな分類は、Doyle（注9）201–202頁によるものである。

14 一般的に、参照、David Kenny and Aileen Kavanagh, ‘Are the people the masters? Constitutional Referendums in Ireland’ in Richard Albert and Richard Stacey（eds.）, *The Legality and Legitimacy of Referendums*（Oxford University Press, 2022）264.

15 Oran Doyle, ‘Minority Rights and Democratic Consensus: The Irish Same-Sex Marriage Referendum’（2020）15（1）National Taiwan University Law Review21.

16 参照、David Kenny, ‘Abortion, The Irish Constitution, and Constitutional Change’（2018）5（3）Brazilian Journal of Constitutional Research 257.

17 この傾向については、参照、David Kenny, ‘The Risks of Referendums: “Referendum culture” in Ireland as a solution?’ in Maria Cahill et al.（eds.）*Constitutional Change and Popular Sovereignty in Ireland*（Routledge, 2021）198.

18 Ian McShane, RTE and Behaviour and Attitudes Exit Poll on Thirty-sixth Amendment to the Constitution, 25 May 2018, 31-45.

19 Oran Doyle and David Kenny, “Constitutional Change and Interest Group Politics: Ireland’s Children’s Rights Amendment” in Richard Albert et al.（eds.）, *The Foundations and Tradition of Constitutional Amendment*（Hart, 2017）199.

20 一般的に、参照、Oran Doyle and Rachael Walsh, ‘Constitutional Amendment and Public Will Formation: Deliberative Mini-Publics as a Tool for Consensus Democracy’（2022）20 International Journal of Constitutional Law 398.

21 Kenny and Kavanagh（注14）２８０頁を参照。

22 近時の改革以前のアイルランドにおける限られた国民投票規制の概要として、参照、Alan Renwick et al. *Final Report of the Working Group on Unification Referendums on the Island of Ireland, Constitution Unit*, University College London, May, 2021, 223-244.

23 *McKenna v An Taoiseach (No. 2)* [1995] 2 IR 10; *McCrystal v The Minister for Children and Youth Affairs* [2012] IESC 53.

24 参照、Gerard Hogan, Gerry Whyte, David Kenny and Rachael Walsh, *Kelly: The Irish Constitution*（5th ed, Bloomsbury Professional, 2018）[8.1.57]-[8.1.59].

25 参照、*Coughlan v Broadcasting Complaints Commission* [2000] IESC 44.

26 Kenny（注17）を参照。

27 Kenny（注17）、Kenny and Kavanagh（注14）、Kenny（注16）において、これらについて詳しく説明し議論した。

28 参照、Jack Horgan-Jones, 'Split in Housing Commission over proposals for constitutional referendum on right to housing' The Irish Times, 31st July, 2023.

29 参照、*The Incorporation of Economic, Social, and Cultural Rights into the Irish Constitutional Order*, Irish Human Rights and Equality Commission Policy Report, February 2023.

30 *Final Report of the Citizens' Assembly on Biodiversity Loss*, March 2023.

31 利益団体が憲法改正を求める理由については、Doyle and Kenny（注19）を、国民投票が政治責任の放棄につながっているかという疑問については、Doyle（注9）２０６―２０８頁を参照。

32 次の書籍の多くの章を参照。Maria Cahill et al.（eds.）, *Constitutional Change and Popular Sovereignty in Ireland*（Routledge, 2021）.

33 いくつかの例については、Doyle（注9）２００頁を参照。

34 文化の変化についての議論につき、Kenny（注17）を参照。

35 ２０２２年選挙改革法の第４部を参照。

36 ２０２２年選挙改革法―２５条。

37 ２０２２年選挙改革法―５０条。

38 ２０２２年選挙改革法―４４条。

39 参照、Pat Leahy, 'New election laws delayed after EU and social media giants object', The Irish Times, 8th November, 2023.
40 十分な情報公開のために、私が最近、選挙管理委員会のリサーチ・アドバイザリー・グループに任命されたことを記しておく。
41 Kenny（注17）を参照。
42 一般的に、参照、Oran Doyle, David Kenny, and Christopher McCrudden, The Constitutional Politics of a United Ireland in Oran Doyle, Aileen McHarg, and Jo Murkins (eds.), *Constitutions Under Pressure: The Brexit Challenge for Ireland and the UK* (Cambridge University Press, 2021) 129.
43 これらの投票の複雑さと未解決の多くの問題についての豊富な議論として、Renwick et al.（注22）を参照。

〔訳者による追記〕

本稿は、２０２３年11月20日に慶應義塾大学にて開催したデイビッド・ケニー教授の講演を論文の形式に整えていただいたものを翻訳したものである。改めてケニー教授にはお礼申し上げたい。

アイルランドでは、２０２４年３月８日に、同時に２つの憲法改正国民投票が実施され、いずれも否決された。この憲法改正国民投票は、２０２０年代で初めて行われたものである。これにより憲法改正国民投票の回数は、合計で43回となり、社会問題および／または憲法上の権利に関する18回の国民投票が実施されたこととなった。以下、読者の便宜のために、簡単にその概要を説明しておく。

２０２０年から２０２１年にかけて活動したジェンダー平等に関する市民会議は、その勧告のなかで、家族の定義を「結婚に基づく家族」から、「結婚または他の持続的な関係に基づく家族」へ拡大すること、女性の家庭内での役割を強調する現行憲法の文言を削除し、家族内でのケア提供という文言の追加を提案していた。先般の憲法改正の試みは、この勧告を受けたものである。

家族に関する憲法改正案（第39次憲法改正法案：Thirty-ninth Amendment of the Constitution（The Family）Bill 2023）は、現行憲法41条1項1°と41条3項1°の規定を次のように変更しようとした〔太字部分〕

条文	現行	改正案
41条1項1°	国は、家族が、社会の自然な第一次的かつ基本的な単位集団であること、及び不可譲かつ時の経過により変わることのない権利を有し、全ての実定法に先立ち、かつ、優位する道徳的制度であることを承認する。	国は、**結婚またはその他の持続的な関係に基づく家族が**、社会の自然な第一次的かつ基本的な単位集団であること、及び不可譲かつ時の経過により変わることのない権利を有し、全ての実定法に先立ち、かつ、優位する道徳的制度であることを承認する。
41条3項1°	国は、家族の基礎たる婚姻の制度を特別の配慮により保護し、かつ、侵害から保護することを約束する。	国は、~~家族の基礎たる~~婚姻の制度を特別の配慮により保護し、かつ、侵害から保護することを約束する。

ケアに関する憲法改正案（第40次憲法改正法案：Fortieth Amendment of the Constitution（Care）Bill 2023）は、現行憲法41条2項を削除し、新たに42B条を創設するというものであった。

条文	現行	改正案
41条2項1°	特に、国は、女性が家庭内での生活により共通善の達成に欠くことのできない支持を国に与えていることを承認する。	**新42B条** 国は、家族の構成員が、家族の間に存在する絆を理由として互いにケアを提供することは、それなしには共通善を達成することができない支えを社会に与えるものであることを認識し、そのようなケアを支援するよう努めなければならない。
41条2項2°	したがって、国は、母親が経済的必要からやむなく労働に従事することにより、家庭におけるその義務を怠ることがないよう保障することに努めなければならない。	

アイルランドの2つの主要な政党――フィオナ・フォイル〔共和党〕とフィナ・ゲール〔統一アイルランド党〕――からの支持を得ていた憲法改正案であったが、両方とも国民投票で否決されるという（想定外の）結果となった。投票率は約44%。賛否の投票の内訳は、家族に関する憲法改正案（第39次憲法改正草案）は、賛成が32・3%（48万7564票）、

反対が67・7％（102万1546票）。ケアに関する憲法改正案（第40次憲法改正草案）は、賛成が26・1％（39万4713票）、反対が73・9％（111万9892票）であった。

表面的に見れば、「伝統的価値観の刷新に失敗した」ということになるだろうが、果たしていかなる社会的、政治的、道徳的理由によって、両憲法改正案は否決される結果となったのだろうか。そこにおいて、ケニー教授が本稿で取り上げた「憲法改正文化」はどのように機能したのだろうか。今回の憲法改正国民投票が初めての活動の機会となった選挙委員会は、いかなる役割を果たしたのだろうか。それらの詳細な検討と分析は、別の機会に譲ることにしたい。

V 憲法改正国民投票における「熟議」
――デイビッド・ケニー教授の議論を受けて

横大道聡

本稿は、Ⅳで見たデイビッド・ケニー教授による憲法改正国民投票に関するアイルランドの議論――以下、Ⅳの引用については本文中の該当節のみを示す――について、これを日本の憲法学の立場から受け止めた場合に得られる示唆や意義について、若干の考察を試みようとするものである。[1]

1 憲法改正手続

(1) 憲法改正により、国家はその姿を変える。近時、ブレクジットやトランプ現象、さらにはカタルーニャ独立の住民投票やクリミアの住民投票などの経験から、憲法改正に限らず、国民（住民）投票一般に対して懐疑的な見解が広まっているとされるが、これに対してケニー教授は、憲法改正国民投票は必ずしも悪しき結果を帰結するわけではなく、常にネガティブなものだと捉えなければならないわけではないことを、アイルランドの実践例を通じて説得的に提示した。

アイルランド憲法に基づく憲法改正国民投票は、国民投票の成功例として取り上げられることが少なくないが（この点については後述）[2]、日本の観点から見て興味深いのは、アイルランドの憲法改正手続が、自民党が試みようとしてきた憲法改正手続の改正案と酷似していることである。

(2) 周知のとおり、日本国憲法96条が定める憲法改正手続によれば、憲法改正は、「各議院の総議員の3分の2以上の賛成」によって国会が発議し、国民投票による国民の承認によって成立する。[3] 自民党は、このうちの発議要件について、「各議院の総議員の過半数の賛成」への緩和を主張してきた。『自民党憲法改正草案Q&A［増補版］』によると、「憲法改正は、国民投票に付して主権者である国民の意思を直接問うわけですから、国民に提案される前の国会での手続を余りに厳格にするのは、国民が憲法について意思を表明する機会が狭められることになり、かえって主権者である国民の意思を反映しないことになってしまうと考えました。[4]」というのがその理由である。[5] [6]

(3) 他方、アイルランド憲法46、47条が定める憲法改正手続によれば、上下院の単純多数決で憲法改正法律案を可決した後、国民投票によって承認するというもの（その後大統領が署名・公布）であり、[7] まさに自民党が目論んだ改正手続の改正そのものであるといってよい。[8] この手続を用いて憲法改正の経験を重ねてきたアイルランド——約85年の歴史のなかで、43回の憲法改正国民投票を実施し、そのうち13

は否決されている[9]――は、ケニー教授が紹介したように、社会を分断するような社会問題――離婚、人工妊娠中絶、同性婚など[10]――をも、憲法改正の対象にし、それらを解決してきたのである。[11]

2 発議要件の緩和

(1) 日本では、発議要件の緩和――アイルランドのような憲法改正手続にすること――に対する批判が根強い。毛利透教授は、発議要件の緩和により、国会内での憲法改正に反対する者に対して、「国民に決めてもらうことに反対している」との批判が向けられたり、「とにかく国民に決めてもらう」という理由で強引な議事運営が正当化される危険もあるとの危惧を表明するとともに、[12]「発議される事項が一般に憲法に書き込むべきと考えられる程度に重要なものであるという保障もない[13]」などと指摘する。また、特定の党派に隔たった改憲の提案が行われるとか、権力統制としての役割が緩められてしまうといった懸念もしばしば表明されている。[14] これは、比較憲法学者のデイビッド・ランダウ教授のいう「濫用的立憲主義（Abusive Constitutionalism）」への懸念であるといえるだろう。[15]

このような指摘に対して、上下院の単純多数決で発議が可能なアイルランドにおける憲法改正国民投票の実践はどうであっただろうか。

(2) まず、アイルランドは、１９３７年の建国以来、43回の憲法改正国民投票を実施している。約２年に一度、憲法改正国民投票を実施していることになるが、ケニー教授曰く、「憲法があまりにも頻繁に改正されているとか、極めて不適切な方法で改正されたなどと指摘する者はほとんど存在しない」（1）。もっともケニー教授は、「憲法改正を求めることで、より現実的で通常の政治的解決策から目をそらし、議会を通じて解決した方がよいような賛否のある社会的テーマについて、国民投票を過剰に利用するという結果になるかもしれない」（3(1)）と指摘しており、一定程度、毛利教授らと問題意識を共有しているように見える。[16]

他方でアイルランドは、議会でほぼ全会一致の支持を得た憲法改正法案であってもわずか1％未満の差でかろうじて可決されたということもあるし（1995年実施の離婚容認に関する国民投票）、「憲法構造の核心部分に関係するより重要な改正の提案に対して、懐疑的」[17]で、下院議員の選挙システムの変更、議会委員会に対する調査権の付与、上院の廃止[18]などの憲法改正案を否決してきており、「国民投票で否決されるというリスクの存在により、政府は、憲法改正提案を第1の選択肢にしないインセンティブを有している」[19]という指摘や、「野党からの支持がないのに成功した国民投票の事例はな」く、「実際には、野党の役割は決して無視できないものになっている」[20]などと指摘されている。アイルランドでは、「濫用的立憲主義」の懸念は現実化していないのである。

(3)　発議要件を緩和することが、即、懸念されたような事態を引き起こすわけではないとしたら、それはいかなる理由なのだろうか。ケニー教授はこれを「国民投票文化」により説明している（2(4)）。ケニー教授の考案によるこの概念は、「国民投票の実施方法を形成する、経験によって長い時間をかけて発展してきた、多くの暗黙の慣習、慣例、仮定の集合」、あるいは「広く共有された、国民投票の実施を導きコントロールするのに役立つ、有権者、政治家、その他のアクターの行動の緩やかな集合」[21]と定義される。この定義からわかるように、アイルランドの「国民投票文化」は、実践の積み重ねを経て構築されてきたものである。

日本は憲法制定以来、憲法改正国民投票の経験は一度もなく、実践を積み重ねて文化を構築する機会はなかった。むしろ、憲法改正をなるべく避けようとする「文化」を構築してきており[22]、その対照は際立っている。

3 熟議の場――市民会議

(1) アイルランドの憲法改正国民投票の実践が注目されているのは、近年の憲法改正が、熟議に基づくミニ・パブリックスと結びつき、それを成功させていることが大きい[23]。ミニ・パブリックスとは、「通常、政策立案者によって組織される場(フォーラム)で、異なる視点を代表する市民が集められ、少人数グループで特定の問題について熟議する場」[24]をいう。ケニー教授が、アイルランドが「エリート支配」の弊害を免れている理由の部分で言及している市民会議(citizen's assemblies)がそれである(2(3))。

(2) アイルランドの「市民会議」について、若干の説明をしておこう。まず、「市民会議」の定義であるが、市民会議のウェブサイトによれば、「市民会議とは、国家的に重要な問題を審議するために選ばれた一般市民で構成されるグループである」[25]。市民会議は、議会の決議によって設立される会議体であり、その設置は、憲法上の義務でもなければ法律上の義務でもない。

初めてアイルランドで設けられた「市民会議」は、２０１２～２０１４年の「憲法会議（Constitutional Convention）」である。[26] 次に設置されたのが、２０１６～２０１８年の「市民議会（Citizens' Assembly）」であり、[27] その後も、「ジェンダー平等に関する市民会議」（２０２０～２０２１年）、ダブリンの地方自治の在り方に関する「ダブリン市民会議」（２０２２年）、「生物多様性の欠如に関する市民会議」（２０２２～２０２３年）、「薬物使用に関する市民会議」（２０２３～２０２４年）が設けられている。[28] いずれも１００名の構成員から成る会議体であり、これまでに合計６つの市民会議が設置されている。[29] なお、「憲法会議」と「市民議会」ではもっぱら憲法改正に関する議題を扱われたが、市民会議は必ずしも憲法改正に関する議論のみを取り上げることが求められているわけではない（アジェンダセッティングは議会の議決による）。

(3)「憲法会議」は、年齢、性別、地域など、アイルランドの人口構成を広く公平に代表し得るように無作為抽出された66名の一般市民と33名の議員（北アイルランドの議員４名も含む）、そして議長から成る組織体であり、あらかじめ決められたアジェンダ（婚姻の平等を含む９つ）を議題にした。この「成功」をもとに、続いて設置された「市民議会」以降の市民会議は、同じくアイルランドの人口構成を広く公平に代表し得るように無作為抽出された99名の一般市民と議長（最高裁判事）から構成され、やはりあらかじめ決められたアジェンダを議題にしている（２０１６年の市民会議では人工妊娠中絶を含む５つ）。[30]

「市民会議は、専門家の証拠を検討し、その地域で活動する人々の意見を聞き、利害関係者からの提出物を検討し、複雑な問題について合理的かつ理性的な議論を行い、この議論を経て、政府と議会に勧告を提出する」[31]。政府及び議会は、その勧告に正式に回答する義務が課されている。

(4) アイルランドの市民会議は、「熟議民主主義が実際にこれほどの成功をあげた例を知らない。近代世界で初めて、抽選された市民の熟議が憲法改正を成し遂げたのである」[32]とか、「抽選代表による熟議プロセスの最も強固で精巧なモデル」[33]であり、「憲法問題や国家的、あるいはより重要な問題を扱うのに適している」[34]などと高く評されている。

4　熟議の諸相

(1) 憲法改正における熟議の必要性は、多くの論者に共有されているように見受けられる[35]。ここでその「熟議」をおおまかに分類してみると、①市民／エリートという熟議主体による区別と、②国民に改正案を発議する前／後という熟議のタイミングによる区別という分類が可能であり、合計四通りの熟議を想定できる[36]。

高く評価されているアイルランドの市民会議は、「市民」による憲法改正案の発議「前」の熟議（以下、「〈市民・前〉熟議」）である点に特徴がある[37]。他方、日本では、「市民」による憲法改正案の発議「後」の熟議（以下、「〈市民・後〉熟議」）と、「エリート」による憲法改正案の発議「前」の熟議（以下、「〈エリート・前〉熟議」）に、議論が集中しているように思われる[38]。

(2) まず、「〈市民・後〉熟議」であるが、例えば毛利教授は、「憲法改正とは本来、上述のように国民の間で熟議を経てからなされるべきものであり、不必要な国民投票は有害である。十分な議論を経てから表明される投票結果のみが、国民が十分熟慮した結果であると受け止められ、政治的決定の重責を担う『国民の意思』としてかろうじて正当なものとみなしうる。頻繁な決定強制の圧力にさらされながらなす議論は、そのような質を持ちえない[39]」と指摘しているが、ここで念頭に置かれている熟議は、「〈市民・後〉熟議」である。

(3) 「〈エリート・前〉熟議」については、例えば宍戸常寿教授は、自民党政治家との対談のなかで言及している。すなわち、「憲法改正を議論する場」、それをきちんと蓄積する場をどこに設けるべきかというやり取りのなかで、それを「仮に内閣の下に置くとすれば、……国会が任命に同意したうえで専門的・中立的な機関として、事実上内閣の指揮監督を受けずに、しかも国家に対して案を出すといった組織」と、「国会内、あるいは衆議院、参議院に分厚い体制をつくる」こと、すなわち、「国会議員が憲法について議論する際にサポートを行う体制を分厚くし、国会議員の代わりに議論をさせてみよう」という2つの案を提示したことがある[40]。両者とも、ここで念頭に置かれている熟議は、「〈エリート・前〉熟議」である。

(4) 日本もアイルランドも、国民投票にかける憲法改正案を作成する役割を担うのは、条文上は議会の多数派（あるいはその支持を基盤に成立している政府）というエリートである。ケニー教授は、このエリート支配について、「国民投票に懐疑的な人々から、国民投票の民主的性格を損なわせ、エリートによる統治の道具になると批判されること」が問題であると指摘したうえで、このエリート支配を相殺する重要な手段として、「市民会議」を挙げているが（2(4)）、これは、「〈市民・前〉熟議」の必要性を指摘するものである。

(5) 日本の場合、衆議院では議員100人以上、参議院では議員450人以上の賛成により、日本国憲法の改正案の原案を発議する（国会法68条の2）。その審査は、憲法審査会が行うこととされている。憲法審査会とは、「日本国憲法及び日本国憲法に密接に関連する基本法制について広範かつ総合的に調査を行い、憲法改正原案、日本国憲法に係る改正の発議又は国民投票に関する法律案等を審査する」ために各議院に設けられた常設の機関である（国会法102条の6）。[41]

このうち、国会議員による日本国憲法の改正案の原案の発議に先立って、「〈市民・前〉熟議」を行うための場を用意すべきという議論は、他の局面に比べると低調である。憲法改正国民投票が抱える主要な問題として、「エリートによるコントロール」と、「熟議の不足」という問題の存在が指摘されているところ、[42]アイルランドが「〈市民・前〉熟議」により、この2つの問題を同時に緩和しているのだとすれば、日本でもその可能性を真剣に議論してもよい。[43]

5 オンライン政治広告と虚偽情報・誤情報の規制

(1) 憲法改正案の発議後の市民の熟議（「〈市民・後〉熟議」）に関連する仕組みとして、日本では、衆参の議員各10名で組織する国民投票広報協議会[44]の設置が規定されている（国会法102条の11、国民投票法

12条)。国民投票広報協議会は、国民投票広報の原稿の作成、投票所内で掲示する憲法改正案の要旨の作成、公報に関する事務を行うが（国民投票法14条1項）、その際には「客観的かつ中立的に行うとともに、憲法改正案に対する賛成意見及び反対意見の記載等については公正かつ平等に扱うものとする」（同2項）とされている。

他方、アイルランドでは、ケニー教授が紹介するように、かつては「国民投票委員会（Referendum Commission)」が、有権者に基本的な情報を提供し、国民投票への意識を向上させることを主たる活動を行っていたが、現在では、「選挙委員会（Election Commission)」が設置され、その役割を担うこととなっている（3(3)）。日本との相違として、選挙委員会は独立機関として設置されるのに対して、国民投票広報協議会は国会議員を委員として国会に設置されるという相違を指摘できる。

(2)「憲法改正案に対し賛成又は反対の投票をし又はしないよう勧誘する行為」と定義される「国民投票運動」（国民投票法100条の2）について、日本では、これを原則自由としつつ、特定公務員の国民投票運動の禁止や、公務員・教育者の地位利用による国民投票運動の禁止などについて規定している[45]（国民投票法101条〜103条）。ケニー教授は、アイルランドではほとんど国民投票運動に対する規制がなかったと指摘しているが（2(4)）、両国とも、国民投票運動は原則自由に行われるべきであるという規範を共有しているといえよう。

(3) これまで成功裡に憲法改正国民投票を実施してきたアイルランドが、この成功を継続するために必要と考えて2022年選挙改革法[46]によって新たに導入した規制が、オンライン政治広告規制と、偽情報等の規制である。[47]

前者のオンライン政治広告規制は、大要、①プラットフォーム事業者に広告の詳細（広告購入者の氏名・連絡先、マイクロターゲティングの利用状況、支出総額、掲載日数、閲覧回数、プラットフォーム事業者の連絡先など）をユーザーに知らせる透明性通知を広告に表示するという新たな義務を課す（7年間の保存義務）、②国外からのオンライン政治広告の掲載禁止、③選挙委員会による義務履行状況の監視・調査と、改善指導通知、是正指示をその内容とし、④違反には罰則が用意されている。

後者の偽情報規制は、大要、①選挙委員会が偽情報・誤情報等の監視・調査を行い、それに該当すると合理的に考えられる場合に調査を行い、通知・命令を発出する。そこには、調査中である旨の表示を求める表示命令や、アクセス遮断を求める命令などが含まれる。②プラットフォーム事業者に対して、偽情報を拡散目的で使用されている場合の通知義務等を課し、③一定の規模のプラットフォーム事業者については、国民投票の公平性・完全性に対する重大なリスクについての報告書の作成と選挙委員会への提出義務も課される。④違反には罰則が用意されている。

(4) 日本では、現在のところ、偽情報・誤情報についても、オンライン政治広告についても、それを正面から規制する法律や規定はない。２０２１年の法改正[48]（令和3年法律第76号）の際に付された附則4条において、「国は、この法律の施行後3年を目途に、次に掲げる事項について検討を加え、必要な法制上の措置その他の措置を講ずるものとする」とし、その2「国民投票の公平及び公正を確保するための次に掲げる事項その他必要な事項」として、「イ　国民投票運動等……のための広告放送及びインターネット等を利用する方法による有料広告の制限」、「ロ　国民投票運動等の資金に係る規制」、「ハ　国民投票に関するインターネット等の適正な利用の確保を図るための方策」が挙げられている。

将来の検討事項とされているわけであるが、アイルランドにおいて、オンライン政治広告や、偽情報・誤情報の拡大といった懸念こそが[49]、憲法改正国民投票の成功を続けるために必要不可欠であると考えられていることに鑑みれば、この点についての検討の優先度を上げるべきかもしれない[50]。

6　おわりに

以上、本稿では、アイルランドの憲法改正についてのケニー教授の議論を受けて、日本の憲法学の立場からそれを受け止めた場合にいかなる示唆を得ることができるのかについて検討してきた。

ケニー教授の議論をごく乱暴に要約すれば、①憲法改正国民投票を必ずしもネガティブに捉える必要はない、②憲法改正国民投票の成功にとって重要なのは制度面よりも文化面である、③よい文化を維持するためにも、２０４０年を見据えた制度的対応も必要であり、実際にアイルランドでは新たな法規制が設けられている（ただし現段階では未施行）、というものであった。このうち、②が示しているように、アイルランドの制度や仕組みをそのまま導入すれば成功が約束される、というわけではないことに留意しなければならない。そのことに留意しつつも、ケニー教授の議論から、憲法改正における「〈市民・前〉熟議」の重要性と、考えるべき規制の方向性についての示唆を引き出すことは許されよう。

日本は、１９４６年の憲法制定以来、一度も憲法改正の経験はなく、国民投票も実施したことがない。他方、諸外国では、アイルランドに限らず豊富な経験がある。そこから得られる示唆は、ポジティブなものであれ、ネガティブなものであれ、少なくないはずである。２０４０年に向けて、幅広い視点からの検討が求められる。

【注】

1　本書全体を貫く基本的な視座は、リヴァイアサンとビヒモスという陸と海の2つの大怪獣になぞらえて、コモンウェルス（＝国家）とデジタル・プラットフォーム（＝ＤＰＦ）を捉えるという山本龍彦の議論枠組みである。山本龍彦「近代主権国家とデジタル・プラットフォーム――リヴァイアサン対ビヒモス」山元一編『講座立憲主義と憲法学第１巻　憲法の基礎理論』（信山社、２０２２年）１４７頁以下などを参照。憲法改正について扱う本稿は、直接にはこの構図には関わらないものの、後述するように（⇒5）、ＤＰＦが台頭する現代における問題を取り扱う点で、間接的に関係する。

2　アイルランド憲法の概要については、国立国会図書館調査及び立法考査局『各国憲法集（2）アイルランド憲法』（２０１２年）（元山健執筆）、『衆議院欧州各国憲法及び国民投票制度調査議員団報告書』（令和5年10月）１６７頁以下（以下、『調査報告書』）などを参照。

3　日本国憲法改正手続を世界のそれと比較したときの特徴につき、横大道聡「憲法改正と国民参加」阪口正二郎ほか編『憲法改正をよく考える』（日本評論社、２０１８年）19頁以下を参照。

4　『自民党憲法改正草案Q&A［増補版］』（２０１３年）36頁。

5　これに対して、憲法改正手続の厳格度は憲法改正頻度の少なさの主要因ではないと論じるものとして、Tom Ginsburg & James Melton, *Does the Constitutional Amendment Rule Matter at All? Amendment Cultures and the Challenges of Measuring Amendment Difficulty*, 13 INT'L J. CONST. L. 686 (2015). この分析を批判するものとして、*see* George Tsebelis, *Constitutional Rigidity Matters: A Veto Players Approach*, 52 BR. J. POLIT. SCI. 280 (2022).

6 この改正を他の規定の改正に先行させて実現しようというのが、かつて安倍晋三首相が主張した「憲法96条先行改正論」であり、激しい批判を受けて取り下げざるを得なかったという出来事は、記憶に新しい読者も少なくないだろう。この論点についての総合的な検討として、大塚滋『憲法改正限界論のイデオロギー性』（成文堂、2017年）を参照。

7 井田敦彦「アイルランドにおける憲法改正の手続と事例」レファレンス816号（2019年）27頁以下を参照。

8 正確を期すれば、憲法改正法律案について、①上下院の「総議員の過半数」ではなく、「出席議員の過半数」であること、②上院の議決を下院が単純多数で覆すことができること（憲法23条）から、自民党の主張する改正手続よりも、さらに「緩和」された手続である。ちなみにアイルランドでは、在外国民の憲法改正国民投票制度は整備されていない。

9 この点については、第Ⅳ章の〔訳者による追記〕も参照。

10 なお、坂井豊貴『多数決を疑う』（岩波書店、2015年）129–135頁は、「最適な改憲ハードルの計算」として、憲法改正の国民投票における改憲可決ラインを、過半数ではなく64％程度まで高めることを提案している。アイルランドがこれを採用していた場合、中絶の禁止の廃止（約66・4％の賛成）は認められたが、離婚の禁止の廃止（約50・3％の賛成）と、世界で初めて憲法改正により認めた同性婚（約62％の賛成）は、現在も認められていなかったことになる。

11 2024年3月8日、憲法会議及びジェンダー平等に関する市民会議の勧告を受けて、アイルランド憲法における女性の役割に関する規定（井田敦彦「アイルランド憲法における『女性の役割』規定をめぐる議論」レファレンス69巻7号（2019年）73頁以下）の見直しのための憲法改正国民投票が実施された。詳細については、第Ⅳ章の〔訳者による追記〕を参照。

12 毛利透『統治構造の憲法論』（岩波書店、2014年）6頁。

13 同上8頁。

14 大塚・前掲注（6）21–39頁などを参照。

15 David Landau, *Abusive Constitutionalism*, 47 U.C. Davis L. Rev. 189, 195 (2013).「濫用的立憲主義」は、「国家を以前よりも民主的でないものに変えるために憲法を変えるための仕組みを利用すること」と定義されており、「憲法改正や置き換えなど、非公式ではなく公式のものがここでの焦点である」とされる。*Id*. at 195.

16 こうした懸念自体は正当であるが、そうした問題に憲法改正という手段を用いることは許されないとか、立憲主義に反するなどといった主張につなげることは妥当ではない。横大道聡「憲法の規律密度と政治制度の構想」法学館憲法研究所 Law Journal 29号（2024年）22頁以下を参照。*See also* Conor Casey, Hilary Hogan, & David Kenny, *Ireland*, in THE 2021 INTERNATIONAL REVIEW OF CONSTITUTIONAL REFORM 120（Luís Roberto Barroso & Richard Albert, ed.）.

17 オレン・ドイル（横大道聡監訳・瑞慶山広大訳）「アイルランドにおける憲法変動」法学セミナー767号（2018年）49頁。

18 これについては、山田邦夫「アイルランドの上院改革論議と憲法改正国民投票」レファレンス64巻11号（2014年）53頁以下を参照。

19 ドイル・前掲注（17）49頁。

20 『調査報告書』・前掲注（2）27−1頁（デイビッド・ケニー発言）。

21 David Kenny, *The Risk of Referendums: "Referendum culture" in Ireland as a solution? in* CONSTITUTIONAL CHANGE AND POPULAR SOVEREIGNTY: POPULISM, POLITICS AND THE LAW IN IRELAND, 198（Maria Cahill, Colm Ó Cinnéide, Seán Ó Conaill, & Conor O'Mahony, ed., 2021）. *See also* David Kenny & Aileen Kavanagh, *Are the People the Masters? Constitutional Referendums in Ireland in* THE LIMITS AND LEGITIMACY OF REFERENDUMS 264（Richard Albert and Richard Stacey, eds., 2022）. さらに参照、David Kenny, *Mapping the Role of Culture in Comparative Constitutional Law*（December 4, 2023）, available at SSRN: https://ssrn.com/abstract=4479490.

22 この点についての筆者の分析として、*see* Satoshi Yokodaido, *Constitutional Stability in Japan no due to Popular Approval*, 20（2）GER. LAW J. 263（2019）; Satoshi Yokodaido, *Constitutional Amendments Contrary to Constitutionalism: The Political Nature of Unconstitutional Constitutional Amendment in Japan*, 41 ARIZONA J. INT'L & COMP. L. 25（2024）.

23 Oran Doyle & Rachael Walsh, *Deliberation in Constitutional Amendment: Reappraising Ireland's Deliberative Mini-Publics*, 20 EUR. CONST. LAW REV. 440, 441-442（2020）. *See also*, Oran Doyle & Rachael Walsh, *Constitutional Amendment and Public Will Formation: Deliberative Mini-Publics as a Tool for Consensus Democracy*, Int'l J. Const. L. 398（2022）. 邦語文献では、德田太郎「アイルランドの憲法改正における熟議と直接投票（上）（下）」法学志林118巻3号（2020年）57頁以下、同118巻4号（2021年）21頁以下などを参照。

24 *See, e.g.*, Silvia Suteu & Stephen Tierney, *Squaring the Circle? Bringing Deliberation and Participation Together in Processes of Constitution-Making*, in THE CAMBRIDGE HANDBOOK OF DELIBERATIVE CONSTITUTIONALISM 282, 284（Ron Levy et al. eds., 2018）.

25 市民会議のウェブサイト〔https://citizensassembly.ie/〕を参照。

26 「憲法協議会」という訳が充てられることもある。詳細につき、徳田（上）・前掲注（23）62–64頁を参照。

27 憲法上も法律上も設立が義務付けられているわけではない憲法会議が設置された理由は、2008年後半のアイルランドの経済危機を受け、市民の政府に対する信頼が大幅に低下し、政治改革を求める国民やメディアの声が広まったこと、2011年の総選挙ではすべての主要政党が憲法改革をマニュフェストに掲げたこと、学者グループが立ち上げた「We the Citizens」が、2011年に無作為に選出した100名の市民による市民集会を試験的に実施し、注目を集めたことなどが影響している。詳細については、*see* Eoin Carolan, *Ireland's Constitutional Convention: Behind the hype about citizen-led constitutional change*, 13 (3) INT'L J. CONST. L. 733, 738-741 (2015).

28 英語では、Citizens' Assembly であるが、一般名詞としての「市民会議」のなかに、「市民議会」という固有名が付された会議体が設けられた、というように訳し分けている。

29 詳細は、市民会議ウェブサイト・前掲注（25）を参照。また、『調査報告書』・前掲注（2）195–196頁なども参照。

30 その選び方の詳細については、A・プロカッチャ「市民会議のための理想の選出アルゴリズム」日経サイエンス53巻8号（2023年）94頁以下を参照。

31 市民会議ウェブサイト・前掲注（25）を参照。

32 ダーヴィッド・ヴァン・レイブルック（岡﨑晴輝＝ディミトリ・ヴァンオーヴェルベーク訳）『選挙制を疑う』（法政大学出版局、2019年）139頁。徳田（上）・前掲注（23）57頁も「ミニ・パブリックスでの熟議が憲法改正をもたらしたという点でも、世界で最初のケースであった」と指摘している。

33 OECD（経済協力開発機構）Open Government Unit（日本ミニ・パブリックス研究フォーラム訳）『世界に学ぶミニ・パブリックス――くじ引きと熟議による民主主義のつくりかた』（学芸出版社、2023年）50頁。

34 同上78頁。

35 福井康佐『憲法改正国民投票』（晃洋書房、2021年）24–39頁。

36 エリートによる発議後の熟議（「〈エリート・後〉熟議」）はほとんど議論されていないため、実質的には3通りの熟議といえるかもしれない。

37 後述する選挙委員会の委員長メリー・ベイカー氏は、「市民議会が行われると、メディアによって大々的にこの問題が報じられるため、市民議会に参加している市民だけではなく、国民全体の理解が深まる」などと指摘している。『調査報告書』・前掲注（2）240、243頁。

38 例外的に、福井・前掲注（35）は、憲法改正国民投票の各段階における熟議について詳細に検討している。また、「今こそプラクティカルな議論をvs曽我部真裕」根本匠『憲法をプラクティカルに変える――自民党「改憲4項目」からのアプローチ』（中央公論新社、2020年）122-123頁も、「市民の声を反映させる仕組み」を議論する重要性について指摘している。

39 毛利・前掲注（12）8頁。

40 「対談『Society 5.0』の憲法論vs.宍戸常寿」根本・前掲注（38）185-189頁。なお、木庭顕『憲法9条のカタバシス』（日本評論社、2018年）209頁は、憲法9条改正の文脈ではあるが、「議会内発議の骨格を生かすならば、最高裁判所が任命する起草委員会に原案作成を委ねるべきである。起草は政治的立場を超越した憲法学者等の作業チームがすべきことである」と述べているが、これも「〈エリート・前〉熟議」の提案である。

41 詳細については、高森雅樹「憲法審査会の所管と特徴」法律時報1189号（2023年）26頁以下、上田健介「憲法審査会のあり方について」法律時報1189号（2023年）30頁以下などを参照。なお、憲法審査会も、「憲法改正原案及び日本国憲法に係る改正の発議又は国民投票に関する法律案を提出することができる。」（国会法102条の7）。

42 Stephen Tierney, Constitutional Referendums: A Theory and Practice of Republican Deliberation, Ch. 1 (2012). 福井・前掲注（35）24頁以下を参照。

43 その際には、憲法16条が保障する請願権に基づき、「国民請願による実質的な原案提出」（高見勝利『憲法改正とは何だろうか』（岩波書店、2017年）175-176頁）というルートの利用もあり得るだろう。

44 当該組織については、井口秀作「国民投票広報協議会」法学セミナー通号634号（2007年）38頁以下などを参照。

45 詳細については、一般社団法人選挙制度実務研究会編『完全解説 憲法改正国民投票法』（国政情報センター、2018年）125-140頁等を参照。

46 法律の条文は、https://www.irishstatutebook.ie/eli/2022/act/30/enacted/en/html から閲覧できる。

47 詳細については、井田敦彦「アイルランドにおけるオンライン政治広告の規制をめぐる動向――憲法改正国民投票の観点から」レファレンス71巻12号（2021年）49頁以下およびそれを踏まえた『調査報告書』・前掲注（2）203-210頁、さらに選挙委員会からの説明聴取・質疑応答箇所（235-251頁）などを参照。以下の記述は、これらを参考にしている。

48 概要の紹介として、中西絵梨「投票環境向上のための憲法改正国民投票法改正」時の法令2131号（2021年）13

頁以下を参照。

49 これはアイルランドに限られない。この点につき、憲法調査室・課『諸外国の国民投票運動におけるオンライン広告規制』(国立国会図書館調査及び立法考査局、2023年)を参照。

50 アイルランドの選挙委員会は発足したばかりであり、いまだオンライン政治広告規制も、偽情報規制も、本格的には行われていない。それがどのようになされるのかについて、今後の動向をフォローしていくことが求められる。

山口晃人（やまぐち あきと）
日本学術振興会特別研究員（PD）。専攻：政治哲学・政治理論。担当：第 4 章 I 。

倉持麟太郎（くらもち りんたろう）
弁護士法人 Next 代表弁護士。担当：第 4 章 II 。

佐藤信（さとう しん）
東京都立大学法学部准教授。専攻：現代日本政治・日本政治外交史。担当：第 4 章III。

デイビッド・ケニー（David Kenny）
ダブリン大学トリニティカレッジ法学部教授・学部長。専攻：憲法・比較憲法。
担当：第 4 章IV。

横大道聡（よこだいどう さとし）
慶應義塾大学大学院法務研究科教授。専攻：憲法。担当：第 4 章IV訳者、第 4 章V。

執筆者紹介

編者

駒村圭吾（こまむら けいご）
慶應義塾大学法学部教授。専攻：憲法。担当：提言、第1章Ⅰ。

執筆者（掲載順）

ギラッド・アビリ（Gilad Abiri）
北京大学国際法学院助教授。専攻：憲法・比較憲法。担当：第1章Ⅱ。

吉川智志（よしかわ ともし）
大阪大学大学院法学研究科准教授。専攻：憲法・選挙法。担当：第1章Ⅱ訳者。

水谷瑛嗣郎（みずたに えいじろう）
関西大学社会学部准教授。専攻：憲法・メディア法。担当：第1章Ⅲ。

結城東輝（ゆうき とんふぃ）
弁護士（スマートニュース株式会社、法律事務所 ZeLo・外国法共同事業）。
担当：第2章Ⅰ。

鈴木健（すずき けん）
東京大学特任研究員。担当：第2章Ⅰ執筆協力。

小久保智淳（こくぼ まさとし）
東京大学大学院情報学環助教。専攻：憲法・神経法学・計算論的神経科学。
担当：第2章Ⅱ。

瑞慶山広大（ずけやま こうだい）
九州産業大学地域共創学部講師。専攻：憲法。担当：第2章Ⅲ。

大西祥世（おおにし さちよ）
立命館大学法学部教授。専攻：憲法。担当：第3章Ⅰ。

清水唯一朗（しみず ゆいちろう）
慶應義塾大学総合政策学部教授。専攻：政治学・日本政治史。担当：第3章Ⅱ。

吉田徹（よしだ とおる）
同志社大学政策学部教授。専攻：政治学・比較政治学。担当：第3章Ⅲ。

怪獣化するプラットフォーム権力と法　第Ⅲ巻
プラットフォームとデモクラシー
——The Future of Another Monster ‘Demos’

2024年10月10日　初版第1刷発行

編　者————駒村圭吾
発行者————大野友寛
発行所————慶應義塾大学出版会株式会社
〒108-8346　東京都港区三田2-19-30
ＴＥＬ〔編集部〕03-3451-0931
〔営業部〕03-3451-3584〈ご注文〉
〔　〃　〕03-3451-6926
ＦＡＸ〔営業部〕03-3451-3122
振替 00190-8-155497
https://www.keio-up.co.jp/
装　丁————鈴木衛
印刷・製本——萩原印刷株式会社
カバー印刷——株式会社太平印刷社

Printed in Japan ISBN978-4-7664-2980-0